国家戦略で読み解く日本近現代史

令和の時代の日本人への教訓

黒川雄三

芙蓉書房出版

国家戦略で読み解く日本近現代史
――令和の時代の日本人への教訓――

目次

第6章　八年戦争期の国家戦略　日中戦争から終戦まで……199

序章

幕末日本の国家戦略

明治維新が現在の経済・文化大国を産んだ

今から一五〇年少し前に発生した明治維新（一八六八年）は、日本史上最大にして巨大な政治、経済、社会、文化、教育諸制度の大変革、欧米化でした。一七八九年のフランス革命や現代中国の近代化以上の大変革といっても過言ではありません。

今日の日本の近代的諸制度と経済的繁栄、そして高レベルの文化生活はこの変革に始まるのです。維新の主役・功労者は、西郷隆盛、大久保利通・木戸孝允・伊藤博文・大隈重信・井上馨・松方正義・山縣有朋・陸奥宗光などに代表される各藩の下級武士達でした。

維新の原因は単純ではありませんが、基本的には三つの要因に集約出来ます。

①幕藩体制の内部矛盾（政治や経済のシステム、身分制などの矛盾）が進行していたこと。

②西欧列強の帝国主義や重商主義政策に基づく軍事的な外圧が日本に対して頻発したこと。

③各藩の下級武士層を中核にした武士団の激烈な外圧排除の民族感情（ハイパー・ナショナリズム）と、幕藩体制の破壊による体制革新（統治システムや身分制の破壊など）の情念が激しく高揚したこと。

この三つの要因の相乗作用によって革命的な明治新政府が誕生したといえます。
本章では、この三つの要因を観察しながら幕末の日本の国家戦略を俯瞰（ふかん）してみます。

1. 幕末日本を取り巻く国際環境

☆キーワードは、「産業革命」、「重商主義」、「帝国主義」、「植民地争奪」の四つです。

（1）幕府を取り巻く国際経済の環境

東アジアの経済圏は戦国期から存在した—「倭寇」の遺伝子は今も続いている

戦国末期の一六世紀半ば、東アジアにおいては、ヨーロッパ諸国で始まる大航海時代に先立って、既に独自の地域経済圏（インド洋・シナ海経済圏）が形成されており、日本もこれに組み込まれていました。

この東アジア・インド洋経済圏はマラッカ海峡、シンガポールなどを中間の寄港地・交易地として、東の「シナ海地域」（南シナ海と東シナ海を包摂（ほうせつ）した地域）と西の「インド洋地域」の二つの貿易圏から構成されていました。

二つの貿易圏では、日本や中国、インドやアラブの商人達が活躍して、日本の銀や刀剣、漆器、中国の生糸や陶磁器、インド綿布などを幅広く交易しており、なかでも石見国（島根県）の大森銀山で産出し輸出された灰吹き銀は国際決済通貨としてこれら貿易圏で珍重されていたのです。

日本商人は、広くマニラからベトナムのダナン、タイのアユタヤにいたる東南アジアの主要都市に日本人町を建設し、実に一〇万人以上が定住して大きな存在感を示していたと言われています（杉山伸也著『日本経済史』第1章を参照）。まさに鎌倉・室町・戦国期の倭寇（わこう）の遺伝子を継承したダイナミズムで、明治維新の志士達や第二次大戦復興期の日本人ビジネスマンが世界レベルで大活躍した実像に重なります。

鎖国はただ徳川家を守るために行われた—閉鎖システムのプラスとマイナス

しかし一六世紀の後半から、東アジア地域にはポルトガルやスペイン、イギリス、オランダの商人、そしてヨーロッパ各国の宣教師達が日本進出を開始し、交易とキリスト教の布教、可能であれば東アジアの植民地化を三大目標として積極的な活動を展開し始めました。

徳川幕府は、政権の長期安定を最優先とし、交易はともかく、キリスト教の布教活動を極度に危険視し、魅力的な貿易利益を犠牲にして一六四一年、外国人の退去と日本人の海外渡航を厳禁する鎖国体制を完成させました。ただ僅かに中国船とオランダ船による統制管理貿易を、それも長崎一港に限って認めました。幕府も最小限の海外情報収集の必要性についての理解はしていたのです。

幸いにして幕末・明治時代とは異なり、この時期、開国や通商そして布教活動を遠く極東の日本に強制する強力な軍事能力がヨーロッパ諸国に無かったことで、日本の鎖国政策は国際的に保障されました。同時に、当時の日本の軍事力は戦国時代から日も浅く、世界最強のレベルだったことも、鎖国という「自主外交」の選択を確実に保障したのです。自主外交の実現や中立の保障に強力な軍事力が必要なことは古今東西変わらない原理・原則でした。

鎖国太平は百年しか続かなかった―閉鎖システムはいずれ崩壊する

しかし、鎖国太平の時代も僅か百年しか続きませんでした。

一八世紀も末になると鎖国による「経済・政治の国内閉鎖システム」がほぼ完成し、元禄文化や化政文化を謳歌していた日本に内憂外患（ないゆうがいかん）の時代が訪れます。

内憂とは、幕藩体制の経済的あるいは政治的なシステムの内部矛盾が国内経済の発展によって顕在化し、鎖国による閉鎖システムが序々に分解し崩壊し始めたことです。一方、外患とは、西欧列強のアジア進出（西力東漸（とうぜん））が始まり、帝国主義・重商主義政策にもとづく軍事的な外圧が顕在化し頻発したことです。

しかも鎖国太平の百年間に日本の軍事力は驚くほど陳腐化し後進化して世界に大幅な遅れを取っていました。もちろん産業技術の停滞や後進性も同様です。

この列強のアジア進出（西力東漸）の背景には国際経済環境の大きな変化がありました。

国際経済環境変化の最大の要因とは「第一次産業革命」です。

西力東漸の最大の原因は第一次産業革命―植民地を求めてアジアへ来襲

一七六〇年に始まり、フランス革命（一七八九年）を経て一八三〇年（ウィーン体制の時代）に終わるイギリスの産業革命の中核は、①蒸気機関の発明、②工場制機械工業の成立、③製鉄技術の高度化の三つでした。なかでも蒸気機関の発明と製鉄技術の発達は、蒸気船とりわけ鋼鉄製の蒸気外輪推進型の軍艦（護衛艦）を産み出し、海軍の外洋遠距離における商船護衛能力は飛躍的に増大して、ヨーロッパ諸国のアジア進出と植民地獲得競争を加速させていきます。

原材料の供給地としてのアジアの植民地化は既に一七世紀から始まっていました。

植民地から供給される豊富な原材料は産業革命を促進する大きな要因となり、産業革命の結果産み出された多種多量の工業製品の販売・消費市場として、より多くの植民地が必要な時代が到来し、それを可能にする蒸気貨物船や商船、蒸気軍艦（護衛艦）が出現したのです。

産業革命（工場工業化・二次産業化）は、民主主義の発展と産業技術の蓄積、そして投資資本の蓄積、くわえて植民地の獲得競争で先行していたイギリスに始まり、これがベルギー、フランス、ドイツ、アメリカ、ロシアに普及拡大していきます。この結果、アジア植民地獲得競争への参入者は時を追うように増加拡大していきました。最新鋭の海・陸軍など強力な武力をともない、帝国主義や重商主義の鎧（よろい）を着た資本主義（マルクスが初めて定義した）による本格的な西力東漸が始まったのです。

海外貿易は海軍力によって拡大された―現代中国の海洋戦略を歴史にみる

この植民地獲得競争と海軍力との依存関係に関する興味深い研究があります。

海軍戦略では現在でも世界的に高名な一九世紀後半の戦略家「マハン」は、一八九〇年代の海軍戦略に関する多くの論文を発表しますが、その趣旨は次のとおりでした。

①海外貿易の拡大こそが国家の経済的繁栄と権力（パワー）の源泉である。

②そのためには強大な商船隊（現在の貨物船・石油タンカー・ガス輸送船など）が必要である。

③これを守るためには強大な海軍による海洋覇権と寄港地・市場としての植民地が必要である。

ヨーロッパ列国の海軍はこの三原則どおりの活動を行い、アジアに来襲しました。

ひるがえって、現代中国の海軍指導部もマハンの戦略理論の信奉者として有名です。中国は一帯一路の経済戦略を海軍で守るため強力な外洋海軍を建設し、既にインド洋や南シナ海、遠くは地中海に多くの寄港地を獲得したり建設しており（真珠の首飾り作戦）、マハンの戦略理論を実行中です。

このように戦略理論が説く真理や原理・原則は時代が経過しても変わらないものなのです。

さて、日本周辺にも西力東漸の波は例外なく来襲し、国内は騒然としていきます。

マハン

一七九二年（フランス革命の時代）、ロシア使節ラックスマンが根室に来訪して通商を要求した事件を皮切りに、一八五三年のペリーの浦賀来航、六三年の薩英戦争、六四年の下関占領事件に至る幕末期約七二年間の「外患」の時代、いい変えれば「鎖国体制崩壊・幕藩体制崩壊」へ向かう時代、まさに疾風怒濤（しっぷうどとう）の歴史的変革の時代が始まったのです。

（2）幕末日本の外交・安保環境

欧米列強が東アジアに来襲―中国は最大の侵略の標的（カモ）

すでにお話ししたように、ヨーロッパ列強は産業革命後の一七世紀末から東アジアへの進出を積極化させますが、一九世紀に入ると英・仏・独・露、米といった強国がますますその侵攻を激化させました。なかでも国土広大にして資源豊富、市場巨大で経済的な魅力に富んだ中国は、ヨーロッパ列強の垂涎（すいぜん）の的、最高の侵略目標に映りました。

一八四〇年、イギリスはアヘン戦争を起こして良港香港を割譲させ、上海、寧波（ニンポウ）、廈門（アモイ）、福州、広東（カントン）といった中国沿岸の主要な五港をほとんど開港させました。また一八五六年にはフランスと連合して広東を、一八六〇年には北京を陥落させ、揚子江流域に独自の大貿易圏を創り上げたのです。

フランスもまた中国属領のインドシナ半島に触手を伸ばし、一八六二年サイゴン条約でカンボジアを獲得し、一八八四年の清仏戦争ではインドシナ（ベトナム、ラオス、カンボジア）を植民地化してしまいます。

ロシアに至ってはシベリアの陸地を遠く東進して一七世紀から早くも満州に侵攻し、一六八九年にはネルチンスク条約を結んで国境を黒竜江に確定します。さらに一八六〇年に沿海州（ウラジオなど）を奪い、その後は日本や韓国を窺うに至ったのです。

韓国・日本は東北アジアの戦略的要衝―大陸への「北の入口と出口」を制する地形

韓国に関しては、その位置が大陸への入り口であり、日本海や黄海そして東シナ海のみならず日本列島を制する戦略的価値を持つことから、一八三二年、イギリスの商船が忠清道に現れて通商を求めたのを皮切りに、仏・露・独・米の各列強が通商を求め、一八六六年にはフランス海軍が江華島を一時占領して通商を迫り、一八七一年（明治四年）にはアメリカも江華島砲台を占領して開国を迫りました。

日本に関しては、ロシアにとって太平洋への「出入口」、アメリカにとっては大陸への「足がかり」という地理的戦略性から、まず一七九〇年頃からロシア（ラックスマンやレザノフ）、続いて一八一〇年頃からイギリス艦隊（フェートン号）が来航して、しきりに通商を求めました。とりわけロシアは一八世紀の初頭から、はやくもカムチャッカ半島から南下して樺太、千島を侵して日本人を退去させ、さらに南下して北海道や東北北部にまで達して、頻りに通商や開国を求めてきました。一七九二年には根室に上陸して幕府と衝突しています。しかし日本は韓国と同様、鎖国政策をなかなか改めませんでした。鎖国にこだわり続けた日本は一八五三年のペリーの来航で、威嚇、恫喝の末、ついには開国を強要され、翌年には日米和親条約（神奈川条約）、一八五九年には安政五ヵ国条約など列強との間に多くの不平等条約を締結させられます。これらの条約は、片務的な治外法権、関税自主権、最恵国条項など、日本の国際法上の無知につけ込んだ一方的な帝国主義条約だったのです。

当然、日本の世論とりわけ武士階級（約四〇万人・家族を含め約二〇〇万人、日本の全人口は約三〇〇〇万人）は激昂し、ここに幕末一五年にわたる壮大にして激烈な騒乱・内乱が始まります。

2. 幕末の外交・安保戦略

☆キーワードは、「開国和親論」、「鎖国攘夷論」、「尊皇攘夷論」の三つです。

（1）幕末日本社会の状況

幕藩システムの矛盾が顕在化していく

外交・安保のお話をする前に、明治維新を生起させた三つの原因の第一、幕藩体制の矛盾のお話から始めたいと思います。

徳川幕藩体制の統治システムの根幹は、「鎖国体制」、「身分制度」、「石高・年貢制度」、「兵農（農村）分離制度」、この四つの制度に集約できます。これは幕府二〇〇年間の統治の目標、統治の原則でもありました（杉山伸也著『日本経済史』第2章を参照）。

外交の基本政策としては、「鎖国体制」という国際的閉鎖システムを日本史上初めて選択しました。

内政の基本は、将軍や大名を頂点とした士・農・工・商の四つの身分区分を設定し、区分内をさらに詳細にして複雑かつ厳格に差別化した、がんじ絡めの「身分制度」におきました。幕府という最高権力を守るためのこの厳しい身分制度は、秀吉の創案を幕府が継承し細分化しさらに強化したものです。

経済の基本は、コメを貢租（税）の中核にして、物納に依る米収入を国と地方の最大の財源とし、国や藩の財政全般を運営する「石高・年貢制度」におきました。コメ中心の農業経済システム（農本主義）で、これも秀吉の創案と工夫によるものです。

軍事・治安・社会制度の基本は、武士階級（約三〇万人）が全ての武器と軍事力を独占して、約一〇〇〇万人（幕末期三二〇〇万人、武士約四〇万人）の国民を武力で統治する「兵農（農村）分離」の統治システムにおきました。くわえて武士や商人、職人は都市（城下町）に住まわせ、農民は農村に居住させて離農を禁じ、土地所有権や耕作権を保障して農業に集中特化させるという「閉鎖的な農村自給経済システム」を採用しました。

一次産業社会と二次・三次産業社会という三つの生活空間を農村社会と都市社会の二つに厳格に区分し、農民を貢租の中核である米の生産に没頭させ、縛り付ける閉鎖体制づくりを徹底したのです。

もちろん両者間を結ぶ物流システムは設定されていました。兵農（農村）分離は信長の創案の継承と強化ですが、このシステムには、もともと一国内の経済システムとして「開かれた商業都市」と「閉鎖的な農村」を長期にわたって併存させることを前提としている点で、経済的には相当な無理がありました。

しかし幕府は、この四つの統治システムを強制し墨守することによって、実に二六五年間の永きにわたって徳川家による一極支配、絶対的な幕府独裁国家体制を継続することになんとか成功したのです。もちろん日本が島国であるという地理的特性が一極支配とりわけ鎖国体制を保障しました。

ただ統治の建前は、「統治権は古来から朝廷にあるもの」とし、全国統治は朝廷からの大政御委任（政治の全てを委任する）という形式をとって各藩を武家諸法度で厳格に統治する反面、年貢の徴収権や軍事権（藩兵の保有）など限定した自治権を各藩に認めるという分権的な構造も認めていました。

システムの矛盾は経済から始まった―商品経済の発達が農村を破壊した

さて、一七世紀も後半になると、都市の商工業の進歩にともない商品経済（消費経済・貨幣経済）が大きく発展します（元禄バブル）。これにともなって農民、武士両階層がともに豊かな商品文化や消費と貨幣経済に深く巻き込まれるようになり家計が膨張して「四つの統治システム」は、まず「石高制度」と「兵農（農村）分離制度」による閉鎖的な農業経済システムから分解し始めます。農業に特化し農民のみが居住し、自給自足、苛酷な貢粗にあえぎ続ける農民生活に豊かな商品文化が浸入し、消費経済や貨幣経済が波及したことで、農民生活の赤字化・困窮化が始まり、加速度的に窮乏度が昂進してしまうのです。

一八世紀に入ると、幕府の禁を犯して農民の離村や逃散、都市への人口流入など農村の荒廃が始まりました。当然、石高制度（米の物納）に生活の基盤を置く武士階級は、農村の疲弊や崩壊による米生産の停滞、さらには自らも都市型の消費・貨幣経済に巻き込まれて、その家計に大きな打撃を受けることになります。とりわけ石高の低い下層武士の困窮化は年を追って悲惨なものとなり、これが幕末期に幕藩体制を揺るがす下克上的な攘夷運動の一因になるのです。まさに現代世界の「格差の拡大」問題そのものです。

さらに、豊富な商品経済の発展と商品文化の各階層への波及は幕藩財政の持続的な膨張やインフレをも招いていきます。財源に窮した幕府や各藩は、最富裕層に上昇した大商人からの膨大な借入金や召し上げ金、そして貨幣改鋳（かいちゅう）の発行益（新旧貨幣の強制交換による利益）に頼るようになり、こうした財政膨張や貨幣の大量発行による流動性インフレが自給自足を前提とした農民生活の困窮化や農村の崩壊をさらに促進しました。まさに幕藩財政を支え、貢粗・租税の中核である農村が分解し崩壊し始めたのです。マルクスではありませんが、経済システムの発展と進化が閉鎖的な旧体制を崩壊させる歴史的な事例です。

とりわけ一八二〇年頃から始まった長期持続的なインフレ（幕府の貨幣改鋳による貨幣の大量発行＝量的拡大に起因したインフレ）は、災害や凶作などと相俟って農民の離村や逃散、都市生活者の困窮を加速させ、このインフレが幕府や各藩の財政支出、財政赤字をさらに増大させて、幕末期の幕府や各藩はついに財政の破綻状態に陥ってしまいました。まさに現代日本の近未来にも起こり得る財政破綻シナリオです（ただこの各藩の「破綻状態」が維新における廃藩置県への抵抗を少なくしました）。

そしてここに列強の圧倒的で強力な軍事的圧力が頻繁に加わってくるのです。

（2）幕府の外交・安保戦略

激烈・壮大な「一五年騒乱」の始まり―鎖国攘夷の戦略から開国和親の戦略へ

こうした多くの困難のなか、幕末の幕府にはどんな戦略があったのでしょうか？

そもそも戦略とは、外交や安全保障、通商や経済、経営などの分野で特定の目標（戦略目標）を設定し、組織や組織周辺の総力を結集してその目標を達成し実現する「方略や方策、作戦計画」のことを言います。

幕府の国家目的は「徳川家＝幕藩体制の永続」にありますから、これを実現するための国家目標は「鎖国体制」「身分制度」「石高・年貢制度」「兵農（農村）分離制度」の四つを永続させることにあったといえます。

従って、幕末の幕府に外交・安全保障上の国家戦略があったとすれば、それは、「列強の脅威から鎖国体制や経済・社会の体制を守り、国家としての政治的独立を守ること」すなわち「鎖国攘夷」を実行すること、これが国家戦略の基本であったということができるのです。この国防の本質は現在も変わりません。

しかし鎖国太平の二〇〇年間、陳腐化した軍事力で列強の脅威に対抗するなどとても不可能で、幕府は一八五四年、やむなく「開国和親」へ国家戦略の大転換に踏み切ります。しかし、幼児期から西洋人を「禽獣(きんじゅう)（けだもの）」「夷狄(いてき)（野蛮人）」などとさげすむ教育で強くマインドコントロールされた武士階級（約四〇万人）は幕府の決定に大憤激して猛反発します。

ここに外交・安保の戦略理論の激烈かつ生命をかけた大闘争、言い替えれば、外交・安保の「イデオロギーの大闘争」と「権力闘争」、この二つが入り乱れた大騒乱が始まります。激烈にして壮大な「一五年騒乱（一八五四〜一八六八）」の幕開けです。

二大闘争の表舞台は京都、権力闘争の主体、プレーヤーは幕府指導者と薩摩藩・長州藩の藩主や下級武士達、そして公家、さらに会津、桑名、土佐、福井などの有力諸藩の藩主達とその家来です。

もともと革命とは、古今東西いずれの国でもイデオロギーと権力の二大闘争です。

この時期、外交・安保のイデオロギーには、①開国和親論、②鎖国攘夷論、③尊皇攘夷論（尊皇倒幕論）、④公武合体論（公議政体論）、という四つの代表的な理論がありました。これは戦後日本の混乱した安保防衛・憲法論議によく似ています。

外交・安保のイデオロギー理論（四つの戦略理論）とは

①開国和親論

ア、一時開国、その後攘夷論……一時的開国論

列強の軍事力に対する激しい恐怖心から、「開国はやむを得ぬ悪」であり他に道はないとし、武力を強化した暁には再び攘夷と鎖国を実現するとする外交・安保の戦略論です。日米和親（神奈川）条約（一八五四年）や安政条約（一八五九年）を結んだ幕府要人に多くみられ、吉田松陰、高杉晋作、久坂玄瑞なども最初はこの立場でした。この理論は攘夷派から「敗北主義者」と非難され攻撃されました。

イ、航海遠略論（進取経略論）……恒久的開国論

世界に恒久的に国を開き、近代化によって「富国強兵」の実をあげ、ついには列強を圧倒する強国に進むべきであるとする外交・安保の戦略論です。攘夷派とは大きく対立しました。越前福井藩の橋本左内や、神奈川条約を締結した老中堀田正睦などが早くからこの立場で、薩英戦争（一八六三年）や四国連合艦隊の長州・下関占領（一八六四年）以降は急速に同調者が増加し、その後は外交・安保世論の主流になっていきます。最終的には明治新政府の「国家戦略」となりました。

②鎖国攘夷論

列強の軍事力に対する激しい恐怖心に駆られつつも、民族的な反発感情から幕府の開国方針に激しく反発し、外国に威圧されて国を開くなどは最大の民族的恥辱・屈辱で断固排撃すべきであるとする激烈な攘夷論です。武士層の多くがこの立場をとり、神奈川条約（一八五四年）～四国連合艦隊の長州・下関占領（一八六四年）まで外交・安保世論の主流であり続けました。

③尊皇攘夷論（尊皇倒幕論）

攘夷論と尊王論（天皇中心思想）、そして倒幕論の三つが結合した外交安保・政治戦略論です。ペリー来航（一八五三年）以来、通商条約勅許（一八六五年）に至る一二年間、一貫して「攘夷」の立場をとり続けた朝廷を、攘夷論者が思想的かつ信仰的な軸心として推進した攘夷論です。尊皇思想は、江戸期に国学者や一部儒学者が説いた「神国思想」を基本とし、日本創成神話とともに、水戸藩を始め広く武士層や一般庶民にも民族思想として歓迎され広まっていきました。尊皇攘夷論は、桜田門外の襲撃事件（一八六〇年）頃から下級武士を担い手として拡がり始め、急速に「尊攘運動」という壮大で激烈な政治運動に発展していきます。特に一八六三年八月、長州藩が企画した孝明天皇の大和行幸、攘夷東征の頃からは「尊皇攘夷」から「尊皇倒幕運動」の方向に変わり幕府の崩壊に大きな役割を果たしました。　下級武士が運動の担い手となった背景には、安政条約（一八五九年）以降、列強との貿易がインフレを引き起こし下級武士の窮乏を促進したことで運動の幅が下克上的に広がったこともあります。しかし朝廷が事実上「開国」を認めた通商条約勅許（一八六五年）以降は、攘夷論が後退し「尊皇倒幕」が運動の主体となっていきました。

④公武合体論（公議政体論・連合政権論）

激しい尊皇攘夷運動や倒幕運動に対処するため朝廷と幕府が一体となって、朝幕二元的な政治体制を転換して一元的な政治体制をつくり、国論を統一して国難に対処しようとする外交・政治戦略論です。一八六一年頃から薩長などの大藩によって朝幕合体の周旋（しゅうせん）工作が行われました。長州の長井雅楽（うた）は航海遠略論をもって「幕主朝従」の立場から幕府主導の合体を周旋し、薩摩の島津久光は、兵一〇〇〇人を率いて上洛し「朝主幕従」の立場で周旋しました。久光は「開・鎖の問題は天下の公論によって決すべき」と訴え、有力各藩の公論によって開国か鎖国かの戦略論争を決着させるべきだと主張しました。公議政体論（連合政権論）の始まりといえます。ただ彼の本意は「開国和親論」にありましたが、攘夷論を憚（はばか）って明言は避けていました。

二大闘争の時代区分

さて外交・安保の戦略理論の激烈かつ生命をかけた大闘争、すなわち「イデオロギーの大闘争」と朝廷を巡る「権力闘争」、幕府、薩長が入り乱れた大騒乱はどのように推移していくのでしょうか。

以下、外交・安保をめぐる二大闘争の推移を時代区分してみます。

1．条約締結時代　ペリー来航（一八五三年）から桜田門外の変（六〇年）まで
2．公武合体時代　桜田門外の変（大老暗殺）から長州の破約攘夷論（六二年）まで
3．長州独走時代　長州の破約攘夷論から長州排除のクーデター（六三年）まで
4．公武合体と幕・薩間の権力闘争時代　長州排除クーデターから朝廷の条約勅許（六五年）まで
5．幕府と薩長間の権力闘争時代　朝廷の条約勅許から幕府崩壊（六七年）まで

この区分で、闘争の推移をもう少し詳しく観察してみましょう。

右往左往した幕府の戦略―不定見が命取りに

①ペリー来航（一八五三年）から桜田門外の変（一八六〇年）まで―条約締結時代

一八五四年、ペリーに強要されて締結された日米和親（神奈川）条約は、米国船に薪炭（しんたん）、食糧、石炭を供給するため下田と函館の二港を開くことと、幕府が嫌う通商条約交渉を進めるため領事ハリスを下田に駐在させることで何とか決着しました。しかしハリスは執拗（しつよう）に威嚇を繰り返し通商を要求します。

ハリス

ハリスの恫喝(どうかつ)によって、やむなく締結した一八五八年の「安政条約」では、新たに神奈川、兵庫(神戸)、新潟の開港、そして江戸や大坂の開市(かいし)(開放)、さらに日本の法権の独立を認めない片務的な領事裁判権(日本に大幅な治外法権を認めさせる)、片務的な協定関税制度(日本に自主的に関税率を決める権利を認めない)、片務的な最恵国待遇(相手国だけを優遇させる)という国際的にも全くの不平等条約を押しつけられたのです。しかも幕府(大老井伊直弼)は、攘夷にこだわる朝廷の勅許を得ずに調印を強行しました。

ここに民族意識を根底にする激しい「攘夷論」と「幕府批判」が発生し拡大し激烈化していきます。

安政条約締結時、幕府の朝廷に対する説明は、当初は老中堀田正睦が開国重視の「航海遠略論」で説得しました。しかし攘夷に固執する朝廷から勅許が降りないと見ると一転して「攘夷論」や「一時開国その後鎖国論」での説得に切り替えるなど幕府は一貫性の無い態度で終始し、朝廷や攘夷派の不信感や反感を買い、六〇年三月、大老井伊は桜田門外で暗殺されてしまいました。

②桜田門外の変(六〇年の井伊大老暗殺)から長州の破約攘夷論(六二年)まで—公武合体時代

安政の不平等条約は攘夷論を沸騰させ、桜田門外の変は攘夷熱を加速度的に高揚させました。攘夷論は新たに尊皇思想を軸心にした尊皇攘夷の運動として、遼原(りょうげん)の火のように全国の武士層、とりわけ下級武士層に拡大していきます。

この結果、西洋人に対する襲撃事件が多発します。ロシア人士官やアメリカ公使館員の襲撃(ヒュースケン事件)、生麦でのイギリス人斬殺(生麦事件)、イギリス仮公館東禅寺への放火や襲撃など居留地周辺でテロが頻発しました。幕府はこれらを十分制御できず、英仏軍の士官の中には、安政条約の安全かつ完全な履行が保障出来ないなら日本との戦争や日本の分割占領もやむを得ないとの強硬な主張をする者まで現れ、幕府は窮地に追いつめられていくのです（ハリスの本国への六二年報告書の記述）。

このように、尊攘運動が新たに朝廷に期待を寄せる尊皇運動として激化し、片方では列強が条約の完全かつ安全な履行を強要され、板挟みになった幕府は苦悶、苦闘します。こうした閉塞状況のなか事態を打開するためには、やはり朝廷と幕府の関係を改善して協力体制を確立し、朝・幕並立の二元政治を一元化して挙国一致の体制をつくることが必要と、薩長両藩を中心に公武合体の斡旋（あっせん）が始まります。

六二年五月、薩摩の島津久光は兵一〇〇〇を率いて上洛し自藩の過激な攘夷派を弾圧しながら（寺田屋事件）、「開鎖（開国と鎖国）の問題は天下の公論に決すべし」と訴えました。久光は朝廷と幕府双方の説得に成功し、薩摩の朝廷における発言力は大いに増大します。

しかし薩摩による朝廷政治主導を嫌った長州は、超過激な「破約（条約破棄）攘夷論」で対抗します。この過激な攘夷論は尊攘派の武士や公家の圧倒的な支持を受け、ここに幕府や薩摩を排除した長州主導の朝廷政治が約一年にわたって展開され、幕府はこれに振り回されて右往左往し、幕府の権威はますます低下していきます。

③長州の破約攘夷論（六二年）から長州排除のクーデター（六三年）まで―長州独走時代

薩摩を排除した長州が尊攘派の絶大な支持のもとに朝廷を主導する巨大な存在となって以降、その建言は次々と朝廷に採用され幕府に対する数々の過激な要求となっていきます。とりわけ安政不平等条約の破棄の要求と攘夷実行の度重なる要求は幕府を苦しめました。しかも当時の京都における尊攘派の活動は暴行、脅迫、放火、そして天誅と称するテロなどイスラム過激派並みの傍若無人さで、幕府が京都守護職や新選組を設置しても十分に抑制出来ない混乱状態でした。

追いつめられた幕府は、一橋慶喜の後見のもと将軍家茂に兵三〇〇〇を付けて上洛させ一八六三年三月、各藩に対し「列強から先に攻撃を受けた場合のみに限定して、列強の攻撃を撃退できる」との苦し紛れの攘夷実行の命令を布達したのです。

しかし長州はこの命令を無視して五月、下関海峡でアメリカの軍艦に対して先制の砲撃を強行し幕府と衝突します。

ここで登場するのが薩摩藩です。薩摩はこの年七月、生麦事件の賠償を要求するイギリス艦隊七隻に鹿児島を攻撃され完敗します(薩英戦争)。この敗戦で薩摩は、もともと開国論と公武合体論を基本としていたこともあって開国論が主流となりました。当然の帰結として破約攘夷論を振りかざし朝廷を主導する長州には前年の恨みもあって激しい敵意を抱いていました。ここに薩摩は会津の松平容保と謀議して長州追討の宮廷クーデターを成功させます(八・一八の政変)。追討の対象となった長州や長州派公家(三条実美など)の罪状は「天皇の真意に反して多くの過激な攘夷策を強行した」ためとされました。ここに朝廷では、幕府・薩摩そして公武合体派の公家達が主導する体制が確立されるのです。

④長州排除のクーデターから朝廷の条約勅許(六五年)まで—公武合体と幕・薩間の権力闘争時代

長州排除のクーデターの成功は、会津と薩摩の共同謀議とはいいながら薩摩の力に負うところが大きい政変でした。朝廷においては薩摩主導の「朝主幕従」の公武合体論が支配的になります。主導権を奪われた幕府はこの事態をいかに巻き返して「幕主朝従」の状態に引き戻すかに腐心するようになります。

この時期朝廷では、島津久光(薩摩)、山内容堂(土佐)、松平春嶽(越前)、松平容保(会津)、伊達宗城(宇和島)、そして一橋慶喜(水戸)が政局に大きな影響力を持っていました。彼らの大半は開国論者でしたから、もし幕府が朝廷を開国論に転換させようと決断し努力したなら、それは十分可能でした。しかし朝廷や幕府に少なくない攘夷派や国内一般の攘夷派を憚った幕府はついにこれを決断出来なかったのです。この不定見や不決断が、薩摩を始め有力諸侯を失望させ、幕府を見限らせる大きな原因となりました。

一方の長州は政変後も朝廷復帰を諦めず、一年後の一八六四年巻き返しの宮廷革命（クーデター）を画策して京都に出兵します（蛤御門の変）。しかし幕薩の武力に阻まれて一敗地にまみれ、幕府はさらに追い打ちの第一次長州征討を布達します。折りも折り、英米仏蘭の四国連合艦隊が先年の下関砲撃事件の責任を追及して下関に来襲、抵抗する長州勢を粉砕し砲台を占領してしまうのです。ここに長州は完敗を認めて降伏、幕府にも降伏します。そしてこれを境に長州はようやく開国の方向に転換していくのです。

しかし年が明けると、再び高杉晋作など開国派ではあるものの幕府に反発する勢力がクーデターを起こして藩政を掌握して幕府に反抗、一旦承諾された降伏の条件を拒否します。やむなく幕府は一八六五年四月、再び第二次長州征討を布達するのです。

一方、列強四国はこの年九月、安政条約のうち、江戸、大坂、神戸の開市・開港が遅れていることと、遅れの原因が朝廷の攘夷論にあることに対してついに我慢の限界に達して、幕府に代わって朝廷に直接交渉を強く要求して来ました。列強の軍事的脅威と恫喝に初めて直面した朝廷公家達は驚愕し恐怖して、十〇月大慌てで「条約勅許」を沙汰し、あっけなく方針転換、事実上の「開国」を認めてしまいました。

ここに攘夷論は敗北し一気に後退していきます。同時に、列強が幕府を差し置いて朝廷を直接交渉の対主としたことは、幕府の権威を大きく低下させせました。

年が明けた一八六六年の一月、薩摩藩家老小松帯刀や土佐の坂本龍馬の強力な支持や周旋により薩摩の西郷隆盛、長州の桂小五郎が会談し「薩長の和解連合」と呼ばれる倒幕の密約が締結されました。ついに倒幕の幕開けです。

⑤朝廷の条約勅許（六五年）から幕府崩壊（六七年）まで―幕府と薩長間の権力闘争時代

朝廷が開国論に傾斜し幕府や薩摩も開国論が主流となったなか、先にクーデターを起こした長州の反幕勢力も高杉晋作以下全て開国派でした。ここに主要プレーヤーが全て開国派となりイデオロギー上の対立が解消されたのです。残る対立は「権力闘争」のみとなりました。幕府対薩長連合の権力闘争です。

こうした状況のなか一八六六年六月、第二次長州征討が各藩を動員して開始されます。

兵力が劣るとはいえ長州勢の士気は頗る高く、しかも幕府軍には少ない小銃を薩摩の仲介などで多数保有し、その上「散兵戦闘」の西洋式訓練も十分施されていました。長州の軍師は天才大村益次郎です、一方の幕府軍は装備も古く、各藩寄せ集めの旧式軍隊が多いうえ、戦法も戦国時代方式で士気も低調でした。幕府軍は開戦早々から各所で敗退します。ついに幕府の威信は地にまみれ、七月将軍家茂は大坂で死去し、長州勝利のうちに戦争は終わりました。薩摩藩は口実を設けてこの戦争には参加しませんでした。

幕府権力の巻き返しを期待され、家茂の後の将軍に就任した一橋慶喜は、聡明の評価高く画期的な幕政改革を推進し「家康の再来」と倒幕側に警戒されます。しかし薩長二藩はすでに幕府を見限り、朝・幕二元政治で国難は乗り切れない、幕府の排除なくして国政の大革新は出来ない、と完全なる王政復古と倒幕を決断していました。これをみた土佐藩主山内容堂は、恩顧の深い徳川家を見捨て得ず、慶喜に「起死回生の秘策」を授けます。討幕派に先手をうって大政奉還を宣言することです。容堂の持論は「公議政体論」にあり、朝廷を頂点に、全国各藩の諸侯が合議体（連合政権）をつくり国政を運営するという発想でした（この発想は坂本龍馬が考案した「船中八策」を提言したものといわれています）。

当然徳川家も有力かつ強力な合議体の一員となります。そして朝廷の大勢はこの方向に進みます。

しかし、あくまで「武力倒幕」と「徳川本家（特に俊才の徳川慶喜）の排除」に固執する倒幕派は、まず幕府側から先に攻撃させ開戦の糸口を作為するテロ・ゲリラ工作を開始します。江戸市内の薩摩藩邸を拠点に、暴行、略奪、放火、発砲を繰り返し幕府の官憲を激しく挑発したのです（関東攪乱）。これを挑発と知りつつ幕府側の尖鋭分子が薩摩藩邸を焼き討ちにし、ここから鳥羽・伏見の戦いが始まります。

ここでも幕府軍は、数では圧倒的な優位に立ちながら、野砲や最新式の小銃など西洋式装備と「散兵戦闘」など西洋式戦闘方法に優れた倒幕軍に敗北し一八六八年四月、ここに徳川幕府は二六五年の歴史に幕を降ろしたのです。この幕府崩壊の直接の原因はまさに軍事技術格差（ミリテクギャップ）でも教訓的です。

少し長くなりましたが、ここまでペリー来航以降の外交・安保戦略をめぐる「騒乱の一五年」を概観してきました。

お分かりのように、幕府に起死回生のチャンスがあったとすれば一八六三年八月の政変で長州が排除され開国派の諸侯達が朝廷に大きな影響力を持っていた時期、朝廷を開国論に転換させ、一橋慶喜の聡明さと英明をもって公議政体論（雄藩の連合政権・擬似内閣制）を基本に国政改革を推進したとすれば今少し幕府は延命出来たでしょう。しかし幕府の閉鎖経済システムそのものの持つ矛盾が次なる大きな崩壊の危機をもたらしたことも想像できます。外交・安保と経済、この二つの危機の包括的な解決なくして幕府の生き残りや延命は不可能でした。令和の日本も同様です。

3．幕府の経済・通商戦略

☆キーワードは、「居留地貿易」、「地方（農村）再生」、「財政再建」の三つです。

（1）幕末期の国内経済状況

財政赤字とインフレが幕府経済を潰した

幕末経済のお話は、まず文化（一八〇四〜一八）、文政（一八一八〜三〇）期の前後から始めましょう。

すでにお話ししたように、一八世紀も後半になると商品経済の発達にともなって農村においても米作以外の農業産品（生糸、綿、種油、砂糖、紙、醤油、酒）の生産の比重が三〜四割と高くなり、農民の商業的な農業へのシフトや離村による都市への人口流入が増加して幕府の年貢米収入は大きく減少していきます。しかも文化・文政期頃から列強の軍艦が頻繁に出現し始めたことから、海防費の増額や蝦夷地の開発費など財政支出が急速に拡大し、幕府は収入の停滞と支出の増大というダブルパンチに直撃されました。

この財政苦境から離脱するため、幕府は大商人からの御用金や運上金（上納金、法人税制は身分制から否定されていた）の召し上げや多額の借入金、貨幣改鋳による益金の捻出、大名や旗本の飛び地の召し上げ（上地令）、武士家禄の削減など、応急的で臨時的な歳入政策によって財源の確保を図りました。

とりわけ一八一八年から行われた貨幣の改鋳（旧貨幣との交換などによる新貨幣の大量発行）は金貨約四八〇万両の巨額（当時の推計ＧＮＰの約一五％規模）にのぼり、一八四八年（天保年間）のマネーの流通量は一八年比で一・八倍に達して、幕府はかつて経験したことがない長期持続的な高インフレに遭遇するのです。

まさにヘリマネタイプのインフレで、現代日本の金融政策にとっても教訓的です。

一例として天保年間で最悪の年の幕府の財政構造を見てみますと、通常歳入である年貢米収入は僅かに二五％、一方臨時歳入である御用金収入が約二七％、貨幣改鋳益収入は実に約三四％となっています。まさに民間からの召し上げ金や新貨改鋳の貨幣発行益で財政の六〇％以上をまかなうという財政の異常状態、すなわち財政破綻状態に幕府は追い込まれていました。

都市商人から地方商人の時代に―資本主義の芽生え

一方、士・農・工・商の最下位、地方商人の台頭や活躍には目覚ましいものがありました。

江戸初期の経済の担い手は幕府（田沼時代）から販売特権を与えられた株仲間（問屋のカルテル組織）など特定の問屋商人（越後屋・三井など）を中核にした都市商人達でした。

幕府は彼らを間接的にコントロールすることで「物価の統制」や「流通の統制」を行っていたのです。地方の各藩においても藩に直結する都市商人（酒田・本間家など）が同様の役割を果たしていました。

しかし一八世紀末頃から、農村の窮乏化に対応して幕府の禁止政策にもかかわらず織物などの農業工産品や特産品の創出など地場産業の発展が始まります。各藩も藩産品の奨励策を推進し、桐生の絹織物、信州の生糸、美濃の製紙、有田焼や瀬戸焼き、野田の醤油、灘の酒など特産品が続出し「地域的な分業化」も進行していきます。地方の商業資本・高利貸し資本は大きく成長し巨大地主化します。

また幕府による沿岸航路や全国諸街道の整備にともない、北前船や樽廻船、地方廻船の出現などもあって「地方市場の全国的なネットワーク化」が進み、酒田の本間家に代表される在郷商人など仲間外商人や中小の地方問屋商人は大坂市場を経由しない産地直送の直接取引を案出するのです。生産地に直接結びついて発展する新興商人（高田屋嘉兵衛など）は北前船に代表される新たな地方流通システムを形成しました。しかし幕藩体制の制約から欧米企業の巨大資本に対抗できるような十分な資本蓄積までには至りません。しかし、維新後の国際市場（貿易市場）に対応できるだけのマネジメント・経営の能力は十分備え、こうした経営能力基盤が新生明治日本の経済産業の成長に貢献していきます。

開港経済（通商貿易）の功罪―居留地貿易制度は僥倖だった

一八五八年に締結された安政（不平等）条約は、一八九九年に改正されるまでの四一年間、日本の通商産業政策の基本的な枠組み（基本フレーム）として政府の産業振興や国内行政を妨害し苦しめました。

この条約の特色の一つは、日本側に領事裁判権とりわけ関税自主権のない（後進産業の保護ができない）不平等条約であったこと、もう一つの特色は、「居留地貿易」という管理貿易制度を採用したことです。

この管理貿易制度は外国人との交易を居留地内に閉じこめ、国内市場と完全に分離し、その上居留地外での事件に関しては領事裁判権の適用外としたのです。つまり外国商会にとって日本の国内市場はブラックボックスとなり市場情報は日本の貿易商（多くは江戸期の都市商人や在郷商人）に依存することとなりました。この居留地貿易制度は日本にとって一種の非関税障壁となり、日本の後進産業を外国貿易から保護する一助となったのです。これは日本にとって僥倖（ぎょうこう）（運が良いこと）でした。

しかし外国貿易の開始とともに輸出の急増で国内の需給バランスが大きく崩れ、物価は年八％のレベルで急上昇します。一八五八年の前後一〇年間で、米価は三・八倍、一般物価は三倍の高物価に達しました。この貿易インフレはその後さらに激しくなり、一八六九年（明治二年）まで続いて下級武士や庶民を苦しめ、このことが尊皇攘夷運動をますます加速させていくのです。

（2）幕府の経済・通商戦略

幕府に経済戦略はなかったが、経済政策はあった—唯一の異色は「老中田沼」の経済改革

幕府はもともと「閉鎖経済システム」を基本とし、その上政策決定の基本態度は「現状維持＝停滞」にありましたから、経済戦略などというものはありませんでした。あるのは、経済状況の変化や、飢饉・凶作・天災・インフレなどにともなう「対症療法的な経済政策」があるだけでした。その対症療法的改革の代表が、享保・田沼・寛政・天保の四大改革です。

この四つの改革に共通する点は、①財政の再建（財政赤字の解消）、②農村・農業（地方の振興）、③物価の安定（インフレ抑制）、④貨幣の改鋳（貨幣増発・財政赤字の解消）の四つです。これは現代日本の経済政策によく似ています。比較してみてください。

①財政再建（財政赤字の解消、財政の健全化）

年貢による貢租を主たる財源とする幕府財政は早くも一七世紀末の五代将軍綱吉の時代から赤字財政の連続でした。農民の離村、飢饉、凶作で年貢収入は減少し、治山、治水、蝦夷地の開発、海防の強化など時代の進展にともなって幕府財政は拡大を続け、赤字の解消は現代日本と同様幕府永遠のテーマでした。

幕府は、大商人からの御用金や借り上げ金、貨幣の改鋳（ヘリマネ型貨幣政策）で臨時的な増収をはかりますが、田沼と享保時代を除いて財政再建は常に失敗の連続でした。発展する商業から徴税することこそ最大の増収策でしたが、「身分上最下位の商人に税（現在の法人税や事業所税など）を課すべきでない」という身分的発想から転換出来ない固陋（ころう）で硬直した思考が最も大きな障害でした。

政治的な保身から消費税の増税をためらい続けた平成日本に似ていたのです。

②農村・農業の再建（地方の再生）

幕府は主財源である年貢米の増収をはかるため、農民の離村や逃散の防止、新田の開発、治山、治水、農工産品（米穀以外の商品作物など）の開発など数多くの農村や農業の振興策、地方再生策を推進しますが根本的な解決には至りませんでした。農民を耕地に縛り付けて農村経済を閉鎖的にし、その一方で都市の商業経済を開放的にしたことの矛盾が農村の再建を不可能にしたのです。

③物価の安定（インフレ対策）

幕府二六五年の治世の間、日本の人口は一二〇〇万人から三二〇〇万人に急増しました。しかし農業生産や所得の伸びはこれに追いつかず、その一方で商品経済・消費経済が発達して都市・農村ともに恒常的なインフレと窮乏化に悩まされ続けます。

幕府は物価、とりわけ江戸の物価の抑制を図るため、田沼時代に株仲間（問屋のカルテル組織）など特定の問屋商人に特権的な販売権を与えて市場を間接的にコントロールしました。同時に特権の見返りとして多額の運上金や冥加金を上納させ歳入の増収策としました。時の老中田沼意次のアイデアです。

しかし地方経済の全国規模の発展とともに、都市商人である株仲間の経済力や統制力が相対的に衰退し、シェアが縮小して幕末期にはほとんど機能しない状態となりました。他に打つ手を創案できない幕府は、物価統制の分野からも崩壊の原因をつくり出していくのです。

④貨幣の改鋳（貨幣増発・財政赤字の解消）

幕府はその治世間、数度にわたって貨幣の改鋳を行います。

貨幣の改鋳によって新しく流通させようとする金貨や銀貨の質を低くし、新貨幣を旧貨幣と強制交換して発行利益を得たり、貨幣の供給量を調節して物価の調節（景気対策）を行うなど財政赤字解消の「奥の手」としたのです。改鋳によって幕府はその都度、大量の新貨幣を発行して数百万両（現在の数千億円）規模の発行利益を得ますが、貨幣インフレという副作用が大問題でした。

先にお話ししたように、とりわけ一八一八年から行われた貨幣の改鋳（文政期の改鋳）は金貨約四八〇万両の巨額にのぼり、幕府はかつて経験したことがない長期持続的な高インフレに遭遇するのです。さらに安政期と万延期にも改鋳を重ねてまさにヘリコプターマネータイプの激しいインフレが加速して武士や庶民の生活を直撃し、幕府への反感が沸騰して幕府の崩壊を早めるのです。ＭＭＴ（現代貨幣理論）が流行し量的緩和の長い現代日本にとっても教訓的です。

ただ失敗を続けた諸改革のなかで田沼時代の改革は異色でした。

田沼（意次）の改革が最も革新的―日本資本主義の始まり

田沼改革の特色は、伝統的な「農本主義」から離脱し、「重商主義」への転換（農から商への転換）を図ったことです。当然長崎貿易の振興や蘭学など海外の知識や技術の導入も奨励しました。しかしこの転換は幕府の基本政策（石高制度、身分制度、鎖国制度）の半否定でした。

田沼は、商業資本を育成し、株仲間制度を創設して流通や物価の間接統制を図り、運上金や冥加金（みょうがきん）を課して数百万両の幕府財源を蓄積します。幕府の諸改革が始まって以来その後も現れない業績でした。

さらに東西に分化していた江戸の金本位制と大坂の銀本位制という二重の決済通貨制度を統合して貨幣の全国的統一を達成し貨幣経済の発展を促進しました。その他、鉱山の開発、蝦夷地（北海道）の開発、俵物（海産物）の輸出の奨励など旧弊にとらわれない革新的な政策を次々と推進したのです。

こうした政策から田沼（意次）こそ日本資本主義の「草分け」、日本の資本主義の始まりと評価する人も多いのです。閉鎖経済の徳川時代にも近現代の経済に通じる人材が日本には既にいたということです。

幕府の通商・産業政策

幕府は開港後、貿易利益の独占を狙いに諸藩の輸出に対してはこれを厳しく制限しました。反面、幕府自らは「出貿易」と称して上海やウラジオなど海外市場で日本商品を販売したり、外国との合弁の商社を設立して貿易活動を推進するなど独占的で積極的な通商姿勢に転換していきます。

また幕府のみならず諸藩も富国強兵・列強化を目標に、製鉄や造船、兵器の製造などの欧米の産業軍事技術の導入を図り近代産業の育成に邁進するのです。幕府の横須賀造船所、長崎・横浜・横須賀製鉄所、水戸藩の石川島造船所、佐賀藩や薩摩藩、宇和島藩の兵器製造所など、その後の明治政府そして現代日本に引き継がれる多くの近代工場を建設し日本の産業近代化に貢献しました。

ちなみに一八六〇年代のGNPは推計で約四億円（一八八〇年価格）で、令和現在の約四兆円相当（米価を基準として比較）、人口は約三二〇〇万人でした。一八六〇年代の経済成長率は年約三％、江戸期の米生産の年平均成長率が〇・三％ですから、これと比較すればかなりの高成長時代でした。

貿易依存度は約五％、対象地域別シェアは輸出入ともヨーロッパが約五〇％、産業別生産のシェアは、一次産業六〇～六四％、二次産業一〇～一二％、三次産業二六～二九％と推計され、二・三次産業の発達が既に進行していたことを窺わせます。

以上、幕府崩壊のプロセスを観察してきましたが、総括すれば崩壊の要因は三つに集約出来ます。

①幕藩体制の内部矛盾（政治や経済のシステム、身分制などの矛盾）が進行していたこと

②西欧列強の帝国主義や重商主義政策にもとづく軍事的な外圧が日本に対して頻発したこと

③各藩の下級武士層を中核にした武士団の激烈な外圧排除の民族感情（ナショナリズム）と、幕藩体制の破壊による現状革新（統治システムや身分制の改革など）の情念が激しく高揚したこと

この三つの要因の相乗作用によって革命的な明治新政府が誕生したといえます。とりわけ③の下級武士の革新パワーこそ明治維新の最大の原動力でありこの民族革命の大きな特色です。

世界の革命の多くが抑圧された下級階層の市民パワーが革命の原動力で、その目的の多くは「市民の権利の確立」にありました。しかし明治維新の場合は、支配層の下部にいた武士層が下克上的に引き起こした「民族の独立確保のための革命」であった点が他の多くの革命と異なる部分です。しかしこのことが版籍奉還、廃藩置県（大名制廃止）、秩禄処分（武士の俸禄廃止）、廃刀令（武士の身分剥奪）という「内乱や暗殺・テロ覚悟の荒療治」を可能にし、身分的平等、居住の自由、営業の自由、契約の自由、通婚の自由、土地の所有権といった今日的な国民的権利（基本的人権）の保障につながったのです。

反面、維新藩閥政府の急速な「近代化＝富国強兵＝列強化」を目指した「開発独裁」の立場から、完成度の高い、集会・結社・出版・表現・思想の自由などの政治的自由は十分に保障されませんでした。

第１章

明治新政府の国家戦略
日清戦争まで

1. 明治初期の国際環境 ―外交・安保・経済の環境

☆キーワードは、「ヨーロッパの春」、「ロシアの北東アジアへの攻勢」、「植民地争奪戦」、「カモになった中国」の四つです。

ヨーロッパ大変動の時代（ヨーロッパの春）―ロシアの北東アジアへの攻勢始まる

明治初期（一九世紀後半）のヨーロッパは「ヨーロッパの春」と呼ばれ、フランス革命（一七八九年）の影響で自由主義とナショナリズム（国民国家）が広範囲に拡大した時代でした。

多くの国で市民革命が起こってナショナリズムが高揚し、ドイツ（一八七一年）やイタリア（一八六一年）では多くの内戦や戦争を経て統一国家が誕生しました。とりわけドイツ（プロシャ）帝国の興隆は目覚ましく、普墺（ふおう）戦争（プロシャ・オーストリア戦争・一八六六年）や普仏（ふふつ）戦争（プロシャ・フランス戦争・一八七〇年）に大勝利し、フランスは帝政が倒れて共和制となり、逆にオーストリアは敗戦後の内戦を経てハプスブルグ家が帝政を回復しました。

このドイツ帝国の大躍進は明治政府の指導者や日本陸軍の指導者を大いに魅了し、明治憲法の制定や陸軍軍制の制定など多方面でドイツ帝国は明治日本の模範となります。

特に陸軍では大御所山縣有朋のドイツ傾斜（米国軽視）に始まり、このトレンドが第二次大戦まで続いて日・独・伊三国同盟の締結、そして太平洋戦争の敗戦にいたるまでに発展していくのです。陸軍すなわち旧日本帝国はドイツ帝国と「心中」する結末となりました。

一方、帝政ロシアはピョートル大帝以来の伝統的な南下政策を強力に推進し、不凍港を求めてバルカン半島やダーダネルス海峡に進出してオスマン帝国（トルコ）と露土戦争を繰り返し（一八五三、一八七七年）、ドイツやオーストリアと激しく対立します。さらにロシアはバルチック海から北海方面あるいは南アジア方面にも進出してイギリスとも対立し、遂に露土戦争後のベルリン会議（一八七八年）では英・独・墺諸国の大反発と干渉を招いて南下政策の重点を「北東アジアに大転換」し、清国や韓国を標的とするのです。そしてこのロシアの「極東大転換」こそが日本や清国そして朝鮮にとって巨大な脅威になり、北東アジアでの紛争の大きな火種になっていきます。日中韓にとってはまことに迷惑な大転換でした。

帝国主義と植民地獲得競争の時代ードイツの躍進と英仏との対決

一九世紀のイギリスは、産業革命による圧倒的な生産力と強力な海軍力によって世界の覇権を握りました。イギリスは強大な軍事力を背景に自由貿易を世界に拡大し、インドやビルマ（ミャンマー）を植民地とし、清国やロシアとの紛争を繰り返します。

一九世紀も後半になるとドイツ、フランス、アメリカも産業革命を成し遂げ、その結果産まれた過剰生産品の市場と原材料や資源の供給地、さらには余剰資本の投資先を求めて植民地の獲得を目指す激しい争奪戦、支配圏の拡大競争（帝国主義・現在の一帯一路的な拡大戦略）がアジアや中東そしてアフリカで展開されていきます。とりわけ、国土広大な中国は絶好の標的（カモ）とされました。

一九世紀も末（明治前半）になると、アメリカやドイツが電気や化学分野での「第二次産業革命」で他の列強に先行し、特に国力を付けたドイツは、独・墺・露の三帝同盟（一八七三年）や独・墺同盟（一八七九年）、さらに独・墺・伊の三国同盟（一八八二年）を結んで宿敵フランス包囲網を形成します。しかしバルカン半島を巡って独・墺とロシアの関係が悪化し、ロシアは三国同盟から離脱して露仏同盟の締結（一八九四年）に走ります。

さらにドイツの名外相ビスマルクが失脚（一八九〇年）した後は、皇帝ヴィルヘルム二世がドイツファーストの強硬拡大の覇権外交を強引に展開した結果、ドイツとイギリスとの関係も悪化して、ヨーロッパでは独・墺・伊の三同盟と英・仏・露の三国協商の対立構図となって第一次大戦の原因が形成されていくのです。この構図は近未来のアジア情勢（中露朝VS日米印豪）に似ていませんか？

2．明治新政府の外交・安保戦略（日清戦争まで）

☆キーワードは「富国強兵」、「列強化」、「朝鮮の中立化（清国従属からの解放）」、「不平等条約の改正」の四つです。

（1）明治新政府の国是・国家目標・国政の大方針

開国進取・富国強兵・列強化が大目標

明治新政府は明治元年（一八六八年）三月、五箇条の御誓文（皇祖への誓い）を発して、日本の国是、施政の大方針としました。

五箇条の御誓文

一　広く会議（旧有力藩主と政府との会議）を起こし万機公論に決すべし
一　上下心を一にして盛んに経綸（けいりん）（国家の経営）を行うべし
一　官武一途庶民に至る迄おのおの其の志を遂げ人心をして倦（う）まざらしめんことを要す
一　旧来の陋習（ろうしゅう）（古い制度や習慣）を破り天地の公道（真理）に基づくべし
一　知識を世界に求め大いに皇基（国威）を振起すべし

これは、国を挙げて大いに国家の経営を議論し、産業経済を盛んにし、世界に遅れた非効率的なシステムや思考は全て捨て去り、世界の新知識を導入して最先端を求め、日本の国威を高めようとする、脱封建、開国、全ての分野での近代化を目指した改革開放・近代化路線そのものです。

つまり施政の大方針として、鎖国体制から開国に大転換するとともに、国内の政治、経済、産業体制を迅速に欧米化することによって国力を高め、自主独立を達成し、天皇を中心とする日本の実力を列強に認めさせることを国家目標としたのです。ここに「自主独立」、「富国強兵」、「列強化」を三大目標とする明治日本の国家目標の原点を読みとることができます。一九八〇年代の中国にもよく似ています。

一八九三年、枢密院（すうみついん）（天皇の強力な諮問機関）議長の元老山縣有朋はその「軍備意見書」において、「我国の国是の開国進取にあることは維新以来数回の聖詔（天皇の宣言）に明らかなり……開国進取とは単に港を開き貿易を行うのみの意にあらず、列国対峙の間に介在して我邦の独立を維持し兼ねて国光を宣揚するにあり」と述べて、開国進取は維新以来の国是（国家の大方針）であり、その意図するところは国の独立と国の威光の宣揚、つまりは富国強兵策による日本の列強化にあることを明らかにしています。

ちなみに、山縣こそは明治陸軍の最高指導者あるいは元老のトップとして、軍・政界・官界・議会・財界に強力な山縣閥を構築し、一九二二年の死に至るまでの五〇余年日本の内政や外交、軍事そして歴代の内閣に巨大な影響力を与え続けた特筆すべき人物です。明治中期以降、日本の内外政策は「山縣によって形成された」といっても過言ではありません。

山縣は伊藤と並ぶ元老のトップとしてその死に至るまで、歴代の内閣の任命や組閣、そして首相の辞職に至るまでの生殺与奪の権を握り続けました。文字どおりの「大キングメーカー」で、戦後の大物政治家「田中角栄」などその比ではありません。総理大臣（二回）、枢密院議長、内務卿、内務大臣、司法大臣、陸軍卿、陸軍大臣、参謀総長など要職や栄職を歴任して常に政治の中枢に位置し、日本の外交から内政、地方自治制度や地方議会制度、選挙制度や治安維持制度の整備までが彼の手によるものです。とりわけ総理大臣、陸軍大臣として軍部の統帥権独立の制度づくりに邁進し軍部台頭の強力な基盤を確立した点で、太平洋戦争にいたる陸軍の暴走も元老公爵山縣に遠因があるといえます。

山縣有朋

なお蛇足になりますが、明治新政府の改革開放の近代化路線は、昭和以降も現代中国のみならず世界の後進国の近代化のモデルとなり、現在もモデルになり続けています。

（2）明治新政府の外交の基本方針

列強化と不平等条約改正が外交の大命題

新政府は成立まもない明治元年一月布告を発して外交の基本方針を明示します。

「外交のことは天皇にとっては多年の悩みごとであった、幕府の失錯によって和親条約の締結・開国となり国内が一変したが、この上は大いに兵備を充実し国威を海外万国に光輝させることが祖先や神霊に応える道である、天下万民心力を尽くして勉励しなければならない、ついてはこの際まず安政条約の弊害について公議のうえ条約を改革すること、また外交に際しては公法（国際法）を基準として交際を取り扱うこと、これらについては十分に心得るように」と布告し、外交の基本方針として、

①富国強兵によって日本の実力を諸外国に認めさせ「国の安全と独立を確保」すること

②安政の「不平等条約を改正」すること（行政・民事・刑事法権の回復、関税自主権の回復）

③国際法を遵守し国内法（憲法、行政法、民法、商法、刑法、刑訴法など）を欧米並みに整備し「文明国標準」の先進国家に到達すべきこと

この三つを布達しています。安政の不平等な片務条約の改正も「文明国標準」すなわち「欧米化」に到達すること無しには欧米を納得させ改正を実現することは出来ないという深刻な認識でした。

（3）外交・安保戦略としての大陸政策（日清戦争まで）

太平洋戦争の遠因は幕末・明治にあった

開国進取の国是のもと、日本の列強化という国家目標を受けて日本の外交を律する国家戦略、外交安保政戦略あるいは国際経済戦略として「大陸政策」がありました。

大陸政策とは、ロシアの脅威を主対象に、朝鮮半島を立脚点として満州や内蒙古の産業経済の利権や領土の租借、さらには政治支配を目的に日本の政府や軍部（陸軍）が展開した国家戦略のことを指します。

大陸政策は日清戦争以降に顕在化しますが、その萌芽と胎動はすでに幕末期に始まっていました。

長州の思想的指導者であった吉田松陰は、安政元年（一八五四年）の著『幽囚録』において、「群夷争聚（ぐんいそうしゅう）（列強相争う状態）の帝国主義争覇の時代にあって独立を保つためには座して滅びるのを待つより先ず進取の外勢を張り然（しか）る後退守防衛の基盤を固める」ことが国家安泰の大前提と、先ず周辺の大陸や南方方面に進出する勢いや気概が大切で、守勢防御はその後に全う出来るものだと力説しています。

もちろん松陰は本気で外征を主張していたわけではありません。要は帝国主義争覇の近代にあっては富国強兵や列強化の政策以外に独立を維持できる方策はなく、自前の東アジア戦略をしっかりと確立し推進努力することこそが生き残りの前提であると強調したかったのです。同様の考え方は同時代の橋本左内の日露同盟論や佐藤信淵の日支提携論あるいは勝海舟の日鮮支同盟論など多くの識者の同盟論や集団防衛論、当時で言う富国強兵の「航海遠略論」に見ることが出来ます。令和の日本にも教訓的です。

要はアジア人同士の同盟で欧米列強に対抗しようという勢力均衡（バランスオブパワー）の考え方です。

明治新政府の考え方も幕末の航海遠略論に異なることはありません。明治日本もまた列強のアジア戦略のなかで巧妙に外交戦略や大陸政策と俗称された国家戦略を推進していくのです。

さて日本の大陸政策（外交・安保・経済戦略＝国家戦略）は大きく四期に区分されます。

第１期は日清戦争まで。朝鮮半島において日本の影響力を扶植し、韓国の開国や独立そして中立化を推進する政策期です。

第２期は日露戦争まで。朝鮮半島において日本の政治的影響力や各種の利権を拡大し確立するための政策期です。

第３期は満州事変まで。朝鮮半島において日本の支配権の正当性を国際的に確立し、満州や内蒙古、中国中南部において日本の政治的影響力や各種の利権を維持し拡大するための政策期です。

第４期は日中戦争まで。満州において日本の支配権の正当性を国際的に確立し、中国全域や内蒙古において日本の影響力や支配力、各種の利権を拡大するための政策期です。

（４）第１期の大陸政策（日清戦争まで）

征韓論＝朝鮮半島への「こだわり」の始まり―朝鮮半島の戦略的価値は今日も変わらない

大陸から日本海に突きだした朝鮮半島は日本とは一衣帯水の距離にあり、戦略的に見れば日本海や対馬海峡のみならず黄海や東シナ海を制するとともに、まさに日本に突きつけられた短刀のような形状をなして、明治の指導者はこれを頭上の鋭利な「利刃（りじん）」と表現し、地政学的な「大脅威」と認識していました。そして韓国がロシアや清国あるいは欧米列強の支配下に入ることを極度に恐怖し警戒していたのです。

これは当時の日本最大の脅威であったロシアにとっても同様でした。ロシアにとって当時極東唯一の軍港ウラジオストックを擁する日本海とその出入口である対馬海峡を制する朝鮮半島の戦略的価値は極めて大きく、この認識は幕末以降今日に至るまで変わりません。従って、当時の日本にとって韓国の開国独立や中立化、より近代化した韓国との連携は安全保障上の大前提、死活的利益となっていたのです。

しかし当時の韓国は、国王の生父大院君が鎖国・攘夷の政策に固執して明治新政府の再三の修好要請を拒否し、そのうえ天皇の首長権すら認めないという侮日的な挙にでました。明治二年（一八六九）には日本の外交使節である外交官佐田白茅（はくぼう）、森山茂に対して「洋夷（列強）をまねる日本は小洋夷である」と侮蔑して修好や開国を断然拒否しています。少し令和の今日の状況に似ています。

こうした韓国政府の態度は、武士道を信条とする日本の指導者を著しく硬化させ、ここに征韓論が発生します。征韓派の代表的人物である外交官佐田白茅は明治二年、政府に提出した建白書のなかで征韓の理由と必要性について次の四つを挙げています。

①我が国からの修好の書を退け、その上不遜の言をもって恥辱を与えたこと
②仏、露、米などに韓国攻撃の意志があり、彼らに先取されてはならないこと
③征韓によって得られる資源が我が富国強兵政策に寄与すること
④征韓論を不平士族の不満解消に利用すべきであること

同様に明治三年（一八七〇年）、外務大丞・公家柳原前光は参議岩倉具視に意見書を提出し「ロシアが北は樺太、南は朝鮮を占拠するということになれば維新の大業も敗れ将来の大患となる」と警告しました。欧米列強が朝鮮を占拠する前に「何とかしなければならない」という焦りです。

佐田論は日本の安全保障と資源利権の獲得という観点からの征韓論であり、柳原論はロシアに対する安全保障を重視した征韓論ですが、既に明治初期において国家安全保障と経済進出の両面での韓国進出論（韓国へのこだわり）がエリート外交官に存在していたことがよく分かります。

こうした征韓論は、士族の不満が激しく昂揚するなか、当時の政府指導者西郷隆盛、板垣退助、江藤新平など有力参議の共鳴を得て一時大勢を占めました。しかしこれを時期尚早とし、国内整備こそ最優先と

主張する岩倉具視、大久保利通、木戸孝允などの必死の反対によって明治六年（一八七三年）、一時的に抑制され西郷達は政府を離れます。

しかし、この韓国開国の外交戦略は二年後の明治八年（一八七五年）、より巧妙な軍事工作と砲艦外交によって実行され成功するのです。

日本による韓国開国の軍事・外交工作―日本の砲艦外交で韓国が開国へ転換

一八七五年、外務理事官森山茂は、「韓国の開国は砲艦外交のほかなし」とする建白書を外務卿寺島宗則に提出し、「日本の軍艦に韓国海岸部を測量させ修好条約を牽制する」案を提案しました。いわば韓国挑発です。予想どおり七五年九月、日本軍艦はソウルに近い江華島において韓国側の砲撃を受け、この機に乗じて日本は海軍を韓国に派遣し、列強や清国の同意のもと一挙に日韓修好条規（条約）の締結に持ち込みました。事態は日本の読み通りに進行したのです。

修好条規において日本は、韓国の独立宣言、釜山・仁川・元山など主要港湾の開港、在韓日本人の治外法権、無関税自由貿易権、日本貨幣の流通権、軍事制度の改革など列強並みの利権を獲得しました。韓国にとっては安政条約と同様の不平等条約の締結です。そしてこの時点をもって日本の韓国進出が始まるのです。ちなみに当時の韓国は、財政・経済・産業・軍事・警察などの諸制度は未整備のうえ、国民は大変貧しく、経済・国防の両面で極めて脆弱な農業国家であり、日本にとっては、「軒を接した隣の家でいつ大火事が起こるか分からない」（福沢諭吉の論評）という危険にして実に心配な隣邦でした。

韓国の政変と日本の対清軍備の強化―壬午の政変から日清戦争が始まった

一九七六年以降、日本は前年に締結した修好条約上の権利にもとづいて積極的に韓国に進出し、貿易額は拡大して日本商人は大きな利益を上げるようになりました。反面、日本商人による大量の米や大豆など、穀物の買い上げや日本への逆輸出は韓国経済を混乱に陥れます。加えて治外法権を逆用した日本商人の不正な商行為、さらには韓国政府の要請で日本軍人が行った韓国軍の制度改革が、多くの失業軍人を生みだしたことから韓国軍人や一般民衆の反日感情はいよいよ昂進していきました。

当時韓国の政権を担当していたのは、保守派の大院君に対立する開国派の皇后閔氏（びん）一族でしたが、大院君はこの情勢を利用して政権復帰を企て、不平軍人を扇動して「日本人追討」「閔氏打倒」をスローガンに暴動を発生させます。いわゆる壬午の政変、クーデターです。

一八八二年七月、暴徒は晶徳宮に浸入して、日本軍人や閔氏の関係者数人を殺害しました。閔氏政権は歴史的な宗主権（宗属関係）にもとづいて清国に出兵を要請、清国はすかさずこれに応じて兵五〇〇〇を派遣、日本の出兵を牽制しつつ、大院君を北京に拉致し、手際よく政変を制圧しました。

以降、清国は韓国政府に大きな影響力を持つようになり、旧来の宗主権をタテとして韓国の内政や外交に深く干渉するようになります。同時に清国は韓国における日本の影響力を強行に排除するようになり、一八七五年の日韓修好条約で保障された韓国の「独立条項」はほとんど有名無実となって、日本の政治的影響力もまた大きく後退させせられることになったのです。

元来日本には幕末以来、欧米列強とりわけロシアに対抗するため、日支提携論や日韓支提携論があり、一八七一年には清国と「日清修好条規」を結び有事の相互救済や中立化を約束していました。

しかしこの提携関係は一八七四年、日本の台湾出兵や、一八七九年の琉球の日本編入によって度々危機にさらされました。とりわけ壬午の政変は日本の政府指導者、なかでも軍当局の対清観念を大きく刺激し、軍は清国を仮想敵国と認識して軍備の強化を決意し陸軍の大拡張を計画、一八八五年までに七個師団体制の基礎を創ることを決定しました（師団とは兵員約一万人～一万五〇〇〇人、歩兵連隊・砲兵連隊・工兵大隊、補給・輸送・衛生隊など諸兵種連合の作戦・戦略部隊のことです）。

当時、日本の政治や軍事の強力な指導者であり、日支提携論が持論でもあり続けた参議山縣有朋は、八二年七月の「朝鮮事変における対清方針意見」において、清国が韓国に宗主権を強行に行使し日本の事変処理を妨害拒否した場合は軍事対決もやむなしと主張し、続く八月の「陸海軍拡張に関する財政上申」においては、清国を敵国とした軍備の大拡張、八カ年計画を提言しています。

このように壬午の政変こそは、日本が外征作戦を本格的に考える出発点となりました。ただこの時点では、日本は韓国の中立化や経済利権あるいは駐兵権などを追求しましたが、その軍事力は弱小で、清国との戦争はおろか、欧米列強への配慮からも、韓国の植民地化などの意志は全く顕在化させてはいませんでした。反面、清国の日本に対する警戒心は、すでに強いものになっていたのです。

日本の国軍の建設と強化―国内警備型軍隊から外征型軍隊への転換

さてここからは軍備のお話です。

開国進取の国是や富国強兵の国家目標を受け、新政府は一八六九年、旧幕府の軍艦四隻、約二〇〇〇総トンを接収し、まず海軍を発足させました。陸軍も一八七一年、薩摩、長州、土佐の藩兵一万人をもって創設され、東京、仙台、大阪、熊本の四方面に鎮台（警備司令部）が設置されました。

また中央組織として兵部省が六九年に発足し、これが七二年に陸軍省と海軍省に分離独立します。その後七三年、陸軍は六鎮台、三万二〇〇〇人に拡大、海軍も軍艦一七隻、一万四〇〇〇総トンと増強されました。ただ列強の軍備にはほど遠く、日本の財政能力からも国内警備型の小規模な軍隊建設に止まらざるを得ない状況でした。

しかし、その後もロシアの南下政策が継続し、韓国を巡る清国との対立など、軍備の拡張を促進する要因が増大します。とりわけ一八八二年の壬午の政変を契機に、日本は清国を念頭に軍備の大拡張を計画し、一八八九年、陸軍は国内警備型の鎮台型軍隊から外征型の師団編成に移行し、日清戦争直前の一九九三年には七コ師団、六万一〇〇〇人の師団型軍隊にまで拡大されたのです。

この八九年の師団編成は大陸における外征作戦を想定し、日本の大陸政策を支える軍事基盤が整備されたという点で実に画期的なもので、後に総理大臣になった桂太郎の伝記『公爵桂太郎伝』では、「維新以来の一大改革にして大陸的戦闘の基盤を樹立したるもの」と高く評価しています。

同時に海軍も、一八八四年の艦隊編成令の制定、艦隊条令への改訂を経て、一八九〇年には四一隻、五万八〇〇〇総トンへと拡大し、海軍の活動を支える鎮守府（基地・ベース）も横須賀、呉、佐世保と拡大され、海軍もまた沿岸警備型海軍から外洋型海軍へと大きく転換したのです。

戦後日本の自衛隊の防衛力整備に通じる歩みに似ています。

日清の対立の激化と日本の戦争決意―現代世界に通じる山縣の利益線理論（前方防衛理論）

さて壬午の政変は、清国の宗主権の回復と日本の韓国からの後退をもって収集されましたが、一八八四年、再びソウルにクーデターが勃発しました。甲申の政変です。

当時韓国では、親日派の独立党と親中派の事大党とが激しい権力闘争を展開していました。十二月、独立党は清国が属領ベトナムでの対フランス戦（一八八三〜八五年）で手足をとられて苦境に陥っているのを好機とし、政権奪取のクーデターを実行しました。これが甲申の政変です。

独立党は、クーデターを確実にするため、背後にいた日本に派兵を要請し、日本は直ちに一コ中隊二〇〇名の武装兵を派遣しました。しかし清国もすかさず二〇〇〇余名、旅団規模で日本の一〇倍の軍隊を派遣、日清両軍は交戦状態となり、兵力に劣る日本が再び後退を余儀なくされて、清国は引き続き主導権を握り続けたのです。追い詰められた日本は清国と天津条約を締結し、今後の出兵は相互に事前通知を義務とすることを取り決め、首の皮一枚、辛うじて韓国への影響力の保持を図りました。

しかし清国はこの二つのクーデターへの介入の成功によって、ますます韓国内への干渉を深め、これを嫌った韓国政府はロシアとの連携に軸足を移し、有事の際にはロシアに保護を求める秘密協定を締結する動きにまで発展してしまいます。こうした清露両国の韓国介入は、韓国を国防の生命線と考える日本の指導層の焦りと危機意識をますます昂進させました。内務大臣山縣有朋は一八八七年に至って「軍事意見書」を起草して「現下日本の緊喫（きんきつ）の政略は韓国の自主独立を欧米列強に承認させることにある」と強調し、一八九三年には有名な『外交戦略論』を著して韓国の重要性をさらに強調しています。

山縣はこの政略論のなかで、「日清両国は相『提携』し、韓国の保護主として韓国の『恒久中立』を国際公法で保障すること」を強調しました。さらに「主権線」と「利益線」の理論を展開して、日本領土の主権線の防衛を確実にするためには、韓国に「前方防衛線」を推進する必要があることを力説してこれを「利益線」と定義づけています。この理論は、欧州の国際法学者ローレンツ・F・シュタインが山縣に教示したもので、第二次大戦後のアメリカの前方展開戦略に通じる理論でもありますが、この利益線理論こそは幕末以来、潜在していた征韓論が政策理論としていよいよ顕在化し胎動し始める萌芽となりました。

ただ、この山縣理論の背景には、シベリア鉄道の完成を間近に控え、極東への軍事輸送力の飛躍的な拡大を実現するロシアへの深刻な脅威認識があり、日清の提携論や利益線理論も、全てこのロシアに対する脅威認識の延長線上にあったのです。当時、山縣の対露恐怖心は「恐露病」とも揶揄（やゆ）され、「韓国をして東洋のスイスにせよ」と叫ばせるほど深刻なものだったのです。これは伊藤・山縣など明治の武士出身指導者に共通する欧米恐怖症と外交上の慎重さであり、山縣の後継者として、独断専行、日中戦争や太平洋戦争に暴走した昭和陸軍のエリート「軍人官僚」達には無かった、慎重にして冷静な性癖です。

しかし、山縣の持論であった韓国の中立化を前提にした日清提携論も一八九三年に発生した「東学党の乱」を契機に、再び対清強硬論へと変化していきます。

日清戦争直接の契機は東学党の乱

さて、甲申の政変以降の韓国は、清国のみならず、日・露・英・独など列強に内地通商利権を承認させられ、その経済は大きな打撃を受けました。こうした列強の屈辱的な支配に対して、ついに民衆が蜂起し、一八九三年、韓国全土に外国排斥をスローガンにした東学党の乱が発生します。

乱は長期化し、韓国政府は自力での鎮圧は困難として再び清国に出兵を要請し、好機到来と清国はソウル南方の牙山（がざん）に兵二〇〇〇を上陸させました。日本もこれに対抗して混成一コ旅団と偽り、三倍の七〇〇〇人の兵力を派遣して乱は沈静化しました。

しかし韓国の自治、中立を主張する日本と、あくまで宗主権に固執する清国との対立はますます激化して両軍相引かず、日本政府は一八九四年六月の閣議において、対清協調か戦争決意かの論議の後、ついに陸軍の主戦論に折れて戦争を決意し、七月二五日、日清両軍は戦闘状態に入ります。そして戦況は予想外、日本の連戦連勝で進んでいきます。

このように第1期の日本の大陸政策（日清戦争まで）の目的・特色は、「韓国の中立化」と「清国の宗主権」の排除にあり、言い換えれば、韓国における「日清の平等性の確保」にありました。ただ元勲山縣の日支提携論に見られるように、この時期の日本にとって、国力・軍事力から清国やロシアは未だ対等に戦える相手とは認識されていませんでした。戦争決意の六月の時点においても、日本海軍は制海権に自信がなく、開戦に躊躇していたくらいです。

そして日本の韓国支配の願望がいよいよ顕在化するのは、日清戦争の勝利以降のことになります。

（5）明治新政府の安全保障・国防戦略・国防方針

明治新政府の国防方針

明治日本の国防方針が初めて制定されるのは一九〇四年の日露戦争後、一九〇七年になってからです。それ以前には、日清・日露の両戦争の機密作戦計画を始め、有事に備える作戦計画は存在しましたが、平時からの国防方針と定義した政府文書は存在していません。しかし実態としての国防方針は、建軍以来の軍事指導者であった山縣有朋を始めとする重臣や高級軍人の建議書や意見書に鮮明に表現されています。

建軍間もない明治四年（一八七一年）、新たに誕生した兵部省は軍事新政策を確立し、兵部大輔（副大臣）山縣有朋、兵部小輔（政務官）西郷従道及び川村純義の連名をもって、国防の目的、軍事制度、軍事戦略、軍事力や兵站組織・教育組織の整備、国防政策の最優先などについて天皇に建議しました。

これは日本初の国防方針（現・防衛計画の大綱）といえる内容で、要旨は次のとおりです。

（国防の目的）

一、軍備の目的を「国内鎮圧」から「対外防衛」に移していく。

二、国土防衛のため、常備と予備の兵制を採用する、徴兵制を実施する。（軍事制度の方針）
三、「沿岸防御」を重視し、戦略上の要域に海岸砲台を築城する。（軍事戦略の方針）
四、陸海軍の教育、造兵、兵站を整備する。（軍事政策の方針）
五、軍備を、諸政一般に「優先」する。（軍備最優先の方針）

このように、新政府は国防軍備を政治の最優先課題とし「国内警備」の鎮台型軍隊から「国土防衛」型軍隊への脱皮と徴兵制による国民軍隊への移行を宣言します。この間海軍では、「海軍創立に関する建議」のなかで「ロシアの南下を断然阻止し、至速に強大の軍備を整備し、将来朝鮮を属国となし、中国西部まで進出してロシアを制圧すべし」などと雄大な構想を述べています。しかし当時の軍備は弱小で、日本の軍備が大きな質的変換を遂げるのは、すでにお話しした壬午の政変（一八八二年）以降になります。

壬午の政変以降、陸軍は五カ年計画で二倍増の七コ師団、六万名の整備を、海軍は八カ年計画で四倍増の艦艇四二隻六万総トン体制を計画します。

こうした最悪の事態を考えた軍備の拡張とは別に、現実の外交面においては、対露はもちろん清国に対しても「平和外交」を基本政策とし、一八八三年、山縣有朋は「対清意見書」で次の四項目を提案します。

一、対清外交における平和方針（対清外交の基本方針）
二、万一の場合の対清国戦争の準備（戦争準備の方針）
三、沿岸防御の強化と海峡砲台の整備（国防戦略の方針）
四、装甲軍艦の迅速な建造（軍事力整備の重点）

当時の山縣の清国の脅威認識は、「清国、陸海の軍制を一変して西洋式を模倣し、洋艦を賄い、既に百余艘に及び……以て雄を宇内(うだい)に争うも可なり」と述べ、清国の軍事力は既にアジアの雄を争える規模だと大きく評価しており日本は及びがたいという認識でした。ちなみに当時の清国の陸軍は約三五万人、海軍は六〇余隻、約六万五〇〇〇総トンでしたが、陸軍の装備は旧式で洋式化は相当遅れていました。

守勢防御の戦略方針―戦後日本と共通する防衛戦略

さて明治初期の国防戦略の基本方針は、ロシアや清国を対象とした「国土の専守防衛」で、軍事戦略の基本は、沿岸の要塞砲兵群（現在の対艦ミサイル砲兵群）と連携した沿岸防御による国土の「守勢防御」でした。要塞は、東京湾、大阪湾、函館、関門、対馬、青函などの各海峡に大規模に建設されました。

当時の軍事戦略は、守勢を基本とし、海軍の海上邀撃（待ち受け）による「沿海防衛作戦」や国土の主要な海峡に設置された要塞砲兵群、そして事前に海岸に配置した陸軍野戦部隊の「海岸防御」との三者連携作戦によって敵の侵攻部隊を沿岸で撃破するという「固定的な防御」戦略で構成されていました。

明治も二〇年代になると軍事力の拡大や鉄道ネットワークなど交通インフラの整備に伴って、固定的な防御方式から脱皮して、敵の上陸方面に会わせて柔軟・機動的に師団を移動させ敵を排除するという、効率的な「攻勢防御」作戦方式に転換します。まさに戦後自衛隊の国土防衛戦略の原型・プロトタイプです。

海軍もまた「我が国権の維持するとは他の侮を防ぐをいい、退きて守るの策あれば、進んで攻めるの実なかるべからず」（樺山資紀）と述べて、専守邀撃から脱皮して、攻勢による艦隊決戦を追求する作戦戦略に転換していきます。日本海軍の大艦巨砲主義・艦隊決戦ドクトリンの始まりです。

守勢防御から前方防衛（大陸防衛）戦略へ

一八九〇年、総理大臣に就任した山縣は、その施政方針演説において、主権線と利益線の理論を展開しました。すでにお話ししたように、山縣は、国防の方策は二つあるとしています。
①領土領海の境界を以て主権線と称し、これを侵害する外敵を排除する方策
②主権線の安全に極めて大きな関係を持つ区域の外周を利益線とし、侵害する敵を排除する方策
山縣は、この二つの方策が達成されて初めて国の独立が完全になると主張し、そのためには陸軍が三倍の二〇万人、海軍も二・五倍の一五万トンが必要としました。とりわけ海軍については、「況(いわ)んや東洋の危機に処し、東洋の覇権を制しようとすればその最大の急務は海軍の整頓である」と述べ、日本の生命線である韓国に利益線を推進し、兵力を事前展開して露清の侵害を排除しようとする戦略を主張します。

この山縣の戦略は、日露戦争で実現しますが、日清戦争がその先駆けになりました。

日清戦争の作戦方針は、「海軍の援護下に陸軍主力を清・韓両国に上陸させ、北京を攻囲して清国皇帝を捕獲する」という雄大なものでした。そして八月に開始された作戦は予想外の連戦連勝となり、九月には平壌に清国軍を破って鴨緑江を突破、一〇月に黄海海戦に勝利、一一月には旅順要塞を陥落させ、明けて二月には威海衛、三月には営口を占領して北京攻囲の態勢が完成した段階で終戦講和となりました。開戦から数えてわずか八カ月、列強の介入や干渉を許さない短期間・短期戦での終結となったのです。

一八七八年の維新に始まった弱小後進国日本の諸改革（経済・産業・技術・軍事）は、二七年の苦闘を経てアジアの大国清国に対する勝利という結果で政策の検証と評価がなされた、ということになります。

(6) 不平等条約の改正

押しつけられた不平等—後進国の悲哀、国家主権無視の安政条約

明治新政府の最大の外交課題は、安政不平等条約の改正でした。

なぜなら、安政条約は日本の国家主権を無視し、列強の力を背景にして大変な不利益をもたらす「押しつけ条約」だったからです。この不平等条約の「不平等」とは次の三つの不平等の設定です。

①日本にとって片務的な領事裁判制度の設定です。

・刑法上の犯罪や、民法上のトラブル、さらに行政法上のトラブルに至るまで、相手国人が関与した問題の裁判は、相手国の日本領事が自国の法律で裁くという制度です。

・日本の国家主権を無視した治外法権の裁判制度です。

・この背景には、日本の刑法、刑訴法、民法、商法、行政法の未整備がありました。

②日本側の関税自主権の喪失と協定関税制度（関税率を協議する制度）の設定です。

・日本は、関税率を自由に操作できず、相手国との協議にもとづく合意で決めらてしまいます。これによって、日本は低関税を強いられ、関税収入は乏しくなり、製品や産品の国際競争力を押さえられ、国内産業の保護・育成において大きな障害になりました。反面、列強は貿易上の大きな利益を得ました。関税は、現在も通商政策の強力な武器です。

③日本にとって片務的な最恵国待遇制度の設定です。

・二国間交渉で、相手国に与えた通商上の特別待遇が、他の列強にも自動的に与えられるという通商制度。このため二国間交渉（ディール）のメリットが無くなります。

この不平等条約は、列強にとっては大きな利益があるわけですから改正交渉は大変難航しました。領事裁判権制度の廃止には一八九九年までの二八年、関税自主権の回復に至っては実に一九一一年までの四〇年の長時日を必要としました。ただ現在の北方四島の返還よりは早いといえます。

改正交渉の経過を要約すると次のようになります。

第一期　岩倉使節団の改正交渉（一八七一～七二）………交渉挫折

まずアメリカを対象に、関税自主権の回復、港や居留地に関する行政規則を自主決定する権利を回復する交渉を行いました。アメリカは日本が対米輸出関税を廃止するなら、日本に輸入関税の制定権を認める感触を示しましたが、ヨーロッパ諸国がこれを妨害し、交渉は挫折しました。

第二期　外務卿寺島宗則の改正交渉（一八七六～七八）………交渉挫折

条約の全面的改正は時期尚早と考え、関税自主権（税権）の回復と貿易規則の制定権（行政権）の回復に目標を限定しました。まずアメリカとの二国間交渉により関税自主権の改正は成功（吉田・エバーツ協定）しましたが、イギリスは改正を拒否し、「全関係国一致の原則」から、再び交渉は挫折しました。

第三期　外務卿井上馨の改正交渉（一八七九～八〇）………交渉挫折

日本は行政規則の制定権と協定関税三〇％への引き上げに限定して交渉しました。しかしイギリスは、国内法整備の不十分な日本の弱点を指摘し、全面的にこれを拒絶します。やむなく井上は、先ず条約改正の「予備会議」を開催し、多国間交渉で「基本的な枠組みづくり」から始めること、振り出しに戻ることを余儀なくされます。

第四期　外務卿井上馨の改正交渉（一八八二～八四）………交渉前進

引き続き日本は、行政権の回復と輸入関税率の引き上げに目標を限定して追求しました。しかし日本通のイギリス公使パークスは、見返りに日本が嫌う内地通商権や沿岸貿易権など国内の部分開放を要求して対抗します。これに対して井上は、「法権の全面回復と引き換えに（国民が大反発する）

内地の全面開放、内地雑居も辞さず」と国内テロ覚悟の大胆発言で対抗しました。この井上宣言は各国の高い評価を得て、まず関税引き上げの合意が成立します。さらに、行政権の回復と輸入関税率の引き上げを各国に受け入れさせるという大きな成果を収めました。

第五期　外務大臣井上馨の改正交渉（一八八六〜八七）………交渉の前進と妨害

日本に内閣制度が誕生した翌年の一八八六年、事態が大きく転換します。内地全面開放の井上宣言が流れ去ることを嫌った英独二国が修正案を提出したのです。修正案は、内地雑居や土地所有権、鉱山開発権などの日本の内地開放と引き換えに領事裁判権の撤廃をセットにしたものでしたが、新たに二つの条件が追加されていました。一つは、日本の法律や裁判制度が未整備のため、速やかに西洋式の法典を編纂し各国の承認を得ること、二つは、日本の裁判所に西洋人判事を任命し、西洋人を被告とする事件の審理を行わせることでした。しかし、この二つの追加条件を「国辱的」とする国論が沸騰し、強烈な反対論が国内の各界に拡大を続け、テロの発生すら憂慮される事態となりました。遂に一八八七年、井上は辞職を余儀なくされ、条約締結は延期、見送りとなったのです。

第六期　外務大臣大隈重信の改正交渉（一八八八〜八九）………交渉の前進と妨害

井上の後を受けたのは、財政家大隈重信でした。大隈は、井上が激しい非難を浴びた法典編纂に関しては外国の承認を求めないこととし、外国人判事の任用と外国人裁判の審理は大審院（最高裁）に限定することとしました。しかし日本の国論はこの程度の改善では未だ「外人偏重・屈辱的」であるとしてとても納得せず、とりわけ内地の開放は、資本と経営力に優れた西洋人に日本経済の実権を掌握され、土地や鉱山を収奪されると憤激したテロリストが大隈を襲撃します。重傷を負った大隈は一八八九年辞職し、再び条約締結は延期となってしまいました。

第七期　外務大臣青木周蔵・陸奥宗光の改正交渉（一八九〇〜九四）………交渉成功

一八八九年の帝国憲法の発布、九〇年の帝国議会の開設にともなう立憲政治の発達は、日本の意図どおり列強の条約改正への気運を加速させる結果となりました。九〇年、イギリスは、外国人判事の任用を放棄し、法典の編纂（へんさん）への介入を断念し、法典施行一年後に領事裁判権を撤廃することに同意したのです。遂に九四年、条約改正交渉は妥結し、日英通商条約をはじめ各国との条約が調印され、治外法権制度が撤廃され日本は内地開放を承認しました。しかし関税自主権については、限定的に認めるに止まってしまいました。関税自主権の回復は、一九一一年まで待つことになります。

古今東西、利害の絡んだ交渉とは難しいものです。

岩倉具視が渡欧したのは一八七一年、苦節二三年、条約改正は限定的ながらようやく実現しました。この背景には、井上馨を始め国内テロの脅威など多くの障害を克服して成立にこぎつけた多くの人々の奮闘や苦闘があったことを忘れてはなりません。条約改正に限らず明治期の多くの指導者は、常にテロや暗殺の恐怖と闘いながら多くの改革を成し遂げました。大久保、伊藤、大隈、形を変えて西郷もテロの犠牲者といえます。維新で命を落とした多くの下級武士達も同様です。こうした犠牲者の苦闘の上に改革が完成していく歴史は古今東西共通ですが、忘れてはならない歴史でもあります。

3. 新政府の経済・通商戦略（日清戦争まで）

☆キーワードは「欧化主義」、「産業革命」、「経済金融革命」、「官業主導＝国家資本主義」、「民業育成」、「軍事産業の強化と高度化」の六つです。

三つの戦略目標と八つの政策目標—産業と金融インフラ整備があっての富国強兵

さて、明治政府最大の課題は、押し寄せる欧米列強の脅威のなかで「自主独立の国家体制をいかに早く創り挙げるか」にありました。そのための国家目標として新政府は、急速な近代化による「富国」「強兵」に、そして「列強化」の三つを設定し国家の総力を挙げて追求します。

急速な近代化とは、政治、経済、産業、軍事、そして社会や文化まで諸制度の全面的な「欧米化」にあり、そのためには急速な「独立国家の形成」と「産業の近代化」の戦略(方略)と政策(具体策)が必要でした。同時に急速な近代化のためには、「中央集権的な国家体制」と経済政策としての「開発独裁」そして「国家資本主義」からのスタートが大前提となりました。ちょうど二〇世紀後半の共産中国やマレーシア、シンガポールなどの諸国家が後進国から近代化したプロセスと同様の現象です。

この急速な産業化のための戦略や政策は「殖産興業」と呼ばれました。「殖産」とは「物の生産能力を増やして産業を興し振興すること」をいいます。

新政府の「殖産戦略」は、次の三つの戦略目標(方略)に集約できます。

①欧米の先進機械工業(軍用と民用の両分野)を導入する。
②鉄道や通信、陸運や海運の交通・通信ネットワークなど産業の基幹インフラを整備する。
③産業資本を育成し資金循環を円滑に行うため、通貨・金融制度を確立し資本主義の基幹インフラを整備する。

さらに、この三つの戦略目標を実現するため新政府が推進した具体的な政策としては、次の八つの政策目標が挙げられます。中国近代化のプロセスと比較してみてください。よく似ています。

(産業政策)

①工部省を設置（一八七〇年）して外国人技術者を雇い入れ、鉄道、電信、鉱山、製鉄、造船、土木などの欧米近代技術を移植し「資本主義的な生産方式」を導入する。
②鉄道、電信、鉱山、造艦・造兵・造機（兵器工廠）などの「官営（国営）事業」を創業して基幹戦略産業や軍事産業の近代化を促進する。
③製糸（生糸）や紡績（綿糸）などの軽産業の分野で「官営模範工場」を設立し、欧米先進技術の導入と「民間への普及」、「民業の誘発・育成」を推進する。
④民業で創業可能な官営事業や官営工場を逐次「民間に払い下げ」る（一八八二年以降）。この際、強兵政策の観点から民間の造船業や海運業の育成強化を重視する。
（通商・貿易政策）
⑤「輸出を奨励し輸入を抑制」する通商政策を推進して恒常的な貿易赤字を改善し、正貨（金・銀）の流出を防止して「財政の改善」をはかる。
（財政・金融政策）
⑥地租の改正（農地への課税の強化）や秩禄処分（武士の俸禄の廃止）などの財政政策を推進して歳入の増加と歳出の抑制を図り、富国強兵のための「財政基盤を確立」する。
⑦正貨の流出による貨幣価値の下落を防止して「金融システムの安定」を図る。このため、二百に近い旧藩の藩札や政府不換紙幣を整理して統一通貨を発行（一八七一年）し銀本位制や金本位制など複本位制を採用（一八七八年）する。国立銀行制度を導入（一八七二年）して兌換銀行券（信用通貨）を発行する。＊最終的には一八八二年に日本銀行が設立されて銀行券の発行が日銀に統一され、政府不換紙幣の兌換が完了していきます。

⑧民間産業への補助金や勧業資本金（支援金）を交付し「民間産業を育成」する（一八八二年）。

これら三つの戦略目標と八つの政策目標は、大久保利通（内政経済全般）、木戸孝允（内政経済全般）、大隈重信（財政・経済）、伊藤博文（産業・経済）、井上馨（通商・経済）、松方正義（財政・経済）、山縣有朋（軍事・地方自治）など「明治の元勲」と呼ばれる指導者とこれを支える旧幕臣など知的エリートを核心とする官僚群によって推進されます。これは日本の官僚制度の原型です。

結論から先にいえば、工部省（一八七〇年設置・初代工部卿は伊藤博文）や内務省（一八七三年設置・初代内務卿大久保利通）、そして大蔵卿大隈重信や同松方正義が長期にわたり主導し推進した八つの政策は、維新から一七年、一八八〇年代後半から逐次実を結び始め、企業が勃興し、「第一次企業ブーム」を迎えることになります。

財政赤字と貿易赤字の解消こそが大命題―双子の赤字が常態化する日本経済

さて、明治新政府にとって、「政権の維持」、「富国強兵」、「列強に対抗できる産業力」という三大目標を達成する上で最大の経済的課題は、不安定な財政を安定化させ財政基盤を確立することと、欧化政策に起因する恒常的な貿易赤字の解消、正貨（金銀など決済通貨）の流失の防止にありました。

ちなみに明治初期（四年間）の政府収入の内訳は、貢租（農地課税）の収入約二三%、政府紙幣発行の収入約五〇%、国債・借入金約九%、まさにヘリコプターマネーと借入金で収入の約六〇%という危機的状態でした。平成日本同様の危機財政です。この背景には、版籍奉還が未だ完了せず租税徴収権も軍事権などの統治権が依然各藩に残されていて中央政府に実権が無かったことがありました。

加えて、安政の不平等条約で関税収入が少なかったことや、産業全般の後進性によって輸出入品の国際競争力が大変低く、恒常的な貿易赤字や金銀（決済通貨）の流失が続いたことも政府を苦しめました。さらに幕藩体制時代の多額の旧藩債務の引き継ぎや、維新後の軍事力建設費の増加と拡大、産業政策のための支出の増加など政府財政はまさに「火の車」でした。これは古今東西後進国共通の現象です。

こうした財政苦境打開の最善の方策は、やはり産業化の推進による農工業の「生産力・生産性の向上・国際競争力の強化」すなわち殖産興業戦略にあったのです。

維新直後、明治初期の殖産（産業・経済・技術）政策は、まず大蔵省を中心に木戸孝允の主導のもと大隈、伊藤、井上が中心となって急進的な欧化政策が推進されました。悪くいえば「猿まね政策」です。イギリス直輸入の鉄道・通信・郵便の制度、アメリカを模倣した金本位制度、国立銀行の創設、フランスやプロシャをモデルにした軍事制度や教育制度などの導入が図られました。しかし急進的な欧化政策は日本の経済環境や文化慣習を無視して強行され、大蔵・民部など各省バラバラに行われたため失敗に終わった事業も数多くありました。

一八七〇年、版籍奉還によって旧藩から統治の権力をようやく獲得した新政府は、大隈重信の建議によって工部省を設置し体系的な殖産政策を開始します。一八七三年には大久保利通が主導して内務省を設置し、工部・内務両省の殖産（産業）政策や内政政策を明確に区分していきます。

大久保利通

工部省は、鉄道・電信・製鉄・造船・機械・工作・土木・セメントなどの産業技術の導入を推進し、内務省は、農業や製糸（生糸）、紡績（綿糸）、製茶、銅・石炭などの輸出産業の振興、鉄道・道路・河川・港湾など陸運や海運の交通・物流インフラや全国交通ネットワークの整備、郵便や電信の全国ネットなど通信・情報インフラ、通貨・金融インフラ、科学技術教育や学校教育など教育インフラの整備、さらに地方自治制度や警察制度にいたるまで経済と内政の全域を担当します。

内務省はまさに「産業経済と内政のオルガナイザー」として極めて大きな役割を果たしていきます。現在の日本につながる国内インフラの大整備です。そしてこのオルガナイザーの中心人物こそ内務卿大久保利通であり、これを強力に補佐したのが工部卿伊藤博文や大蔵卿大隈重信など維新の元勲であり旧幕臣など知的エリートを核心とする官僚群でした。

官営（国営）から民営重視への転換—オルガナイザー大久保の殖産政策

さて明治初期の工部省事業は、鉄道、電信など国家基幹インフラの技術移植と鉱山（銅・石炭）など戦略輸出産業の強化が中心でした。これらの産業については「国営化」の基本方針がとられ、これら国営事業はその後発展して昭和の国鉄（ＪＲ）や電電公社（ＮＴＴ）の草分けになります。また銅や石炭は輸出の中核産業として貿易赤字を解消し政府財政を確立するためにも「国営化」は必須の産業政策でした。

一方、製糸、機械、工作、セメント、ガラスなどの産業に関しては、官営模範工場の設立による「技術の普及」と「民業の誘発と育成」が図られ、製糸機械など一部の技術については全国に急速に普及していきます。これら官営事業の大部分は、一八八〇年以降、三期十年にわたって民間に払い下げられ、これが三井、三菱、住友、安田（金融）、川崎（造船）、浅野（セメント）など大財閥形成の端緒となりました。

次に内務省事業については一八七三年以降、オルガナイザー大久保が内務卿として全面的に主導しました。一八七三年、西郷や板垣など守旧派の「征韓論」を制して政府の中枢を占めた大久保は、工部卿に伊藤、大蔵卿に大隈を配置して政治の実権を掌握します。世にいう「大久保政権」です。

大久保は、各省バラバラの殖産（産業）政策を統一し、工部省による近代産業の移植と、内務省による勧農（農業振興）や製糸など在来産業の振興の二分野を二本建ての政策とし、大蔵省が工部、内務の両省の政策を財政的にファイナンスする三省連携の殖産興業システムを構築しました。さらに鉄道・道路・河川・港湾など陸運や海運の交通・物流インフラの整備、郵便や電信の通信・情報インフラの整備、通貨・金融インフラ、科学技術教育や学校教育など教育インフラの整備に関しての体系的なマスタープランやロードマップを策定し初めて世に示したのです。

こうした多くの政策を推進する上で大久保が重視した殖産政策の基本は「国営」ではなく「民業振興」でした。大久保は、「殖産政策に関する建議書」のなかで、民業や民力による物産こそが富強・富国の基礎であるとし、民間が担当できない産業については国家が担当して民業を支援し、その発展を誘発し督励することが産業政策の基本であるとしています。現代中国とは異なる、誠に妥当な経済思想です。

現代に通じる社会・金融インフラの整備

大久保や大隈など大久保政権で忘れてはならない功績に、社会インフラの整備があります。すでにお話しした交通インフラや通信インフラ、教育制度や地方自治制度などの社会インフラです。

陸運（鉄道・道路）や海運（船舶・港湾）などの交通インフラは、産業化を推進する上で極めて重要な物流のインフラです。欧州視察で大英帝国イギリスの繁栄の基盤が、大規模な「海運商船隊と強力な海軍力」にあることに気づいた大久保は、特に海運業の育成に力を入れ、政府船舶の払い下げや補助金の交付など各種の補助政策を推進しました。大久保の海運政策で発展したのが三菱株式会社で、現在の日本郵船の草分け企業です。そして海運物流の重要性は現在も変わらず益々多様化しグローバル化しています。

通信インフラの整備も現在に通じる、忘れてはならない彼らの功績です。

「通信とは人間社会の神経である」との格言があります。情報や意志の伝達手段としての通信インフラは、国際通商活動や内外での商業活動に不可欠の機能です。日本には江戸時代から飛脚制度や宿駅制度があり、商品相場情報や経済情報、取引情報の速報・速達が行われていました。明治政府は、前島密の建議を入れてイギリスタイプの郵便制度や電信ネットワークを導入し、郵便の全国ネットは早くも一八七二年に完成し、電信の全国ネットも一八八〇年に官業として完成しました。今日の郵政三社、NTTの草分けです。一方、苦境にさらされた飛脚業界は、郵政制度と連携した陸運事業として再編に注力し、日本通運株式会社（日通）を設立して今日にいたっています。

松方正義

さて産業経済の血液である貨幣・金融インフラ整備の功労者は、大隈重信と松方正義です。大隈は維新直後の一八六九年から八一年の一四年間、会計官、大蔵卿として、造幣局を設立、統一貨幣を発行し、一両＝一円＝金一・五g（現在の約七〇〇〇円）を通貨単位としました。又貨幣制度を当初は銀本位制、その後大蔵小輔（次官）伊藤博文の建議により金本位制との複本位制とし、一八七二年にはアメリカモデルの国立銀行を導入して兌換銀行券を発行し、貨幣価値の信用確立（価値下落の防止）に注力しました。

維新以来、大隈以下財政当局最大の経済的課題は、①恒常的な貿易赤字にともなう膨大な正貨（金銀）の流失、②貨幣価値の下落、③インフレの昂進、の三重苦の克服でした。とりわけインフレは、西南戦争（一八七八年）の政府紙幣増刷によって悪性化し、紙幣整理が喫緊（きっきん）の大事業とされていたのです。

しかし大隈は明治一四年（一八八一年）の政変で政府から追放され、その後を受けて日清戦争までの十数年の間、大蔵卿は大隈の補佐者であった松方正義でした。松方は大隈時代の三重苦に加え、朝鮮問題で深刻化した対清国軍備拡張政策による軍事費の増大という四重苦に苦しめられます。

松方は従来の三重苦の対策とりわけ正貨流失対策とインフレ対策の二つを重視して経済政策を推進します。また官民事業の国際競争力不足の主因は「産業資本の欠乏」と市中金融貸し出しの「高金利」にあると考えました。

こうした問題を解決するためには先ず中央銀行を設立し、兌換（信用）制度を確立して正貨（金銀）を蓄積していくこと、次にインフレと高金利の元凶である大量の政府不換紙幣の回収整理のため思い切った各種の増税と大幅な緊縮財政（歳出削減）がポイントと考え、これを強行したのです。

「松方デフレ」と呼ばれる大胆な政策で、平成日本の政府がなかなか実行出来なかった赤字対策です。その一方で、松方は輸出荷為替の制度や直輸出制度を整備して輸出の振興など貿易赤字対策も図りました。

日本の技術を先導した軍需産業

最後に、新政府最大の目標である「強兵」の基盤である軍需産業についてお話しします。

日本の陸海軍はそれぞれ直轄の官営軍事工場（造兵廠・工廠）を持ちました。起源は旧幕府や薩摩や佐賀藩など旧藩の造兵施設（造船所・大砲製造所・製鉄所など）です。

造兵廠・工廠では、武器・軍艦・弾薬を始め、衣服や食糧にいたるまで多種多様な軍需品の開発、製造、修理、整備、貯蔵、支給などの業務を担当しました。また後年になりますが、独自の多様な陸海軍技術研究所も整備されていきます（東京・恵比寿にある防衛省技術研究所、目黒駐屯地と周辺の広大な国有地は戦艦大和を生みだした旧海軍技術研究本部跡地です）。

新政府は軍事機密保持の観点から、研究開発（R&D）から製造・貯蔵・供給まで一元的で閉鎖的なクロース・サプライチェーンを構築したのです。とりわけR＆D部門には日本最高の頭脳、エリートを集め、後には三菱など民間の軍事産業や東大・京大など旧帝大と連携して航空機や戦車、通信・化学兵器など多種多様な装備品や軍需品を生産していきます。

陸軍の工廠は、東京、大阪、名古屋、小倉などに建設され、草分けは一八七〇年、大村益次郎の建議による大坂造兵廠です。大阪城の外郭全域に建設された巨大な工廠は、アジア最大の軍事工場として戦前日本の重工業分野のトップクラスの技術や生産設備を誇り日本の工業技術を先導しました。

一方海軍の工廠は、呉・横須賀・佐世保・舞鶴など全国に建設され、なかでも呉海軍工廠は東洋一の設備を保有して戦艦など多くの艦船を送り出し魚雷や機雷なども製造しました。海軍も陸軍同様、後には三菱や中島飛行機など民間の軍事産業や大学と連携して航空機や艦船、通信兵器などを生産しました。

このように、政府の殖産産業政策という保護政策によって日本の近代産業や産業資本は徐々に成長していきますが、日清戦争以前は紡績業をリーディングセクターとする軽工業部門が中心でした。重工業部門では官営の陸海軍工廠を除けば見るべきものに乏しい状況で、依然国家資本の占める比重が大きく（一八七〇年代で六七％）、三井、三菱、住友に代表される民間資本も未だ未成熟でした。

ちなみに明治初期の実質経済成長率は三％台、第一次企業ブームの一八八〇年代後半で四・三％、国内産業の総生産（ＧＤＰ）は八〇年代で約八億円（現代の五～六兆円）、貿易依存度は一〇％台後半、産業別の農業生産比率は四〇％台前半、鉱工業生産比率一三％台、産業別の農業人口比率は七割台という未だ「農業主体の軽工業国家」、「途上国」の状態でした。

第２章　日清・日露戦間期の国家戦略

1．戦間期の北東アジアの国際環境

☆キーワードは、「ロシア主導の三国干渉」、「ロシアと清・韓との密約」、「中国分割と北清事変」、「ロシアの満州軍事占領」、「ロシアの韓国南部への軍事進出」の五つです。キーワードのほとんどがロシアの北東アジア戦略がらみの内容です。

ロシア主導の三国干渉―不凍軍港旅順と満州を狙ったロシア

日清戦争は、予想外の日本の連戦連勝に終わり、一八九五年下関において講和条約が締結されました。条約は十一条からなりますが、要約すると次の四つになります。

①清国は、韓国が「独立自主の国」であることを認め、朝貢関係を廃止する。

②遼東半島、台湾、澎湖列島を日本に割譲する。

③賠償金二億テール（三億一〇〇〇万円、当時の日本の年間歳入の約三倍）を支払う。

④蘇州、坑州、重慶などを開港し、揚子江の航行権と開市や開港場における内地工業権（製造業の進出権）を日本に与える。

この条約で日本は念願の「韓国の中立化」をついに勝ち取りました。また賠償金も戦費二億円を上回る巨額でした。当時の戦費調達は、国内企業の外国支配につながる外債調達を避けて内国債で行いましたが多額の赤字国債であることが問題でした。しかしその赤字問題も解消され、加えてその後のロシアに備えた軍備の拡張や軍事産業の近代化への投資資本として賠償金は大きな役割を果たしたのです。さらに遼東半島の獲得は、その後の満州進出（北進政策）の足がかりとなり、台湾の獲得は、中国南部や東南アジアへの進出（南進政策）の前進基地となりました。

しかし、ここに政府が最も心配した外国による干渉が発生しました。いわゆる三国干渉です。講和条約調印の数日後、ロシアは当時同盟関係にあったフランスや対立関係にあったドイツをも引き入れ、「日本による遼東半島の領有は、北京やソウルを直接脅威して、清・韓両国の独立と極東の平和を脅かすもの」と言い張り、遼東半島の放棄を勧告し、艦隊を準備するなど軍事恫喝をしてきました。

ロシアにとってその南下政策の二大目標は清国（満州）と韓国にあり、とりわけ満州南端・遼東半島の旅順港はロシアにとっては不凍港として狙いを定めた軍港でしたのでこの干渉となったのです。

当然日本の世論は沸騰しますが、当時の日本の国力でロシアに対抗するなどとても不可能で、日本はやむなく勧告を受け入れます。そしてこの軍事恫喝を契機に日本は陸海軍の軍備の大拡張と、軍事産業の近代化を強力に推進し、ロシアとの戦争を意識した軍拡に走り出します。陸軍は六コ師団の増強、海軍は戦艦六、装甲巡洋艦六、いわゆる「六・六艦隊」の建設計画でした。令和の日本にも教訓的です。

ロシアと清・韓との密約―苦境に追い込まれる日本

ロシアが清・韓両国を狙いだした日清戦争の最中、日本は韓国と防守同盟や内政改革要綱を締結し、元勲井上馨は自ら駐韓公使となって、後進的な韓国の政治・経済・軍事システムの改革と国力の強化を試みます。狙いは韓国の政治・経済面の自立と日本による韓国経済の支配の二つでした。

しかし、井上の内政改革要綱にもとづく強引な改革は、国王の妃で実権を掌握していた閔妃政権や国民の大反発を招いて、韓国はロシアに接近し親日派は凋落してしまいました。

井上に代って公使に就任した三浦梧楼陸軍中将は、情勢を一挙に転換しようとクーデターを工作し、一八九五年一月、親日派と結んで閔妃を殺害し、大院君を担ぎ出して新政権を樹立するという荒技にでました。これが乙未の政変です。

三浦は罪を問われて広島監獄に収監されましたが、当然韓国世論は激昂し、国王はロシアに保護を求め、親日勢力は大きく後退しました。これ以降、ロシアは清国に代って韓国に強い影響力を行使することになります。事態を重く見た日本は、一八九五年五月、元勲山縣有朋をロシアに派遣し、外相ロバノフと山縣・ロバノフ協定を結んで、韓国財政への日露の相互協力や韓国への出兵時は日露が相互に協定するなどの協力を取り決め、何とか韓国における日露両国の地位の平等性を相互に確認し承認しました。

しかしこの直後、ロシアは韓国と秘密協定を結んで韓国の経済・財政・軍事の各分野における援助や協力を取り決め、秘密裡に日本を排除し、独占的な地位を確立してしまいます。

さらに清国との間にも「秘密の露清同盟条約」を結び、一八九五年五月に

井上 馨

①日本との戦争に対しては露清共同して対日戦争を戦う。
②北部満州にウラジオストック軍港と連接するシベリア鉄道支線の敷設権をロシアに認める。

この二つを取り決めます。完全な日本排除です。こうしてロシアは清韓二国を取り込み、日本を排除し孤立化させる秘密工作に成功するのです。日本はいよいよ苦境に追い込まれました。

列強の中国分割と北清事変（義和団の乱）―ロシア満州から撤兵せず

さて日清戦争（一八九四～九五年）で清国の惨憺たる敗北を見た列強は、一八九八年以降いよいよ中国の分割を開始します。ドイツはその艦隊をもって膠州湾を占領し、青島港（チンタオ）の租借、山東半島の鉄道敷設や鉱山開発の権利を取得します。これを見たロシアは艦隊をもって旅順軍港を占領し、旅順と大連の租借、ハルピンと大連間の鉄道敷設権（東清鉄道）を獲得しました。続いてイギリスも九竜半島や威海衛を租借、フランスは雲南での鉄道敷設権、日本も福建省の不割譲の約定などの権利を取得しました。

片や帝国主義の後発国であったアメリカは、国務長官ジョン・ヘイが一八九九年以降二度にわたって声明し、「中国の領土保全」「門戸開放」「機会均等」の有名なヘイ三原則を列強に通牒します。

一方中国では、こうした列強の侵略に憤激した民衆が義和団を結成し、北清地域を中心に全国的な外国排撃の暴動を起こしました。いわゆる北清事変（義和団の乱）です（一九〇〇年）。

日本をはじめ列強は暴動鎮圧のため共同出兵し、事変は翌一九〇一年沈静化し各国は撤兵することになりました。しかしロシアのみは満州におけるシベリア鉄道支線の警護と称して撤兵せず、逆に兵力の増強を始めたのです。なお余談ですが、共同出兵した列強中で最大一個師団の兵力を派遣した日本軍は、その卓越した精強さと規律・礼儀の優秀さで各国から絶賛を浴びました。明治の日本人特有の「後進国ゆえの頑張り精神と情熱的なナショナリズム」が伺えます。

一方この時期、韓国は「大韓帝国」と名称を変えますが（一八九七年）、ロシアの韓国政治への介入が年を追って高圧的となり、これに反発した政権は再び日本への接近を始めます。日本の経済進出は促進され、事態は好転し始めました。ただ、このように大国間を揺れ動く韓国外交は弱小国の悲劇でもありました。やり方一つで令和日本もこうなりかねません。注意が必要です。

ロシアの満州軍事占領―ロシアの韓国南部への軍事進出、日露開戦へ

さて北清事変の後、ひとりロシアのみが満州から撤兵せず、逆に数万の大兵力を増強し満州全土を占領するという侵略行為を堂々と始めました。ロシアの狙いは二つです。
①冬季凍結し、使用できないウラジオ軍港の代替として旅順港を必要としたこと。
②清・韓二国に睨みのきく遼東半島に、満州と朝鮮への進出の足場を求めること。
しかしこの満州占領は、ひとり清国のみならず韓国や日本にとっても大きな脅威となりました。

一九〇二年、清国はロシアと交渉して満州還付条約を結び、三期一八カ月で完全撤兵することを約束します。しかしロシアはこれを履行せず逆に韓国にも触手を伸ばし一九〇〇年、対馬海峡を制する馬山浦と竜巌浦の租借や買い上げを企てます。狙いは軍港ウラジオと旅順間を連接する航路の安全確保です。

この事態、とりわけ対馬の対岸への軍事進出を深刻な危機と重大視した日本は、ロシアと交渉を開始しますがロシアは誠意を示さず、事態は徐々に一九〇四年二月の日露開戦へと進んでいくのです。

2. 外交戦略

☆キーワードは、「大陸政策（北進戦略）の本格化」、「南方政策（南進戦略）の出現」、「日英同盟の締結」、「韓国と満州を譲らないロシア」、「日露の交渉と決裂」の五つです。

大陸政策と南方政策―北進と南進の二大戦略が現れた

日清戦争は内外の予想に反して日本軍優勢のうちに進展し、一八九四年九月には平壌に清国軍を破って鴨緑江を突破、一〇月に黄海海戦に勝利、一一月には旅順要塞を陥落させ、明けて二月には威海衛、三月には営口を占領して北京攻囲の態勢が完成した段階で早期の終戦講和となりました。

旅順を陥落させて戦勝の行方が見えた一一月、元勲山縣は二つの朝鮮政策を天皇に上奏しています。

①釜山から義州に至る朝鮮縦貫鉄道を敷設して軍事輸送力を確保すること

②平壌以北満州国境地域に日本人を移植させ兵站基地化すること

山縣は、この二大政策によって韓国を日本の大陸政策（北進政策・満州進出）の一大兵站基地にしようと考えました。さらに山縣は一八九五年四月には、「軍事拡充意見書」を上奏して再び「利益線」理論を展開します。山縣は旧来、国家独立のためには利益線を「防護（防衛）する」ことが不可欠であると主張していました。しかしこの上奏意見書では従来の意見を大きく修正して、利益線を「開帳（拡大）する」と書き改めます。加えて利益線拡大の目的も、「東洋の盟主たらんため」と覇権の追求を明確に規定して、台湾や澎湖列島の獲得を機に中国南部への進出をも利益線の範囲に拡大してしまったのです。

山縣はこの二つの天皇上奏を通して、大陸政策（北進戦略）や南方政策（南進戦略）を日本の国家戦略・

外交・安保戦略として明確に位置づける必要性を、初めてかつ強力に主張したのです。

明治初期の征韓論以来潜在していた大陸政策は、ここに南方政策（南進戦略）をともなって顕在化し、太平洋戦争に至るまで継続して日本の運命に重大かつ深刻な影響を与え続けていきます。この意味で日清戦争こそは明治日本の国家戦略最大の転換点であり、本格的な大陸政策（第２期）はここに始まったのです。

ところがここで予期せぬロシアの強圧が日本に加わりました。三国干渉です。日本にはロシアと戦う国力はなく国民の大反対のなか日本は遼東半島を返還します。さらに韓国においてもロシアの勢力が拡大し、ここに日本の北進戦略は頓挫して、台湾経営（南進戦略）への一時転換を余儀なくさせられるのです。

南方政策（北守南進戦略）への一時転換―恐露病の日本、ロシアとの妥協を模索する

さて日清戦争後、列強は争って中国に進出していきますが、その先兵はロシアでした。

こうした列強の進出を目前にした一八九八年、当時の総理大臣伊藤博文は御前会議（最高の意志決定機関）を開催して「日本の採るべき外交方針」を天皇に奏上しています。

①清国の分割が目前に迫り、その独立が危殆に瀕している。

②日本が採るべき最大の目的は、自国を「独立不羈（ふき）」の地位に置き、他国をして「一指も染めさせない」状態にすることである（令和の今日も参考になる一文です）。

③清国の分割に際して日本は、「特定の国」に偏せず、「将来の大勢を観察」し、「従容として自国の去就（外交戦略や軍事戦略）を決する」ことが国家存立の大眼目である。

派閥を嫌い、独立自尊、自信家の元老伊藤らしいプライドの高い、しかし抽象

伊藤博文

的な内容の奏上です。

一方、強力な権力志向で派閥重視、冷徹で打算家の元老山縣になると、奏上や建議も現実的で具体的になります。中国分割が進み、義和団の乱直前の一八九九年五月、山縣は建議書を提出します。

①ロシアは外交の中心を東洋に置き、全力で（清韓とりわけ満州に）利益線を拡充している。

②清国は、領域内に列強の利益線の設定が行われており、国家の危機に瀕している。

③日本は清国との国交を親しくしつつも、利益線拡大の機会を決して逸してはならない。

これは、清国との戦争は避けるが、清国の分割には決して遅れを取ってはならないとの警告です。

日本は山縣の建議通り、日清戦争で内地工業権を得ていた中国福建省の他国への不割譲を約束させます。一方義和団の乱以降、満州に進出したロシアは事変が沈静化しても、ひとり撤退せず逆に数万の兵力を増強します。その上、一九〇〇年には韓国とも露韓秘密条約を締結して対馬の対岸、韓国の馬山浦にも艦隊の泊地や砲台建設用地の買い上げを企てて対馬海峡の制圧を計画し、日本本土の安全と大陸政策は深刻な事態に追い込まれました。令和の日本でも起こりそうな事態です。

こうして鮮満両地域にロシアの強圧を受けた日本では、一九〇〇年元老山縣が『北清事変善後策』を著し、日本の今後の政略として南方経営と北方経営について論じます。南方経営とは、福建と浙江の両地域を日本の勢力下において台湾と三角地帯を形成し、貿易、工業、軍事の根拠地にしようとする南進の構想です。一方の北方経営とは大陸（北進）政策そのものです。

山縣は、「この時期朝鮮支配を望むとすれば、畢竟（ひっきょう）ロシアとの戦争決意なくして実行出来ない。しかしロシアは大国であり、現在の日本の国力ではとても対抗できない。従って現時点ではこれを解決せず、まずは南方経営を優先し、北方経営については好機の到来を待つべきである」と論じました。

いわゆる「北守南進政策」への転換です。同様の構想は、台湾総督経験者の児玉源太郎元大将や後の首相桂太郎など南方経営の実態的な利益を知るものに多く、山縣の構想は日本の指導層の大勢となりました。

このように当時の指導層の対露恐怖心には大変強いものがあって、元老伊藤博文の日露協商（対立点を相互に認め譲りあう協定）論や鮮満交換論などロシアに妥協的な政策がその後も提案されていきます。

日英同盟の締結―日露戦争を支えた同盟

義和団の乱が終わっても数万の大兵力で満州の占領を続けるロシアの行動は、当時の日本に深刻な危機感を与え、日本としてどう対処するかが大きな課題となりました。この時期、日本の指導層には「日英同盟論」と「日露協商論」の二つが現われ論争が始まります。

日英同盟論は、首相の桂太郎や外相の小村寿太郎など明治世代が主張し、日露協商論は、元老の伊藤博文や井上馨など、幕末動乱以来イギリスに翻弄され続けた幕末世代が推進しました。日露協商論とは、日本が満州におけるロシアの優越的な地位を認める代わりに、ロシアには朝鮮における日本の優越を認めさせるという「鮮満交換論」の立場をいいます。

一方当時のイギリスは、ヨーロッパにおいて仏・独と激しい海軍の建艦競争を繰り広げており、アジアにおける海軍力には不足を来たしていました。加えて南下政策を採るロシアとはインドやアフガンで対立しており、中国においても満州を軍事占領するロシアが清国本土を窺うリスクがあって、揚子江地域に巨大な利権を持つイギリスにとっては大きな脅威になっていたのです。東北アジアにおいて新興軍事国家として成長する日本と結び、これを利用することはイギリスの国益にとっては、まずまずの選択でした。

逆に小国日本にとっても大覇権国イギリスとの同盟は、ロシアを牽制し、有事の支援や協力を期待できる点で外交・安保政策上からも有利な選択でした。ただ外交巧者で、したたかなイギリスが、小国日本にどの程度の貢献をしてくれるかは、幕末以来、老獪（ろうかい）な英国公使パークスに翻弄され続けた伊藤や井上にとっては大いなる疑問であったのです。

日英同盟は一九〇二年一月に調印され、その骨子は次のとおりです。

①イギリスは、主として清国に特殊利益を持ち、日本は清韓二国に特殊利益を持つ。

②両国の一方が特殊利益を守るため他国と開戦した場合、一方の同盟国は厳正中立を守る。

③前記の戦争に第三国が参戦した場合、一方の同盟国は参戦して共同して戦う。

この同盟形態は現代でいう「防守同盟」タイプの集団防衛の形態になります。

日英同盟は早速効果をを現して一九〇二年四月、ロシアは清国の領土保全を声明し、満州還付条約を締結します。しかし完全履行には至らずにやがて日露開戦となってしまいます。

また日露開戦後のイギリスは、日本の戦費調達やロシア情報の提供で協力しました。とりわけロシア最強のバルチック大艦隊の日本回航に際しては、アジア・アフリカのイギリス領内港湾への寄港や休養を拒否し、薪炭・食糧・水の補給を拒絶してロシア艦隊を大いに苦しめて疲弊させました。イギリスの協力は全面的ではありませんでしたが、この協力は日本海海戦の歴史的な大勝利に結びつき、日本は同盟のお陰で辛うじて敗戦と滅亡を免れたのです。ひるがえって、現代の日米同盟はどうでしょうか？

ロシアとの最終交渉と日露開戦―ロシア、韓国と満州を日本に譲らず

さて満州への兵力の増強をやめる意志を全く示さず、加えて対馬の対岸韓国領の馬山浦や竜巌浦の泊地や砲台用地の買い上げを押し進めるロシアの覇権的で攻撃的な軍事行動を目前にして、日本政府内では、

もはやロシアとの開戦もやむなし、という空気が濃厚になってきました。その一方で、この際もう一度ロシアと交渉して何とか戦争を回避しなければならないという意見もまた強くなっていたのです。

一九〇三年、桂内閣は御前会議を開いて、採るべき「日本外交の基本方針」について審議しました。外相小村寿太郎が起草したこの基本方針の要旨は次の五点です。
①日本の国家政策の主眼は、「国防」と「経済活動」の二つにある。
②韓国が列強（ロシア）の支配に入ることを予防するのは「日本伝来の政策」である。
③「大陸への足場」である福建省の運命も傍観し得ないが、今は韓国（の安全）である。
④ロシアの行動を可久的に解決（制限）しないと韓国のみならず日本の安全も危殆に瀕する。
⑤ロシアと交渉し、その行動を条約内に限定して日韓の安全と経済利益を守らねばならない。
日本の指導層の韓国の戦略的な地位への「こだわり」は深刻でした。現在はどうでしょうか？

さらに一九〇三年六月、桂内閣はこの基本方針を基礎にして次のような「日露交渉案」を作成して交渉を開始しました。
①ロシアは、韓国における「日本の優勢なる利益」を承認する。
②日本は、満州における鉄道経営に限定して、「ロシアの特殊利益」を承認する。
③韓国の改革や韓国への援助は、「日本の専権」であることをロシアは承認する。
この交渉案は言い替えれば、
①まず韓国は、どんな事情があっても譲与しないこと。
②満州については、多少譲歩すること。
③この機に韓国問題を一気に解決すること。

この三点であり、とりわけ「韓国をロシアに譲らない」という点で、事実上の対露戦争決意の表明となりました。その後も戦争回避のための日露交渉が継続されますが、ロシアは満州全土の領土保全を確約しないばかりか、韓国における日本利権を制限する提案を主張し、その一方で開戦準備を推進したため、一九〇四年二月、日本はついに開戦に踏み切ったのです。

3．安保・国防戦略

国土防衛戦略から大陸攻勢戦略への転換—守勢防御から攻勢重視の戦略へ

明治初年以来日本は、富国強兵や列強化の国家目標にもかかわらず、その国力や軍事力から国土における守勢戦略を選択せざるを得ませんでした。

しかし日清戦争が予想外の早さで進展した一八九四年一一月、当時第一軍司令官であった山縣は「朝鮮政策」を上奏し、その開戦以来の見聞から、韓国の後進性が大変深刻であること、今後速やかに韓国朝鮮の内政の改革や経済開発、軍隊や警察の整備などが必要であることを建議しました。

次いで山縣は、日本の安全のために日本が将来「東洋に覇を振るう」ためには、第一に、軍事や経済輸送の大動脈となる韓国縦貫鉄道を敷設すること、第二に、平壌以北の鮮満国境の枢要な地域に日本人を移住させ商業や農業の利権を掌握させることが急務であることを強調して建議しました。

つまり山縣は近い将来において、日本が満州におけるロシアとの決戦を回避することが出来ないと想定したのです。そして対露戦に備えて、韓国縦貫の軍事輸送路と北鮮地域の整備によって北鮮地域の兵站基地化と日露決戦の基盤づくりを推進しようと構想したのでした。さらに日清戦争直後の四月には、陸軍大臣の立場で「軍備拡充意見書」を提出し、今回日本は、台湾や澎湖列島など新しい領土や韓国利権を獲得したことから、あらたにこれを守るための軍備が必要であり、日本が東洋の盟主たらんことを欲すれば利益線の「開帳」を図らなければならない。このためには軍備の拡張が是非必要で、現状の軍備（七コ師団）では主権線の維持すら困難であると強調したのです。

山縣陸軍大臣の意向を受けた陸軍参謀本部は、一八九五年一〇月、陸軍を七コ師団から一三コ師団体制とする軍備拡充案を提出しました。このなかで陸軍は「他国の侵害に対しては必ず進んでこれを膺懲（こらしめ）しなければならず、このためには現在の戦略である守勢防御を排し、攻勢的な機動防御や攻勢重視の作戦を主としなければならない」と戦略転換の必要性を強調しています。

陸軍もついに大陸での攻勢防御、つまり大陸に陸軍を前方展開して柔軟に作戦する軍事戦略を国防方針、安保戦略とする方向へと大転換を開始し始めたのです。

一方海軍においては、旧来から「島帝国論（大陸問題に介入せず、海軍力を重視した一国防衛方式で海外貿易を追求するイギリスタイプの防衛論）」が根強く存在していました。しかし一九〇二年に締結された日英防守同盟を受けて対露戦争が条約上の義務になると、海軍にとっても陸軍の大陸作戦との協同は、旅順軍港のロシア艦隊を攻撃する上で必要不可欠なものとなりました。海軍も不満ながら陸軍の大陸戦略に同意せざるを得なくなってきたのです。

ちなみに一九〇二年五月、海軍大臣山本権兵衛は、対ロシアの日英共同作戦に関して訓令し、「ロシアに対する必争の地は対馬海峡であり、ここの制海権をとれば、旅順とウラジオを分断でき陸軍の大陸輸送

路を確保できる。この制海権の確保こそが第一の目的である」と述べて、このためには、
①佐世保を基地として出撃し、作戦する。
②その後、日英の艦隊は速やかに集合し、敵の主力を求めて艦隊決戦し、これを撃滅する。
③敵が出撃しない場合は、これを基地港湾内に封鎖し、これを攻撃する。
この三点を指示しています。実際、日露戦争初期においてロシア太平洋艦隊は、本国からの増援を待って旅順港から出撃せず、この封鎖作戦と陸軍の陸地からの旅順攻撃から作戦が始まっています。

このように海軍の軍事戦略は、敵を求めての「艦隊決戦」と大陸輸送のための「制海権の確保」の二つを基軸に推進されることになりました。しかし敵を求めての作戦と、対馬海峡の制海権の確保とでは、作戦区域も作戦内容も大いに異なって二律背反となることから、どちらを主とするか、この後も陸軍との論争が続きます。これは現代の防衛にも共通する命題です。ただ帝国海軍は派手な艦隊決戦が大好きでした。

日露戦争での攻勢戦略―辛うじて勝利した危険な戦争

陸軍参謀本部が対露作戦計画に着手したのは一八九〇年でしたが、この時代には未だ確定したものがなく、当事者の研究案程度のもので、国土における守勢作戦を基本としながら、状況によって大陸に作戦して旅順やハルピンあるいはニコリスク（沿海州）など三つの攻略目標に対する作戦案がありました。

参謀本部は、ロシアが北清事変をチャンスとして、一〇六コ大隊、数万の大軍を満州に駐留させ撤兵に応じないという情勢を受けて、一九〇二年八月、「新情勢に応ずる作戦計画」の内部研究を行いました。

その概要は陸軍の場合、
①まず黄海と対馬海峡の制海権が両方とも確保されている場合、陸軍は、韓国と満州の二方面に上陸

し、二方向から北上しつつ「敵の主力を求めてこれを撃破し、先ずは遼陽（北朝鮮の西北約三五〇キロ）を目指す」とされました。

②また制海権が対馬海峡だけの場合は、まず韓国に上陸し、敵の野戦軍の主力を求めて北上し、同じく遼陽を目指すと計画されました。実際の戦争は①のケースとなりました。

一方海軍の場合は、ロシアの太平洋艦隊がウラジオと旅順に分離している現状から、

①まず我が主力を以て「旅順艦隊を撃破」するとし、両艦隊が合同する場合には、

②つとめて「合同前に各個撃破」する、としました。

また本国からバルチック艦隊が来援する場合についての計画は明らかではありませんが、その来援前に太平洋艦隊を「各個に撃破する」という基本方針があったことは戦争の経過からも明らかです。

さて戦争は一九〇四年二月まず海軍から始まり、計画どおり仁川や旅順において旅順艦隊を痛撃しました。しかしその後はロシア艦隊が旅順に引きこもったため、これを旅順港に封鎖しました。もう一方のウラジオ艦隊はその軽快な運動力で日本の輸送船を攻撃するなど日本を苦しめましたが、戦争初期の段階でこれを捕捉、日本海において撃破し対馬海峡や黄海の制海権を確保して海軍は大きな成果を収めました。

陸軍は三月一日、第一軍が韓国領鎮南浦に上陸を開始、四月には韓国を占領し鴨緑江を突破して満州に進撃、六月には摩天嶺、七月には早くも遼陽付近に到達してロシア軍の左翼を包囲する理想的な包囲態勢をつくりあげます。この間、勢力的には常にロシア軍が優勢でしたが、日本軍は作戦の巧妙と精錬された用兵で軽快な軍隊運動を繰り返して見事に勝利したのです。同時にロシア側の消極性も幸いしました。

第二軍は五月遼東半島の大孤山に上陸、直ちに北上を開始し、南山、得利寺、大石橋を経て八月には遼陽に到達、第一軍に策応して遼陽包囲の態勢を作り上げていきます。八月、九コ師団約十三万の日本軍は、

十三コ師団約二十万のロシア軍を遼陽に攻撃、激戦の末にこれを退却させました。その後、十月に沙河の会戦、翌一月には黒溝台の激戦に辛うじて勝利し、厳寒のなかを越冬します。

乃木将軍指揮する第三軍は五月、遼東半島の大連に上陸し世界最強といわれた旅順要塞を攻撃、悪戦苦闘、大損害の後に十二月末ようやく旅順を陥落させ、海軍懸案であった旅順の引きこもり艦隊を撃滅させました。海軍はバルチック大艦隊の来航前になんとか太平洋艦隊の主力を撃破し得たのです。

明けて一九〇五年三月、満州総軍は五コの全軍で奉天（現在の瀋陽）に進出、世界の陸戦史上最大規模、約二五万の兵力をもって約三二万のロシア軍を放胆な運動で包囲し、世界の陸軍戦史に残る大勝利を獲得して休戦交渉の基盤をつくりました。しかし常に優勢なロシア軍に対して、作戦の巧妙と卓越した用兵、そして精錬された将兵で勝利を続けた日本軍はこの時点でついに弾尽き矢折れて、戦力上、国力上の「攻勢の限界点」に達していたのです。しかも巨大なロシア陸軍の主力は依然としてヨーロッパに健在でした。

太平洋戦争の敗戦は日露戦争の勝利に始まった

さて本戦争以降、日本陸軍の教育においては、日露戦争における軽快な運動戦や大軍による包囲戦、あるいは「寡をもって衆を撃つ」、すなわち劣勢をもって優勢な大敵を見事に撃破する、といった成功面ばかりが強調され、ついには陸戦の理想的な成功モデルとして教義（ドクトリン）化されていきます。

そして日本軍が悪戦苦闘の末、兵站が尽きて「攻勢の限界点」に達していた歴史的事実は、不名誉な事実としてわざと閑却視され無視されていきました。この片手落ちで軍事的合理性が欠如した日露戦争方式の成功体験教育を受けた将校達が昭和陸軍の指導者となり、この成功モデルを下敷きに、クラウゼヴィッツ流の「攻勢第一主義」と武士道的「攻撃精神第一主義」を結合させて標榜し、「白兵戦（はくへいせん）」を強調して、満州事変、支那事変、太平洋戦争を引き起こし日本を敗戦に追い込んでいくのです。

昭和一〇年代のノモンハン、ガダルカナル、インパール、レイテ、沖縄作戦など全ての陸軍作戦が悲惨な敗北でした。そしてこれらの作戦を計画し指導したのは、当時「日本の秀才を選りすぐった」と言われた陸軍中央のエリート参謀達だったのです。

一方海軍は、十二月の旅順陥落を受けてウラジオに向かうバルチック艦隊を対馬海峡に捕捉、五月これを全滅させるという、世界の海戦史上歴史的な大勝利を収め、これが戦争の駄目押しとなりました。

陸海の戦力に大きな打撃を受けたロシアはアメリカの調停（実は秘密裡に日本が依頼した）を受け入れ、六月停戦講和となりました。開戦から数えて十七ケ月目のことです。

日露の講和会議においては、日本の韓国管理が認められ、加えて南満州における鉄道や鉱山あるいは森林伐採権や金融など広範囲に日本利権が認められ、後は清国の承認を取り付けるばかりとなったのです。

ここに日本の大陸政策の重点は、韓国からいよいよ満州に移ることになります。

4．戦間期の経済・通商戦略

☆キーワードは、「軍備の大拡大」、「重工業の基盤の確立」、「運輸ネットワークの整備」、「金本位制の採用」、「産業金融システムの整備」の五つです。

日清・日露戦間期は、ロシアの威圧的で覇権的な軍事行動（現代中国に似ている?）に対して日本全体が近代史上、戦後日本と並んで「日本が一番輝いた十年」と評価する研究者もいます。

「臥薪嘗胆（苦痛に耐え抜く）」を合い言葉に挙国一致、軍備の拡大と国力の強化に邁進した十年間でした。

軍備と重工業の育成が大命題—三つの経済上の「強兵」戦略

日清戦争終結の翌年、大蔵大臣松方正義は戦後経済の命題として三つの経済的強兵策を挙げています。

①陸海軍の軍備の拡大、陸海軍工廠（兵器工場）の新設や重工業化

②製鉄・製鋼所の早期設立（重工業育成の産業生産基盤の確立）

③運輸（鉄道・海運）と通信（電信・電話）の全国ネットワークの整備

なかでも戦後経営の最大かつ緊急の課題は、陸海軍の拡張と重工業の育成で、陸海軍の工廠の新設や重工業化、国産化が特に優先的に行われました。日清戦争の巨額賠償金の五五％が軍備の拡大に投入され、政府予算に占める軍事費は四〇％の高額に達しています。産業政策の重点も、やはり軍事優先で兵器生産に必要な製鋼所の設立や製鉄所の拡充など、重工業の基盤の強化が推進されたのです。

当時の日本の産業構造は産業別のＧＤＰでみると、農水業が約四〇％、鉱工業が約一四％、しかも鉱工業の七割は繊維と食品という文字どおりの農業主体の軽工業国家でした。重工業への転換とりわけ兵器生産に必要な製鋼一貫体制（製鉄から製鋼・圧延まで）の確立は軍事上からも最優先課題でした。しかし当時民間企業の重工業技術や資本の蓄積は未だ不十分で、勢い政府主導による製鋼所の設立を計画せざるを得ませんでした。政府は北九州の八幡村に製鉄所を設置、原料の鉄鉱石は中国本土の大冶鉱山から輸入するという、原料の中国依存、中国の情勢上からやや不安定な生産体制を選択したのです。

一方、運輸（鉄道や海運）の全国ネットワークの整備も国防と経済両面から優先課題とされました。す

でに進行していた鉄道の官民ネットワークの整備とならんで、国内海運（内航）ネットと内航海運力（内航船舶）の整備、さらに国外海運（外航）ネットと外航海運力（外航船舶）の内外二分野の海運力の強化と拡充が重要視されました。これによって国内外での軍事輸送力を強化し、併せて国内産業の振興と海外貿易振興のための運輸・兵站の基盤を確立し、内需と外需（海外貿易とりわけ輸出）を振興し、経済成長を促進しようというマハン流の海運戦略です。

政府は造船奨励法、船舶奨励法、海運助成法などを矢継ぎ早に制定し、日本郵船や大阪商船などを財政支援して、外航用の大型船舶の自給率は、一八九〇年代初頭の四〇％から一〇年の間に六〇％台にまで大きく上昇しました。

重工業化に必要な金本位制

もう一つ、軍備の拡大と重工業化に必要な金融政策の選択がありました。「金本位制の採用」です。日本は一八七一年、金本位制を採用したものの、対外的には決済制度としての銀本位制を採用して金銀複本位制を維持して来ました。しかし銀の国際価格は低落を続け、円安による輸入物価の上昇で貿易収支の赤字は恒常的になって政府財政を苦しめ続けます。加えて軍備の拡張や重工業化のための機械や設備の導入には、未発達の国内資本では不十分で、外資の導入が不可欠になって来たのです。

しかし後進国日本が外資を導入するには信用が必要でした。そして強力な基軸通貨が存在しない当時の信用の基盤は「金で保障された通貨体制」すなわち「金本位制」にありました。そして金本位制の採用は、自由貿易を保償し、通貨の信用と同時に円価格の安定すなわち為替相場の安定をもたらし、輸入物価の安定と貿易赤字の縮小にも貢献します。

反面、円安による貿易拡大という利点は減少します。日本は一八九七年金本位制に移行し、金貨一円＝金〇・七五グラム（現価約四千円）と定めました。これによって日本は外資の導入や外債の発行が容易になりました。例えば日露戦争において戦費約二〇億円のうち四〇％の約八億円、当時のＧＤＰの三〇％の巨額をロンドンやニューヨーク市場の外債で調達し得たのです。

双子の赤字に苦しむ日本―経済成長は産業金融システムの整備から

しかし日清戦後経営における日本経済には大きな問題がありました。「双子の赤字」です。

①軍備の拡大や重工業化のための産業政策、植民地の経営などによって政府の歳出が急激に拡大したことによって財政赤字が拡大し恒常化したことです。

②軍備の拡大と重工業化の進行にともなって機械や設備、工業原料などの輸入が増大し、輸入超過が恒常化して貿易赤字が拡大し常態化したことです。

この「双子の赤字」は現代日本よりずっと深刻でした。

その結果、正貨（金銀）が大量に流失し、日露戦争直後には正貨保有高が一億円にまで減少して深刻な通貨危機に直面するのです。国際信用の喪失という緊急事態でした。解決法は現在と同様、持続的な経済成長を早急に実現することしかありません。

すなわち、国内の戦略産業や輸出産業を振興し、潜在成長力を高め、内需や外需を振興し、重工業化やイノベーションなどで産業構造を改革し、全要素生産性を高めて国際競争力を強化する、こうした政策によって政府の歳入の増加を図って赤字財政を黒字化し、貿易収支を改善する。古今東西、経済成長の手法は同様です。

さて当時の政府は、産業振興の起爆剤として「産業資金の潤沢な供給」に重点をおきました。そして資金供給は市中銀行に頼ることなく、政府系金融機関によって行うことを考案しました。つまり、債券の発行によって内外の資金を調達し融通する官制の金融システムを構築したのです。

一八九七年以降、日本勧業銀行（地方産業金融）、日本興業銀行（一般産業金融）、北海道拓殖銀行（開発金融）、台湾銀行（植民地金融）などが次々と設立されました。債券の引受と資金の供給は大蔵省です。

また一八九〇年には商法が公布され、外債の発行が可能になって外国向けの公債や社債による外資の調達も容易になりました。くわえて一八九三年の銀行条令によって銀行の設立が相次ぎ、巨大都市銀行から中小地方銀行に至る重層的な金融システムが形成されて産業金融は活発化していきます。法人税が新設されたのもこの日清・日露の戦間期です。

こうした各種の政策にささえられて、八幡製鉄所の製鋼事業や海運業、造船業、紡績業、電力業、鉱山業などをはじめとして日本の工業化は少しづつ進展しました。なかでも陸海軍の工廠は重工業化が進展しました。同時に企業の集中や寡占化が進み、大中の財閥企業の大規模化が進んでいきます。

こうして、日本経済は短期間ながら第二次企業ブームを迎えることになります。そして鉄道業もまた明治初期につづいて第二次鉄道ブームを迎え、地方の近距離鉄道業（鉄道）を中心に発展して官民全国ネットが形成され、日露戦争直後に国有鉄道（国鉄）として統合され現在のＪＲに繋がります。

ただ戦間期の経済成長率は実質で二％前後、ＧＤＰに対するシェアで見ると、農水業が約四〇％、鉱工業が一六％前後、鉱工業の内訳は繊維と食品が各々三〇％前後、化学はわずか一〇％前後という産業構造で、依然として農業主体、軽工業中心の「半工業国家」、「途上国」の状態でした。

そして日本の工業国家への構造転換は日露戦争以降、第一次大戦まで待つことになります。

第3章

日露戦争後の日本の国家戦略

第一次大戦まで

1．日本を取り巻く国際環境

☆キーワードは、「欧州での対立の激化」、「日米対立の始まり」、「日英同盟の空洞化」、「辛亥革命」、「世界大戦の勃発」、「ロシア革命」の六つです。

（1）ヨーロッパ情勢

ヨーロッパでの対立の激化—三国協商と三国同盟の対立

日露戦争で小国日本に敗北し、清・韓両国への進出を阻まれたロシアは、その拡大政策をバルカン半島に再転換しました。しかしバルカン半島は旧来からロシアとオーストリアとの係争の地であり、ロシアはオーストリアとその同盟国ドイツと鋭く対立します。このためロシアはシベリアの背後にある極東の安全を確保する必要に迫られ、一九〇七年以降五次にわたって日露協商を締結するのです。協商とは、対立する相互の利益を調整し、譲り合って相互に認めあい、外交や軍事面で協力する条約のことです。

一方、普仏戦争の復讐戦に燃えるフランスは、一八九四年に露仏同盟を締結してドイツを挟撃する態勢を作ります。フランスは更に進んでイギリスにも工作して一九〇四年に英仏協商を結びます。

これに加えて、フランスはドイツ包囲網を更に拡大強化するため英露間の協商をもくろみ、そのためにはイギリスと同盟関係にある日本との協商が有効であると考えて一九〇七年には日仏協商を結んで英露協商を後押しします。この背景には清国から奪ったインドシナ（ベトナム・ラオス・カンボジア）の利権の安全を日本に保障させたいという思惑もありました。

一方、インドや北欧におけるイギリスとロシアの対立関係にも変化が始まります。

当時のイギリスは欧州におけるドイツの膨張政策との対立が急速に激しくなっていました。

イギリスはドイツに対する態勢をより強固にするためロシアとの関係改善に踏み切り、一九〇七年に英露協商が成立します。これはドイツと対立するロシアにとっても渡りに舟の協商でした。しかも抜かりのないイギリスは、すでに一九〇五年、日英同盟を「攻守同盟」に変更しインドを日英同盟の作戦範囲に組み入れ、いざという場合のロシアの南下政策への防衛対策を済ませた上で英露協商に踏み切ったのです。

こうして露仏同盟、英仏協商、英露協商によって、イギリス、フランス、ロシアの三国が一体となってドイツ・オーストリア同盟と対立し、第一次大戦の原因が形成されて行きます。そして日本もまた日英同盟、日露協商、日仏協商によって三国協商に接近した国際的立場に立つことになりました。

このように「二つの多国間同盟の対立」、言い替えれば「多数国による二極型の国際構造」こそが大戦争の発生を容易にし、世界規模の悲惨な戦禍を招くというパワーバランス論の原則を人類に教えました。

しかし人類は二五年後にまた同じ過ち（二つの多国間同盟の対立）を繰り広げ、ついには広島・長崎の原爆にまで行き着くのです。パワーバランスの原則は現在も共通です。注意しなければなりません。

（２）日米関係

米国との対立の芽生え―警戒され出した日本外交の大変身

日露戦争は内外の予想に反して日本軍優勢のうちに進展しロシア軍は敗北を重ねました。しかし世界の陸軍大国であるロシアは、本国に依然として大兵力を温存し和平の意志は全くありませんでした。

すでに「攻勢の限界」に達していた日本は、極秘裡（ごくひり）にアメリカ大統領ルーズヴェルトに和平の仲介を懇請します。独仏二国もそれぞれの思惑から和平を後押ししてロシアや日本の取り込みをはかったこともあって、一九〇五年九月、講和会議は辛くも妥結して「ポーツマス講和条約」が調印されました。

講和条約では、清国政府の承認を前提として（①を除く）次の項目が合意されました。

①ロシアは韓国における日本の「卓絶なる利益」と「指導、保護、監理の措置」を認める。
②ロシアは遼東半島（旅順と大連とその周辺地区）の租借権を日本に譲渡する。
③ロシアは長春と旅順間の東清鉄道と支線全部、付帯する権益の全部を日本に譲渡する。
④ロシアは南樺太を譲渡し、ロシア沿海州沿岸の漁業権を日本国民に許与する。

しかし賠償金は支払われませんでした。本戦争の戦費は約二〇億円とＧＤＰ並みの巨額で、その四割が外国債であったことから、日本は戦後も深刻な財政難と正貨の逼迫（ひっぱく）、正貨危機に長期間苦しめられます。

このように、賠償金はともかく日本は長春以南の南満州におけるロシアの利権の全てを受け継ぎました。

しかし陸軍は、戦後二年目の一九〇六年になっても満州の軍政を解かず、列強を排除して日本の利権の拡大を独占的に追求し始めたのです。日露開戦前に日本が約束した満州市場の開放は反古にされました。

一八八九年の国務長官ジョン・ヘイの声明以来、中国市場への「機会均等」を外交原則とする米国は、日本の軍政に強く反発します。さらにアメリカの鉄道王ハリマンが提案した南満州鉄道（東清鉄道）とその付帯事業に関する「日米合弁・共同開発案」が、アメリカの資本支配を恐れる日本側に拒否されたことから満州の開発や市場を巡る日米の対立が発生したのです。当時日本の資本はまだまだ後進的で米国資本に対抗できるレベルでは無かったことが拒否の理由でしたが、アメリカにとっては日本の覇権政策の始まりと映り、日本に対する警戒心は現代中国への警戒と同様に徐々にエスカレートしていくのです。

さらに日米関係を悪化させる事態が続きます。日本移民の排斥運動（黄禍論）です。

勤勉で規律正しく低賃金に耐え抜く日本移民が、アメリカの労働者から職を奪い賃金を下げるという理由でカリフォルニアを中心に激しい移民排斥運動が展開されたのです。運動は日本側から移民の自粛を申し出て「日米紳士協定」を締結し親日家のルーズヴェルトの尽力もあって一時的に終結しました。

しかし日露戦争への米国の協力によって幕末以来最高と言われた日米関係は序々に悪化の道を辿り始め深刻化していきます。移民問題は古今東西、解決が難しい問題です。

米国の対日攻勢の始まり—米国、日本を仮想敵国に想定する

米国の対日警戒心は黄禍論だけでは収まりませんでした。

陸軍長官のタフトは、拡大を続ける新興国日本が覇権化し、植民地の台湾をベースにして南方戦略を推進し米領フィリピンに勢力を拡大することを大変恐れました。事実三十五年後そうなりました。

タフトは、一九〇五年に来日して桂首相と面談、日本の韓国支配と米国のフィリピン支配を相互に認める桂・タフト協定を成立させます。さらに米国は、拡大する日本海軍を極東における軍事的脅威と見なし一九〇七年、ついに日本を仮想敵国とし対日戦争を想定したオレンジプランまで作成したのです。その一方で米国は一九〇八年、高平・ルート協定を締結して、日米協調と太平洋の現状維持を提唱し、同時に「清国の領土保全」や中国市場での「機会均等」の外交原則を協定化するなど、日本の対外政策とりわけ中国政策を抑制する外交を、硬軟取り混ぜしたたかに展開し始めました。

覇権化する新興国に対する米国の外交手法は現代中国に対する手法として今も健在です。

日米対立の進行―日本は中国・シベリア・中部太平洋へ大拡張

ルーズヴェルトの後継者となった大統領タフトと、彼の国務長官ノックスの時代になると、アメリカはより積極的な中国への経済進出、とりわけ投資と貿易両面での経済進出に狙いを定めます。彼らは満州における日本とロシアの勢力の拡大や独占を阻止し、英・仏・独など列強の中国本土における勢力の拡大をも抑制するというアメリカファーストの強引で急進的な中国政策を展開しました。

アメリカは、その豊富な資本蓄積を活用し、一九一一年、革命直後の中国を対象とする四国借款団を組織し、アメリカ主導のもと中国の主要な産業分野や社会インフラに大規模な投資戦略を独占的に展開しようとしました。これがいわゆる「ドル外交」で、その強引な手法は日本やロシアを始め列強の反発を招き、とりわけ日露両国は協商の関係を益々強化し、アメリカに対抗して満州の独占を守ろうとします。

これに加えて、一九一四年に勃発した第一次世界大戦で日米関係はさらに悪化していきます。

日本は、ヨーロッパ列強が欧州正面で手一杯のスキをついて、一九一五年、中国に二十一カ条の要求を突きつけ、満州のみならず中国本土の経済利権や政治利権を広範囲かつ秘密裡に要求したのです。

これに怒った中国大総統袁世凱（えんせいがい）がこの要求をワザと外部に漏らすと、果たして米国の世論は沸騰し、「中国の領土保全」、「機会均等」の原則を押し立てて日本に強硬な抗議を繰り返して来ました。そして、一九一八年には、日本の経済利権は認めるものの政治利権は否定するという石井・ランシング協定を締結して、日本の拡大を南満と内蒙古の経済利権に押さえ込もうとしたのです。

しかし日本は、こうした米国の圧力や英国などの対日警戒心にもかかわらず、日英同盟やドイツの無制限潜水艦戦に対する連合国との共同対処を理由に第一次世界大戦に参戦、すでに狙いを定めていたドイツのアジア利権である山東省やマリアナ、マーシャル、トラックなど中部太平洋のドイツ領諸島を手中に収め、米領グアムやフィリピン諸島まで日本海軍の勢力範囲に包み込んでしまいました。これらの諸島は、まさに現代中国の「第二列島線戦略」の進出ラインそのもので、米国は大きな衝撃を受けました。

さらに日本は、一九一七年に発生したロシア革命に際しては、ロシア領内に孤立したチェコの独立派軍隊の救出のための連合国の共同出兵を理由に、目的を遥かに越える七万の大軍を四年に渡ってシベリアに派遣し、革命の崩壊を策し、その上、極東に日本の傀儡（かいらい）国家や緩衝国家を作ろうとして再び米国と対立します。出兵を主導したのは田中義一参謀本部次長を中心とする陸軍でした。

このように日露戦後の日本は、満蒙のみならず中国本土やシベリア、そして太平洋地域に至る東アジアと西部太平洋の極めて広い地域に積極的にして強引な拡張政策を展開したのです。現代の中国にも似たこの野心的な拡大政策は、米国の警戒心を大きく刺激して三五年後の日米戦争に至る序曲となりました。

（３）日露関係

日露の協調と相互の警戒―アメリカに対抗して日露は協力を強化する

日露戦後の講和条約でロシアが、南満における全ての利権を日本に譲渡したことから、日本はロシアの「復讐戦」を常に警戒し、これに備えていました。依然ロシアは日本最大の仮想敵国であったのです。

一方のロシアは、戦争による財政の悪化や共産革命運動の激化によって国力が低下し、一九〇七年、外相に就任したイズヴォルスキーは、外交の基本を露仏同盟において日本やイギリスと協商するという露・仏・日・英の多国間協力システムを作り上げ、欧州においてはドイツを牽制し、アジアにおいてはアメリカの満州進出に対抗しようとしました。これは現代世界でも有効な多国間の協力システムです。

日本もまたロシアと同じ戦争経済による財政悪化のなかで、ロシアとの再戦を回避するという方針を採り、満州や中国進出で最大の競争相手となりつつあるアメリカと日露共同して対抗するため、共通の利益を有するロシアと一九〇七年以降、四次に渡る日露協商を成立させる運びとなったのです。

第一次協商では、満州における両国の特殊利益の範囲を分界線によって確定し、日本の韓国や南満州における利権とロシアの北満州や外蒙における権益を相互に承認しました。

一九一〇年の第二次協商においては、アメリカの国務長官ノックスの提案した「満州中立化案」に対して、日露両国の特殊利益が侵害された場合、共同の行動をとり相互に援助するとされました。

一九一二年の第三次協商においては、日本が辛亥革命の混乱に乗じて満蒙の独立を工作し、分界線を内蒙古に延長しましたが、ロシアは日本の特殊利益地域としてこれに反対せず容認しました。

最後の第四次協商は、極めて大胆な内容で、中国が米国など日露以外の第三国に従属する場合、日露はこれを阻止するため、日露共同の「攻守同盟」で対処することまで取り決めたのです。

この四次にわたる日露協商の背景には、日英同盟を拡大して露・仏・英との多角的な同盟に移行して、日本の中国利権を拡大し国際法的な正当性を確立しようという山縣や井上、松方など元老の老獪(ろうかい)な戦略提言があったと言われています。特にドイツとの戦争を控えたロシアは日露同盟に熱心でした。

（4）日英関係

空洞化の始まり―アメリカが同盟にクサビを打ち込む

一九〇二年に締結された日英同盟は、片方の有事に際しては中立を守るが、新たに第三国が介入し交戦に加わる際には共同戦闘にあたるという防守同盟でした。

この世界最大の海軍国との同盟は、日露戦争における日本の立場を著しく強化することになり、日本とりわけ海軍はロシア一国のみを相手に安心して交戦し日本の勝利の一大要因ともなったのです。

日露戦争後も英国はこの条約を強化し、とりわけロシアとの対立の焦点であるインドの防衛に日本の陸軍の派遣を期待して、同盟の性格を攻守同盟（片方が第三国と交戦したら、もう片方も戦闘に共同加入する）へと切り替える意志を示して来ました。しかし一九〇七年以降の日露協商の締結や英露協商の締結は、同盟当初の目的であった対露同盟の意義を少しづつ低下させることになって行きます。イギリスにとっての関心はドイツへと移行し、日本にとっての軍事的関心も太平洋における米国の海軍力と、満州におけるロシアの陸軍力に変化し、日本が日英同盟に期待する部分も、日本の対米作戦における英国海軍の日本海軍への協力や、万一の場合の対露作戦における英国陸軍と日本陸軍との共同作戦に移って行ったのです。

しかし英国のアジアにおける陸上戦力は少数であり、海上戦力も欧州で新たな脅威となり増強を続けるドイツ海軍に対応せねばならず、まして英国が米国を敵国とするなどは歴史的経緯や英領カナダの防衛からとても容認出きるものではありませんでした。日英同盟は日本にとって軍事的には魅力の薄い同盟になって来たのです。しかし大国イギリスとの軍事同盟が列強に与える影響力は依然大きく、外交的には魅力的な存在で一九〇五年、桂内閣は第二次の日英同盟を締結し、引き続き日本外交の基軸としました。

しかし一九〇五年以降の日本の満州や中国への進出や太平洋方面への勢力の拡大、加えて米国との対立の進行は、英国の日本に対する不安を少しづつ増大させることになります。

英国のこの不安を巧みに利用し、日英関係にクサビを打ち込んで来たのが米国でした。米国は一九一〇年、英国との間に「仲裁裁判条約」を申し出たのです。この条約は英米間の不戦を取り決める条約でしたが、米国との経済関係や英領カナダの防衛を重視する英国はついにこれを受け入れ、「米英不戦」を前提の上で日英同盟第三次の改訂を行うこととしました。

一九一一年、日本は同盟改訂を閣議決定しました。しかしすでにロシアとの協調が進むなか米国を対象から外したこの同盟は少しづつ空洞化の道を辿り始めます。英国は第一次大戦への日本の参戦問題や、日本の中国本土への進出、満蒙独立問題などについては、これを制約する方向に動き、反面自国に有利な日本のシベリア出兵や米国による満州中立化構想への反発などの諸問題については、日本と共同歩調をとるなど、したたかな外交政策を選択的にとるようになったのです。

こうして日英同盟は両国にとって同床異夢、空洞化への道を辿りだすのです。

（5）日韓関係

韓国併合のプロセス─国際法上の正当性はあるか？

既にお話ししたように日露戦争の主因の一つは、韓国における「優先的な利益」や「韓国の改革に対する専権」を日露いずれが掌握するかにありました。

開戦後日本はロシアに先立って韓国全土を占領し、事後の満州進撃に先立って日本軍背後の安全や兵站輸送路を確保するため、一九〇四年二月、韓国政府と交渉して日韓議定書を締結します。

議定書の内容は

①日本は韓国の独立と領土の保全を「保障」する。

②韓国は、施設の改善について「日本の勧告」を受け入れる。

③韓国帝室や韓国領土の保全が危機に際した場合、日本が「臨機の措置」を取る。

この条文から分かるように、日本が韓国の独立を保障するため、韓国有事に際しては「臨機の措置」を取る、つまり韓国側は、防衛上の保護権を日本に委ねるという内容です。

そして日露戦争が日本優勢のうちに進捗した八月、日本は韓国とふたたび折衝して第一次日韓協約を成立させます。

①韓国は日本人を財務顧問に任命し「財務は全て」顧問の意見により取り行う。

②韓国は日本の推薦する人物を外務顧問に任命し「外交は全て」その意見により取り行う。

③韓国は外国との条約締結など「重要な外交案件」について予め日本と協議する。

まさに財政と外交権の全てについて日本の専権を認めた条文です。事実上日本は韓国に対する外交・財政の宗主権を確立したのです。そして日本はさらに米国との間に桂・タフト協定を締結して米国にこの宗主権を認めさせ、協約の「国際的な正当性」を担保しました。

さて、日露戦争で勝利した日本は一九〇五年九月、ポーツマスで講和条約に調印しますが、条約のなかでロシアは韓国に関して以下の取り決めに同意しました。

ロシアは日本が韓国において、政事上、軍事上、経済上の「卓絶なる利益」を持つことを承認し、韓国に対して必要に応じ「指導、保護、監理の措置を採ることを認める。

このようにロシアは韓国に対する日本の「専権」と「保護権」を明確に認めたのです。

この講和条約によって韓国保護の「国際的な正当性」を米露両国から認められた日本は一九〇五年一一月、伊藤博文を韓国に派遣し韓国に圧力を掛けて第二次日韓協約（保護条約）を成立させます。

協約の内容は、

日韓両国は、韓国が「富強の実を認める」に至るまで

①日本は韓国の外交を「監理・指揮」する。

②日本は政府代表として「統監」を駐在させ専ら外交事項を監理させる。

この協約の成立にともない日本は統監府を韓国に設置して初代統監として伊藤博文が就任しました。そしてこの条約の通告を受けた諸外国は不要となった韓国の公使館を全て閉鎖し本国に引き揚げました。

このように日本は韓国の外交権を全面的に接収し保護国化をさらに進めようとします。当然韓国世論は硬化し、国民は憤激して「外交権回復」の気運が盛り上がるのです。たまたまオランダのハーグでは第二回ハーグ平和会議が開かれていました。これを好機とみた韓国皇帝の高宗は密使を送って秘密裡に会議に協約の不当性を訴えようとします。当時の国際法では「強要された条約は無効」とされていました。しか

し会議は、「韓国はすでに独立国ではない」として韓国の会議への出席と訴求を却下したのです。「強要された」という明確な証拠文書などが見つからなかったことも理由の一つかも知れません。

しかし、日本はこれを韓国の条約に対する背信行為として皇帝に厳しく退位を迫り、皇帝もついにこれを受諾しました。この経緯を知った韓国世論は沸騰し、ここに大暴動が発生するのです。皇帝から鎮圧の依頼を受けた日本は、日韓議定書の取り決めに従って軍隊を派遣して暴動を鎮圧しました。しかし、こうした韓国情勢に不安を感じた日本は一九〇七年、三たび目の第三次日韓協約案を韓国に提示します。

①韓国は「施政に関して」統監の指導を受けること。

②「法令の制定」、「行政の処分（措置）」について統監の承認を受けること。

③高等官吏の任免は統監の同意を得ること。

④日本の推薦する人物を官吏に任用すること。

「秘密の取り決め」として

①韓国軍を「解体」すること。

②日韓両国の人間によって「司法組織」を作ること。

まさに軍隊を解体し、行政や立法そして司法や官吏の任免にいたるまで韓国の内政全体を監理（コントロール）する条文で、これら三次にわたる協約によって日本は韓国の「保護化」をほぼ完成することになったのです。当然韓国内外では「国権回復・独立回復」の独立運動が活発化していきます。

そして一九〇九年一〇月、初代統監であった伊藤博文は、ハルピン駅頭において独立運動に従事する安重根青年によって射殺されました。この事件で衝撃を受けた日本政府は、早急に韓国を併合し、独立回復への期待を断ち切る必要があると認識し、一九一〇年八月、韓国併合条約を締結するのです。

以下、条約の内容です。
①韓国は、統治権を完全かつ永久に日本に「譲与」する。
②日本は、韓国を大日本帝国に「併合」する。
③皇帝と皇族に対して名誉（日本の爵位）と待遇（日本の華族待遇）を供与する。
④日本は、韓国人の身体、財産を保護し、その福利を増進する。
ここに韓国は併合され日本の植民地経営が始まるのです。

2. 外交戦略

☆キーワードは、「満州の独占」、「対外協調」、「二十一ヶ条の要求」、「満州の分離独立」、「シベリアの満州化（ロシア革命への介入）」そして結果としての「日米の対立」の六つです。

（1）大陸政策

日本の満州支配―陸軍は軍政を解かず列強を排除する

日露戦当初の日本は、英米を始めとする列強に対して満州の門戸開放を約束していました。しかしロシアの復讐戦を警戒する陸軍は、戦後も満州の軍政を解かず、満州の対露基地化を目的に列強を排除して各種利権を独占的に追求し始めます。当時の満州は清国の主権がほとんど及ばず、そのうえ農産物や鉱物など多くの資源を産出し、同時にその広大な平野部は鉄道の敷設を容易にしたことから鉄道全盛時代の欧米列強にとって満州は魅力的な商品市場、投資市場であり欧米各国の垂涎（すいぜん）の的になっていました。

しかし満州を勢力下においた日本は、一九〇六年、国策会社として南満州鉄道を設立し、鉄道のみならず鉱山、水運、森林、電気などの付帯事業まで経営させます。また八月には関東都督府を設けて現役の陸軍将官を長官に当て租借地の管理権や満鉄の軍事保護権、さらに外交権の一部まで与えたのです。さらに日本は租借地の徴税権や治外法権、満鉄保護の駐兵権など広範囲に利権を獲得しました。

こうした満州利権の独占に対して英米特に米国資本はその豊富なドルを武器に満州市場への参入を強く要求し、ここに満州市場を巡る米国と日・露両国との新しい対立の構図が深刻化していくのです。

満州支配の積極化―日本の満州へのコダワリが始まる

日露戦後の大陸政策（第3期）は、桂内閣の外務大臣小村寿太郎が起案しました。小村は一九〇五年四月、閣議決定された「日露講和条約予定の件」において「そもそも日本がロシアと戦争を始めたのは韓国や満州の保全の為で、これは日本の自衛と利権の擁護のために緊要不可欠なことである……その為には日露戦争を機に日本は満・韓ならびに沿海州方面（ロシア沿岸）における利権を拡張し、もって我が国力の発展を図らなければならない」と述べて対外政策における大陸政策の最優先を宣言しています。

さらに小村は同年一〇月、「満州に関する条約締結の件」の閣議決定においては、清国に次のような要求をしてこれを条約化させることとしました。

①清国は、日本の承認なしに、満州の領土を別国に割譲しないこと。
②遼東半島の租借権と、東清鉄道支線、それに伴う一切の利権を日本に割譲すること。

③日本の国策会社（満鉄）による鉄道や炭坑事業の経営などを認めること。
④満州の十四都市を商工業のため外国に開放すること。
など日本の満州支配態勢の確立を強くうたっています。

こうして日本の対外政策の重点は、戦前の「北守南進」からふたたび満州の経営すなわち大陸への「北進」に復帰したのです。つまり日露戦後の大陸政策は、日露戦争の勝利の自信を背景に、日本が政府・陸軍ともに満州政策を積極化したことに特色があります。

少し後年になりますが、この大陸政策（第三期）に関して元老山縣は、一九〇九年「第二対清政策」を著して次の三点を強調しています。
①満州経営の強化、特に租借地の租借期間の延長と長期化を手段を尽くして達成すること。
②最後の手段として、武力を用いても、これを北京政府に強制すること。
③このため列国との意志の疎通をよくすること。
恐露病と陰口された山縣らしい満州への「コダワリ」ですが、陸軍においても一九一〇年、「対清政策」が起案されましたが、内容は次のような対清強硬策でした。
①清国の政変（革命）は近い。
②革命に際しては北清事変同様、革命に対する列国の軍事介入があり得る。
③列国の軍事介入に際しては、日本が中心となるべきである。
④対清作戦においては、戦後利益の獲得を重視し、そのための対清作戦計画を樹立する。
政治的立場の強化を狙った陸軍の「政治的な主張」がよく理解できる政策案です。

そしてこの時期、日本の政治構造も大きな転換期を迎え明治期を支配していた薩長藩閥勢力は後退しつつありました。これに代わって藩閥政府の下で成長を遂げた政府官僚や、日清・日露の両戦争で力をつけた陸軍、さらに自由民権運動に始まった憲政政治を通して発展を遂げた政友会や国民党（改進党）などの政党の三者が台頭し新しい政治勢力として大正と昭和初期の日本を牽引していきます。

（2）日露戦後の外交戦略

外交の基本は列強との協調―日本、満州権益の国際的正当性を追求する

日露戦争後の一九〇六年一月、桂軍人内閣の後を受けた西園寺内閣は、折から激しくなって来た中国の「利権回収運動」の昂揚によって日露講和条約で保障されたはずの満州権益の対清条約交渉が円滑に進展せず、一二月、ようやく清国と「満州に関する日清条約」の締結に漕ぎ着けるという苦闘を続けました。

従って西園寺内閣の後を受け、一九〇七年に成立した第二次桂内閣最大の外交課題は、この満州権益の国際的な正当性の確立におかれ、このため外交の重点は、①列強との協調の維持、そして②条約締結後も利権回収を諦めない中国への外交的圧力の継続、加えて③満州権益の永遠の持続、この三点に置かれました。桂内閣は一九〇七年九月、「対外政策方針決定の件」という文書を閣議で決定し、外交の基本政策を示しています。基本政策は、「列国との外交政策」と「対外経営政策」の二つに区分されています。戦後期日本の外交・通商政策と似た部分を見つけ観察してみてください。

1．列国との外交政策

①日英同盟を、「外交の基軸」としてこれを重視する。

②対露政策は、万一の対立を予期しつつ、共通する満州権益の確保のため親交を基本とする。

③対米政策は、米国の巨大市場への魅力を認め、「永遠の和親」を基本方針とする。
④対独政策は、ドイツと対立する英露を考慮して、「現状維持」を基本とする。
対中政策については複雑です。
⑤対中政策はａ「常に清国に対して優勢な地位を占めること」、ｂ「満州の権益を永遠に持続すること」を基本方針とし、さらに、ｃ「この基本方針を列国に認めさせること」そしてｄ「努めて清国を挑発せず宥和すること」によって問題解決を図る。

このように対中政策においては、満州権益の確立を最重要課題として、その平和的解決を基本としつつも、万一の場合は、武力による威圧をもってしてもこれを維持する決意を明確に表明しているのです。

一方通商政策に関しては、

２．対外経営政策
①「我が国商工業の進歩向上」と「対外経済活動（通商と貿易）の推進」の二つを基本とする。
②清国（中国）と米国は最も重要な市場であり、貿易や市場開拓の主対象とする。
③航海（海運）業、欧米との共同事業による資本と技術の導入を「政策目標」とする。
④アジア各地への移民による進出を「政策目標」とする（当時海外移民は許されていた）。

このように、桂内閣の外交政策の特色は、列強との協調を基本とし、満州権益の維持、中国市場や東南アジア市場への経済進出、米国市場への発展など経済通商活動に重点をおいたもので、大陸政策のみならず、経済面での中国や南方、東南アジアへの進出政策（南進）を包含した明治の外交史上では珍しく雄大な海外進出の外交経済戦略で、その後の日本外交のプロトタイプともいえる内容でした。

（3）辛亥革命と大陸政策

辛亥革命に乗じた日本陸軍、満蒙の分離独立を画策する

桂内閣が辞職し公家でリベラル派の第二次西園寺内閣（第二次）が発足した一九一一年の十月、中国に辛亥革命が発生しました。親日家である孫文が指導し、清朝の君主制を打倒して三民主義にもとづく共和制への転換を目指すこの革命は、共和制を危険視し君主制を絶対とする日本にとって、その対応を難しいものにしました。

西園寺内閣は、革命直後の十月、「対清政策に関する件」を閣議決定し革命に対する基本方針を決定しています。その内容は、「満州権益の永遠の持続」という前内閣の方針を継続して、まずは満州問題に関して「革命の機に乗ずべきあらば之を利用」し「租借地の租借期間を延長し……さらに進んで該地方に対する政府の地位を確定し以て満州問題の根本的解決を期す」を革命対処の基本方針としました。

後の元老西園寺は革命騒ぎに乗じて日本権益の拡大とその半永久化を追求しようと策したのです。ただ西園寺は、政策の発動時期に関しては、「しばらく現状を維持し、好機に際して漸次利権を増進するに努め……最も我に利にして且つ成算十分なる場合に初めてこれを完了する」ことを得策としました。お公家さんらしく当面は現状維持、事態の静観（何も手を打たないこと）を決め込んだのです。

ただ、日本人の通商貿易など関係企業の多い中国中南部に不測の事態が発生した場合には、日本が中心となって列強と共に出兵を強行し、この地域における「日本の優越的地位を列強に承認させる」という陸軍提案の強攻策を採用していきます。当時の中国中南部には、日清戦争後の中国分割に乗じて日本以外への不割譲を中国に約束させた商都福建があり、日露戦争後、桂内閣が追求した漢口方面の利権すなわち大冶（ターイエ）

西園寺公望

鉄山の鉄鉱石や萍郷岩山など有力鉱山の採掘権など大変豊かな利権があったからです。

その後、中国では孫文の革命派が十一月、華中や華南を相次いで手中に収めました。事態の収拾を迫られた清朝は、その人物に不安を抱えつつも北洋軍閥の巨頭で野心家の袁世凱を総理大臣に起用しました。袁は革命派との妥協を模索しつつ、野心家と酷評されながらも袁は袁なりに清朝をおもんばかって、中国の政体を立憲君主制にすべきか、帝政を廃止して共和制で行くべきかで苦悶したと言われています。

袁の意向が立憲君主制にあると察知した日本政府は安堵するとともに、この際清朝と革命派を仲介しようとイギリスに呼びかけました。対中外交を静観から介入に転換し、袁と孫文の双方に恩を売って日本の立場を強化しようとしたのです。一九一二年一月、孫文は国号を「中華民国」と改めて大総統に就任し、華南に臨時政府を成立させ北京と対立します。しかし外交攻者でしたたかなイギリスは先手を取って日本を出し抜き秘密裡に袁と孫文を仲介して成功、袁は清朝を裏切って二月、共和制の選択に踏切り、ついに清帝溥儀（ラストエンペラー）は退位して清朝は滅亡、袁世凱を首班とする「共和国政府（北京政府）」が成立しました。十六年に及ぶ中国南北政権対立の始まりです（一九一二〜二八年）。

西園寺内閣のこうした後手・追従の外交に業を煮やしたのが元老山縣や陸軍です。特に革命情勢を利用して中国利権の拡大を図ろうとする陸軍は、内閣の政策を「無視」して、革命派の王国柱を満州に入れ兵器弾薬や資金を大量に提供して満州の分離独立を画策します。第一次満蒙独立運動と呼ばれる工作です。

また元老山縣は一九一二年、「対清戦略概論」を起草して満州への二コ師団の派兵を主張しました。この真意は、退位を余儀なくされた溥儀が故郷満州に退去したとき、これを利用して傀儡国家を作り陸軍の力を背景に満州権益を強化することにありました。まさに一九三一年の満州事変や満州建国の原型です。

更に陸軍は、清朝顧問の川島浪速に工作させて、清朝の皇族である粛親王を満州に脱出させ、蒙古でもカラチン王に挙兵させ、満蒙両地域で同時に満蒙の独立を画策しました。しかしこの工作はイギリス情報機関の察知する所となってイギリスは激しく日本に抗議、日本政府は事前にこの工作を抑止します。

山縣に始まる「統帥権の独立」（明治憲法第十一条）を背景にした陸軍のこうした政治謀略工作は、その後も内閣の外交政策を無視する形で執拗に行われ、日本の二元外交となって政府・外務省を苦しめ続けます。この陸軍の謀略体質は、明治初期に陸軍大学校の戦略・戦術教官として来日したドイツ陸軍のメッケルが学生に執拗に教え込んだもので、戦術教育の方は戦後の自衛隊に受け継がれました。

（4）第一次世界大戦と大陸政策―日本、二十一カ条の爆弾要求を発す

一九一四年六月、バルカン半島の小国セルビアで発生したオーストリア皇太子暗殺事件は、たちまち世界に拡がり第一次世界大戦が始まりました。しかしこの大戦は、元老井上馨が「大正の天佑（てんゆう）」と呼んだように欧州列強のアジアからの後退という日本にとっては絶好のチャンスをもたらしたのです。

開戦直後の八月、参謀本部は満蒙自治論を主体とする意見書「日支協約論」を外務省に提出し、ドイツの植民地である膠州湾を攻撃奪取し、これと交換に満蒙の独立を進める案を陸軍省とともに提案しました。しかしこの日独開戦には英・米・中の三国が歓迎せず、国内でも山縣や松方など元老達が反対しました。当時の内閣は西園寺の後を受けた大隈内閣、その外務大臣は元駐英大使の加藤高明で、加藤は強力な外交一元論の持ち主であり、元老の意見にも左右されない剛直な性格で有名でした。大戦を好機ととらえた加藤は、こうした元老達の反対を押し切って八月、日英同盟を根拠にドイツに宣戦を布告したのです。

十一月、陸軍はドイツの東アジア最大の拠点である青島と膠州湾のみならず山東鉄道までをも奪取し、

海軍もまたマーシャル、カロリン、マリアナなど中部太平洋の諸島を軍事占領してしまったのです。

一方元老山縣は、「対支政策意見書」を著して「満蒙の権益を確実にし、その経営を進捗させる」為には、中国を「ただ威圧するだけ」では駄目で、「先ず日支の関係を改善し彼をして信頼する念を起こさしむるを以て主眼とすべき」と強調して、持論の日支提携論を展開しています。山縣は大戦の本質はスラブ対ゲルマンの人種対立が根底にあると捉え、その延長で同文同種の日支提携論を主張したのです。

さてこうした陸軍や元老を始めとする官・民の中国政策への様々で多様な意見や注文は、公式、非公式のルートで政治的圧力として政府外務省に伝達されました。加藤は外務省政務局にこれらの意見を総合調整させ、中国への要求案を作成させましたが、その要求は実に二一ヶ条にまで膨れあがったのです。

一九一四年九月、青島の陥落を見た加藤は時機到来と判断し中国大使に要求の実行を訓令します。

以下、「二一カ条の要求」の内容です。

第一号は、山東省に関するもので、ドイツ利権の日本への譲渡、沿岸島嶼の外国への不割譲、山東省主要都市の外国人への解放の要求など

第二号は、南満州や内蒙東部に関するもので、租借権の九九年間の延長、鉱山、鉄道、商工業、農業など各種利権の要求など

第三号は、漢冶萍公司に関するもので、同公司の日中合併や日本の独占的な採掘権の要求など

（＊漢冶萍（かんやびょう）公司とは、華中にある大冶鉄山や萍郷岩山など有力鉱山の管理会社です）

第四号は、中国沿岸の港湾や島嶼の外国への不割譲の要求など

第五号は、中国全土にわたるもので、鉄道敷設権や外資導入の事前協議、中央政府への日本人顧問の招聘（しょうへい）、警察の日中合弁など中国の「政治支配」を目指し要求するもの

第五号の要求は、露骨な政治支配を目指すアヘン戦争時代の帝国主義的要求であり、さすがに日本側も第五号は「希望事項」であるとし、交渉は秘密裡に行われました。しかし第五号に怒った袁世凱は内容を外部にリークした上、逐条審議を要求して交渉を長引かせ列国の介入を待つ戦術に出ます。

果たして要求の全貌を知った列強、特に米国は日本に激しい抗議を繰り返し交渉は行き詰まってしまいました。業を煮やした加藤は最後通牒を発して軍事的圧力をかける決意を固めます。しかし中国や列強の反発を引き起こす加藤の独走に強い不満と懸念を持つ山縣など元老の反対も無視し得なくなり、ついに大隈首相以下政府は、第五号を削除した最後通牒を中国に手渡しました。そして一九一五年五月、中国は最後通牒に屈服して日本の要求を受諾するのです。

しかし、この要求は中国民衆の大きな憤激を買うことになり、中国は五月七日を「国恥記念日」と定め、その後の反日運動の原点として今日の歴史に残る大事件となってしまいました。

その後、この年の十二月、袁世凱はついにその野心を現して大変身し、悲願の中国皇帝になることを全国に布告します。中国国内はたちまち大混乱となって、袁世凱を排除する「排袁」の第三革命が勃発しました。事態を見た日本陸軍は、好機到来とばかりに田中義一参謀次長を中心に再び第二次満蒙独立運動を画策します。しかしこの独立運動は陸軍の読みどうりには成功しませんでした。こうした激動のなかの六月には袁世凱があっけなく急死を遂げ、日本の政権も大隈内閣から寺内正毅軍人内閣に交代します。

（5）中国政策の転換とロシア革命の勃発―日本、ロシア革命に軍事介入する

一九一六年、北京派の巨頭袁世凱の急死に伴い日中関係は大きく変化します。

袁の後を受けた北京派の黎元洪総統は南北両派の和解を重視し、部下の段祺瑞内閣に南京の国民党からも三名の幹部を入閣させ、対日政策も宥和政策に転換しました。こうした変化のなか二一カ条の要求に対する中国官民の反発や列強の厳しい抗議を重視した寺内内閣は、寺内本来の日支提携論もあって一七年一月、「新たな中国政策に関する外交方針」を閣議決定します。その内容は次のとおりです。

①中国に対する外交は、中国の独立と領土の保全、中国の内政への不干渉を基本とする。

②中国に誠心誠意援助を与え、両国の親交を増進することを原則とする。

③南満や内蒙および福建省の利権は、中国の統一や独立を侵すものではないことを確認する。

このように寺内内閣の中国政策は、大隈内閣の強硬路線から一転して提携援助外交に転換しました。

そして寺内は、日本の中国利権の安全と拡大を担保するため、財政難に苦しむ中国に対して大規模な円借款を供与して「円外交」・「援段政策」と呼ばれた対中直接援助を開始します。「西原借款」とも呼ばれるこの後進国に対する政治的な資金援助の手法は、現在の世界も変わりません。

そして、この援段政策に大きな影響を与えたのが一九一七年十一月に発生したロシア革命です。

日露戦後の日本は、帝政ロシアと四次に渡る協商によって欧米列強から満州の権益を共同で防衛する方策を追求しました。しかし日本の天皇制とは全く異なり、「帝政や私有財産制を否定」する共産主義ソビエトの出現に日本は困惑し、しかも大戦で交戦中のドイツと単独講和したソ連外交は、将来独ソ両国が北東アジアに再び進出してくる危険を日本に予測させて、日本政府は大陸政策の大転換を開始します。

天皇制の危機には極めて敏感で慎重な元老山縣は、「対支意見書」を著し、中国との連携の強化や攻守同盟の締結を主張し、反面シベリアへの出兵は自制するように要求して、寺内もまたこれに同意します。

しかし参謀本部次長の田中義一中将は、帝政ロシアの崩壊による極東とりわけ北満の力の空白を「一大好機」ととらえ、シベリアへの出兵により極東ロシアに緩衝国家や傀儡政権を樹立し「シベリアを満州化する」ことを強く主張しました。そして田中は元老達の反対意見を振り切ってこの政策を強引に実現させます。出兵は足かけ四年、実に七万にのぼる大兵力の零下四〇度、酷寒地シベリアへの派遣となり結局は失敗に終わりました。

一方、寺内内閣は一八年三月、新たな中国政策として共産主義ソビエトの軍事的脅威に対する日中の共同防衛に関する協定を締結する方針を打ち出し、五月「共同防敵軍事協定」を締結します。協定では、ソビエト領内から共産軍が満州や中国本土に浸入した場合、日中両軍が相互に協力して防衛すること、さらに必要に応じて国境外へも共同して出兵しロシア領内で作戦するなどソビエトの侵攻に対する緊密な軍事協力を定めています。まさに防共の「攻守同盟」、集団防衛タイプの軍事同盟で中国政策の大転換でした。

さてここまで日露戦争以降、第一次大戦に至る間の外交戦略のプロセスを眺めてきました。

この期間の大陸政策（第3期）は、桂内国の対外協調路線や対中優位政策、西園寺内閣の革命静観路線、大隈内閣の対中強硬外交、寺内内閣の対中協調路線など各内閣の外交姿勢には硬軟の変化がありました。しかしこれらの大陸政策の基本には、常に「満州権益の長期的確保」があり内蒙古や中国南部での「新たな経済権益の獲得」という拡大戦略があったのです。とりわけ中国南部への拡大戦略こそが日露戦前の第2期の大陸政策とは異なる国家戦略、大陸政策上の大きな変化であり特色であったといえます。

3．安保・国防戦略

☆キーワードは、「北進と南進」、「想定敵国の分裂」すなわち「国家戦略の分裂」の三つです。

一九〇七年四月、日本初めての国防方針が策定され天皇の裁可を受けました。

この「帝国国防方針」は、中長期の国防戦略と陸海軍統合の軍事戦略を確立して陸海軍の対立を解消し、軍部特に陸軍が中心となって内閣と協議しつつ、外交政略と国防戦略の調整を図るという意図のもとに制定されました。ただ制定プロセスにおける内閣との協議は、統帥権の独立の立場から、首相ただ一人からの、それも意見の聴取のみに限定されました。

方針の中には、国家目標や国家戦略、国防目的や戦略方針（ドクトリン）、情勢判断や想定敵国、作戦方針、軍備の整備目標などが書かれており、現代日本の安保戦略と防衛計画の大綱を併せた文書です。

この文書は当時、国家の「最高機密文書」とされ、陸海軍の統帥部の参謀達が起案したこの軍事文書は、その内容と文書の持つ高度の政治性から、まさに「帝国日本の運命を決定づける重大文書」でした。

（1）国家目標、国家戦略と国防方針

北進と南進が国家の基本戦略―太平洋戦争の遠因は初度国防方針にあり

帝国国防方針（第一部）は、まず「国家目標」の定義からはじまります。

一、帝国の政策は明治の初めに定められたる「開国進取の国是」に則り実行せられ……今後は益々こ

の国是に従い、「国権の拡張」を謀り「国利民福の増進」に努めざるべからず。

このように、第一部・第一項の冒頭において、国家目標を、国是である「開国進取」の基本方針にのっとった「国権の拡張」と「国利民福の増進」の二つと規定しました。「国権」すなわち国家の統治権や支配権の拡張・拡大と国家利益（国益）や国民福祉の増進をもって「国家目標」と定めたのです。

次に、この国家目標にもとづく「国家戦略」として

国権を拡張し、国利民福を増進せんと欲せば、世界の多方面に向かって経営せざるべからずと雖も、就中日露戦役において幾万の生霊および百万の財貨を抛ちて満州および韓国に扶植したる利権と、亜細亜の南方および太平洋の彼岸に皇張しつつある民力の発展を擁護するは勿論、益々これを拡張するを以て、帝国施政の大方針と為さざるべからず

つまり、「満州および韓国に扶植したる利権」並びに「アジア・太平洋に拡大しつつある民力の発展」この二つを擁護することを以て施政の大方針としました。すなわち「満韓の利権の確保（北進戦略）」と「東アジア南方への経済発展（南進戦略）」の二大戦略を国家戦略と規定したのです。この帝国国防方針は一九四五年の終戦まで三回改訂されますが、この初回の方針は全ての改訂の原点として踏襲されて行きます。とりわけ南進戦略の持つ意味は大きく、これが三四年後の太平洋戦争の直接の動機になるのです。

さてこの国家戦略を受けての「国防・軍事戦略の方針」は、

帝国陸・海軍の国防は、国是にもとづく所の政策に規画せられざるべからず、換言すれば我が国権を侵害せんとする国に対して少なくとも東亜に在りては攻勢を取りうる如くするを要す。

このように国防軍事戦略の方針は、まず国家目標や国家の基本戦略を前提に、これらを侵害する国に対して東亜の地域において「攻勢を取りうるようにすること」と定めました。これは従来の防御主体の守勢

戦略から、海外を含めた地域における敵の撃破・殲滅を目的とした攻勢戦略に大転換したものです。

さらに第一部の第二項においても

> 二、我が帝国は、四海環（めぐら）すに海をもってすと雖（いえど）も国是及びその政策上その国防はもとより海陸の一方に偏するを得ず、況や一旦有事に当たりては島帝国内に於いて戦するがごとき国防を取るを許さず、必ずや海外に於いて攻勢を取るにあらざれば我が国防を全うするに能わず

つまり我が国は四面環海の「島帝国」だが、満州や韓国に利権を扶植した以上、その軍備は陸海ともに等しく整備しなければならない。同様に大陸の利権を守るためには、国土に後退した守勢防御の防勢戦略ではとても国防を全う出来ない、必ず「海外において攻勢を取る戦略が必要」であるとし、海軍に根強い島帝国論（大陸問題に介入せず海軍力を重視した専守防衛方式）や海主陸従の軍備論を明確に否定しています。

さてもう一度第一項に戻って、この国防方針最大の特色は、「満韓の利権の確保（北進戦略）」と「アジア南方への経済発展（南進戦略）の二大戦略を「国家戦略」として明確かつ公的に規定したことです。アジアの南方とは、中国の南部から東南アジアにかけての地域を指しますが、要は南北両方面に進出する「南北並進」という身の丈を越えた大拡張戦略を国防方針の原点に置いたということになります。この大風呂敷を実際かつ大規模にアジア全体に拡げてものの見事に潰れたのが昭和の陸海軍ですが、実はこの原点は、陸軍参謀本部作戦課の超エリート参謀で後の総理大臣田中義一中佐が起草し山縣元帥が加筆した「帝国国防方針（私案）」に記述されているのです（この二人は吉田松陰の弟子と孫弟子に当たります）。

田中は、「将来」という未来形に限定しつつも、我が国の利権は、満州や蒙古方面に求めるより、むしろ清国南部の富饒地帯に向かうべきであるとしました。揚子江以南の南部地方の生産力の富裕という経済利益と、台湾海峡を支配することによる軍事利益の二つの利益によって極東の覇権そのものを獲得できる

と主張したのです。元帥山縣にいたっては、「東は韓国を根拠地とし（北進）、西は南清地方から実利的進歩を企図（南進）すれば、日本の雄図（覇権）は達成できる」と言い切り「北進南進を共に論ずるより善くはなし」とまで述べています。太平洋戦争の原点は明治の帝国国防方針にありました。

一方、海軍にはマハンの海軍戦略（通商保護の海軍戦略）の影響から、南方、東南アジア方面への経済発展や植民地の獲得に関して大きな内部合意がありました。また海軍の理論家佐藤鉄太郎少佐の「島帝国論」の影響もあって、北進については海軍の一部に根強い反対論がありました。しかし、日英同盟が日本の大陸における対露戦を前提としていることから、この時期この条約から受けるメリットの大きい海軍としては北進戦略を是認さざるを得ませんでした。さらにロシア艦隊が壊滅した一方、ロシア陸軍の主力が本国に健在であり、ロシアの脅威という面では陸軍に著しく有利、しかも大陸に大きな利権を確立した状況の中にあっては、陸軍主導の国防方針策定に同意せざるを得なかったのです。

しかも、海軍が年来主張する「南進戦略」事態も、当時揚子江以南、東南アジアの地域利権の多くが英仏など列強の既得権となっており、南進政策の実行には多くの摩擦が予想されました。事実三四年後、日本の南部仏印進駐が太平洋戦争の直接の原因になったことがこれを証明しています。

しかし、山縣も田中も、当時の西園寺内閣が「北進政策」を基本政策、最優先課題としているにもかかわらず「南北並進」の戦略を主張し、国防方針にもこれが明示されました。このことは、国防方針における「南北並進」の国家戦略が山縣や軍の都合によって独自に決められた可能性があるということです。

この背景には元老トップの山縣の巨大な政治的存在の他に、やはり陸軍の中枢に国防方針は一〇年や二〇年スパンの長期的な方針であり「一内閣の政策にとらわれるものではない」という内閣軽視の思考や、統帥権の独立というプロシャ型制度への信仰と誇り、国家への強い義務心、軍の能力や愛国心に対する自信など天皇と国家への奉仕を義務付けられた天皇親政型軍隊特有の強度の選良意識がありました。

さらに大陸政策に否定的な海軍を統合の土俵に引き出すため、海軍軍備拡充の理論的支柱である「南進論」を「南北並進論」という形で表現し陸軍独自に国家戦略を記述した可能性も考えられます。

なお驚くべきことに当時の国防方針案は、内閣と事前に協議することなく軍の統帥部が直接天皇に説明し裁可を得ることを慣例としていました。内閣にはそれも首相のみに天皇の裁可の後に文書を閲覧させ意見を聴取したのです。理由はプロシャ型憲法の「統帥権の独立（軍令の政府からの独立）」規定の存在でした。この規定は、オーバーに言えば軍が政府とは別に国家目標や国家戦略、国防方針や軍事戦略を勝手に決め推進し得る規定とも言え、日本には政府と軍という二つの政府が存在する「二元政治国家」に陥る大きな危険性を孕んだ規定であったともいえます。事実この統帥権の独立規定（明治憲法第十一条）は大正・昭和期の軍部独走の法的根拠となり、帝国日本を破滅に導いて行きます。

想定敵国と情勢判断―想定敵国が米・ロ二国に分裂した

国防方針の第二部は情勢判断と想定敵国です。
①想定敵国には、まず再建中のロシアを「最も早期に敵国となり得る国」と見なし、
②次いで米国を「他日激甚なる衝突を惹起する国」と厳しく判断しています。
このようにロシアとアメリカを「主敵」と位置付けました。

想定敵国については、陸軍がロシア、海軍がアメリカとして最後まで対立しましたが、結局「ロシアを第一とし米、独、仏の諸国これに次ぐ」と定められ、清国は想定敵国には加えられていません。そして露・米両国に備えるための兵備の基準として、陸軍は「ロシアの極東に使用し得る兵力に対し攻勢を取るを

度（目安）とす」と定め、海軍は「米国の海軍に対し東洋において攻勢を図るを度（目安）とす」と定めたのです。ここに陸海軍の主敵は事実上「分裂」しました。世界の軍事界では余り例のない事態です。

この主敵をめぐる陸海軍の対立は実に激しいものでした。陸軍にとって米国を主敵とするなど思いもよらぬことで、当時の米陸軍は一〇万人足らず、日本侵攻などあり得ず、一方の米海軍も戦艦が主体で、戦艦が太平洋を渡洋しアジアで作戦するために石炭燃料等（当時の艦船の動力燃料）を補給する米軍の「補給船舶群」は、量においても能力においても不十分な状態でした。ハワイ以西の寄港地もグアムやマニラまで存在せず、主力艦隊の東洋での作戦など困難と判断されたのです。

一方、海軍にとってロシア海軍は日露戦争でほとんど戦力を喪失しており主敵にはなり得ませんでした。その反面、ロシア陸軍の主体は依然として本国に健在であり、ロシアを主敵とするべきという陸軍の主張はその意味で正しかったのです。ただ海軍が壊滅に近いロシア海軍を主敵と認めることは、海軍軍備の拡張を阻害し、海軍軍備は世界の潮流に大きく遅れることになる、どうしても米海軍を目標としなければ列強に伍する海軍は建設できない、さらに陸軍との関係も「陸主海従」に陥ると海軍は考えました。

つまり対露戦を必然視してロシアを主敵と定めた陸軍に対して、海軍はその軍備拡充の予算獲得のために米国を選んだということになったのです。海軍の理論的支柱で影響力も大きかった佐藤鉄太郎提督は「帝国国防論」のなかで軍備の建設に触れ、「国交の親疎に関係なく……関係諸国中最も優勢なる兵力をもって我が国と対抗し得べき国」を「仮に選んで」軍備の目標とすべきであると主張しています。

ここに本来国益中心であるべき国防方針に、予算獲得とか陸主海従といった「主導権争い」の夾雑物が混入しだしたのです。主敵の分裂は、行き着くところ必ず軍事戦略の分裂抗争を引き起こし、国家戦略の分裂抗争にまで発展します。とりわけ明治憲法下、陸海軍並列で統合システムの制度化やシビリアンコントロール制度が欠落していた帝国日本において、歴史の歯車はこの原則どおりに回転しました。対立する二つの舵を付けた巨艦日本は、その後三八年を経て破綻し、三〇〇万人の乗組員の生命を犠牲にして「戦艦大和」と同様に轟沈するのです。

さて現在の日本の文民統制や統合の「品質」は大丈夫でしょうか？

４．通商・経済戦略

（１）国内の経済環境

二つの危機、双子の赤字に苦しむ日本―正貨の危機と財政危機

日本は日露戦争以前から既に貿易赤字と財政赤字という「双子の赤字」に苦しめられていました。明治日本にとって「双子の赤字」はまるで持病のような慢性疾患でした。

しかも日露戦争の戦費は、日清戦争のおよそ一〇倍、約二〇億円と当時のＧＮＰに近い巨額に達しました。この巨額の戦費の調達は、当時の日本の経済力では大変難しく、所得税や営業税、各種の消費税の増税や特別税の新設などを工夫しましたが焼け石に水でした。さらに内国債の発行にも限度が出て、勢い外国債に頼った正貨の調達が不可欠になりました。この外国債は当時の政府歳入を上回る八億円の巨額となり内外の公債全体では一五・五億円に達して、当然ながら債券の利払いや戦後の償還は日本の国際収支を大きく悪化させました。この結果、正貨は大量に流失して正貨危機を招き、日本は金本位制の維持すら困

難な危機的状況に追い込まれて行くのです。

一方、日露戦後の「戦後経営」も財政悪化の大きな要因となりました。戦後の経済政策は、「積極財政」による経済成長を基本としたため、その財政規模は歳入七億円に対して歳出六億円の「七―六財政」となり戦前と比較して二～二・五倍と大きく急拡大したのです。そして拡大する軍事費や国債費、経済成長のための産業政策費、植民地経営経費などが財政を圧迫し、財政の方も危機的状況に追い込まれて行きます。ただ歳入における国債依存度は約一〇%で現在の日本よりましです。

(2) 対外経済の環境

貿易赤字の拡大―お得意さんはアメリカだった

さて先の第2章では日清戦争後の産業化政策や軍備の拡大政策の結果、機械設備や資材の輸入、艦艇や兵器の輸入が増加し、日本の貿易収支を悪化させたをお話ししました。そして、このトレンドは日露戦争後も変わらず、政府の軍拡の強化とりわけ八・八艦隊(戦艦八・巡洋艦八)整備計画など海軍軍備の大拡充に伴って艦船や兵器の輸入が増え、一方で経済成長路線が積極的に推進された結果、機械や資材の輸入が増大するなど、貿易収支は大きく輸入超過となって貿易依存度も実に三〇%に近づいて行きます。

また輸入においては、国産化できないエンジンなど先進的な精密機械や機械設備、化学製品や金属製品などが大きなシェアを占めるようになり出しました。いよいよ重工業化への歩みが始まったのです。

貿易の地域別のシェアでは、アジア貿易が増加して欧米と均衡して五〇%前後を占めるようになり、一次産品を輸入し軽工業品を輸出するという「先進国タイプ」の貿易構造が生まれ進行します。

一方、欧米貿易においては、輸出が原材料や半製品、輸入が機械や化学など先進製品が主体の「後進国タイプ」の貿易構造となっており、この二つのタイプの貿易構造が混在する状態は、中進国特有の「複合貿易構造」で、この構造は昭和前期まで長く続いて行きます。お隣の現代中国でもこの状態が長く続きました。なお欧米との貿易においては、欧州方面の貿易が日本の輸入超過（赤字）であるにもかかわらず、対米貿易の方は、輸出全体の三〇％を占める上に、日本の輸出超過（黒字）が続いて行きます。

まさに日本経済にとって米国は「お得意さん」で、貿易上は大きな比重を占めていたのです。

資本収支はなぜか黒字―中進国日本への投資が拡大した

日露戦後の国際収支の特色は、貿易赤字によって経常収支（貿易収支と貿易外収支）全体が赤字化しているにもかかわらず資本収支（直接・間接投資や借款・公社債の収支）が大幅黒字で国際収支（貿易収支や貿易外収支、資本収支など財・サービス・資本・援助の全取引の収支）そのものは一時期黒字化していたことでした。

この背景には、日露戦争の戦費八億円が外国債で賄われ、戦後も政府外債や民間の海外社債の発行が増加したこと、さらに外国企業による対日投資が増加して大量の海外資金が流入したことが挙げられます。

日本は維新以来四〇年、ようやく第一次資本輸入時代を迎えたのです。

こうした外資流入の背景には、一八九九年に不平等条約が改正されたことや、民法や商法など経済法令が整備されたことなどが日本市場への参入を容易にしたという事情つまり日本政府の努力がありました。

一八九九年以降の一〇年間に日本に進出した代表的な外国企業には、ロイヤルダッチシェル石油、ダンロップ社などがあり、兵器関連では、イギリスのアームストロング社などが日英合弁の日本製鋼を設立しています。また外国資本の大口の投資対象として、大阪ガス、東芝などが挙げられます。

しかしこうした多額の外資が流入した結果、日本の政府外債（債務）は第一次大戦勃発の一九一四年、ついにGNPの約四〇％、一七億円という巨額に達して大きな債務超過国となってしまいました。政府はその利払いに苦闘し、財政はますます悪化して正貨危機も益々深刻化して行きます。ただ、後述しますが幸いなことに日本には第一次大戦というまさに大正の天佑、「神風」が吹くのです。

（3）通商・経済戦略

日露戦後経営―経済成長戦略が不十分で経済危機に

日露戦後の経済政策は次の四つに集約されます。
①軍備の拡充、陸海軍工廠（兵器工場）の重工業化と兵器の国産化
②鉄道の国有化と大陸一貫の鉄道輸送体制の構築
③先進製鋼技術の導入と鉄・鋼一貫製造体制の確立
④治山、治水、社会インフラ整備など公共事業の推進（特に大都市のインフラ）
この四つですが、なかでも大きな問題点は、やはり一つ目の「軍備の拡充」でした。

日露戦以降、陸軍は四ヶ師団の増設、海軍は巨大な八・八艦隊の建設を目指して大規模な予算要求を繰り返します。歳出に占める軍事費のシェアは一九一〇年時点で約三〇％、国債費を含めると六〇％に近づいて、財政の余力や弾発力は大きく減少して産業政策や成長戦略が抑制されて行くのです。

この軍事費の増大によって、陸軍では大口径砲以下大砲・野砲について念願の国産体制が確立され、海軍でも一九一〇年に戦艦「薩摩」の国産化を達成し、日本の建艦技術はようやく世界水準に達します。

さらにこの時期、戦艦や巡洋艦など数万トンクラスの主力戦闘艦の建造は横須賀や呉の海軍工廠で行い、駆逐艦や水雷艇など数千万トンクラス以下の補助艦艇の建造は佐世保や舞鶴の工廠で建造する体制が整えられました。

このように陸海軍工廠の重工業化は、民間に先だって着々と進行して行ったのです。

経済政策の二つ目は、「鉄道の国有化」です。

鉄道の国有化は、経済と軍事の基盤となる基幹インフラとして軍部特に陸軍を中心に推進されました。一九〇六年、鉄道国有化法が制定され全国の主要な私鉄が政府によって買収され、国有鉄道の全国ネットが完成します。さらに一九〇六年以降は、朝鮮や満州、台湾の縦貫鉄道の建設も進んで、日清戦争直後に元老山縣が強調した日本と大陸を結ぶ縦貫鉄道が遂に完成しました。また政府が鉄道買収に支払った四億七千万円という巨額の政府資金は、その後重工業や電力事業に投資され産業振興の原資となりました。

経済政策の三つ目は、「鉄鋼業の高度化」です。

日清戦争の賠償金で設立された八幡製鉄所は、一九〇四年、苦心の末に高炉の操業を成功させます。続いて転炉や平炉による製鋼や圧延にも成功し、世界に先駆けて待望の鉄鋼一貫体制を確立するのです。ここに日本の重工業化の産業生産の基盤が確立しました。一方民間においても八幡の成功を機に住友、川崎、三菱など財閥系の企業が製鋼業に参入し、日本製鋼や日本鋼管などの会社が設立されます。

こうした民間の事業展開によって日本の鉄鋼の自給率は大きく向上し、この進歩を受けて日本の造船業や機械工業も発展を加速して行きます。造船業では、東京の石川島、三菱長崎、川崎神戸の造船所が中心となって一九一〇年、造船用の鋼材の国産化がほぼ達成されました。

また機械工業においては、鉄道用の蒸気機関車の生産が拡大し、一九〇六年の国産化率は五〇％を超えました。工作機械の分野では、まず陸海軍の工廠が国産化を達成し、民間においても旋盤の国産化が一九〇五年から始まりましたが、残念ながら原動機や電気機械など先進的機械製品の国産化は達成出来ませんでした。

これらの先進的機械製品が欧米の技術レベルに達するのは昭和前期、一部の製品は戦後期まで待たなければなりません。日本の重工業が重工業化率で欧米を抜き去るのは六五年後の一九七〇年以降です。

さてこの時期、日本は深刻な財政危機の状態に陥りつつありましたが、政府の「果断?な」積極財政政策の効果が現れ、国内経済の拡大と産業構造の転換が急速に進行していました。特に鉱工業の生産額は、一九〇〇年から大戦の始まった一四年の間に約二倍に増加しました。また造船業や機械工業の発展によって重化学工業化率も一六%から二四%にまで上昇し比較的早いスピードで重化学工業化が進展して行きました。そしてこの重工業化は第一次大戦の勃発で大きく加速されます。

経済政策の四つ目は、「公共事業の強化（特に大都市）」です。

日露戦後、日本の人口は五千万人に近づき、農村人口のウエイトは男子で四〇%を割り込みます。逆に二次産業人口は二五%、三次産業は三四%に達して都市化が進行し、大都市では電気、水道、ガス、治水、道路の拡張、電車の敷設など公共インフラの整備が重要な政策目標となって事業資金の調達が深刻な財政課題となっていました。折から貿易と財政の「双子の赤字」に苦しみ、とりわけ正貨準備の減少に苦悩する政府は、地方自治体に外債を発行させて外貨を調達させ、自治体には日本銀行券を供給して政府が外貨を引き取って外貨不足を補完するという「双方善しのアイデア」を発案したのです。

しかし事態はそう簡単には進みませんでした。

正貨危機と財政危機が切迫した

政府は日露戦争の戦費の調達以来、外債の発行で正貨を増強するというこの妙案を常用して正貨の流失を補完しました。そのため国の累積債務は一九一〇年、ＧＮＰの七割を超え、もはや外債の発行や借換が困難な状況になってしまったのです。これを警戒した外資の対日投資も急減して一九一〇年以降、国際収支、経常収支、国家財政の三分野において赤字が拡大し、いわゆる「三つ子の赤字」という危機的状況に陥ってしまいます。日本は深刻な正貨危機に直面し金本位制の維持すら困難な状況となって、国家財政の破綻が目前に迫って来ました。

さてこうした危機事態は多分に今日的で、平成日本の累積債務は当時とは比較にならない巨額ですが、当時も現在の日本と同様、事態の原因の一つに「成長戦略の不足・不十分」がありました。ただ後述しますが、危機一髪、日本は「神風」に助けられます。

不十分とは成長戦略の主眼である生産性がより高くて国際競争力に優れた「戦略産業の選択と育成」を怠ったこと、そして有力な「在来の後進産業の保護と育成、そして近代化」に注力しなかったことです。ＩＣＴとＡＩで遅れをとった平成日本によく似ています。

産業の寡占化と財閥（コンツェルン）の発展

松方デフレ後に花開いた「第一次企業ブーム」も終焉した一八九七年、日本はその後四年に渡る経済恐慌に襲われました。しかしこの恐慌をバネとして企業の合併や買収が始まり、成長産業分野を中心に「企業の集中」や「寡占化」、そして「企業の大規模化」が急速に進んで行きます。その代表は、紡績業、銀行業そして鉱山業の三分野でした。

紡績業では、一九〇〇年以降の一〇年間に中小の企業数が半減し、鐘紡、日清紡、東洋紡などの上位五社で綿糸生産額の七五%を独占するという寡占状態が現出しました（当時独禁法はありません）。

銀行業では、一九〇〇年以降の十数年で、二〇〇余行の中小銀行が淘汰され、上位十七行が預金総額の七五%を独占し、一九一二年時点では三井、住友、安田、三菱など財閥系の五大銀行が預金総額の二五%、貸出総額の二〇%を独占しています。

鉱山業では、機械設備への初期投資が巨額になることから、やはり三井、三菱、住友など財閥系の企業による独占が進行しました。石炭業界では、三井、三菱を中心に麻生、古河、明治などの地方の中小財閥が、九州や北海道の炭坑を買収して集中化し、寡占化が進行しました。また産銅業では、住友、古河、久原（日産の前身）など大中の財閥系企業が産出量の五〇%を独占します。

こうした寡占化の中心になった財閥は、一九八〇年代後半の第一次企業ブーム頃から現れ始め、「財閥」という用語は日露戦争（一九〇四年）の前ごろから使用され始めたと言われています。

財閥の母体は、三井や住友に代表される江戸期の大商人（大商家）で、「財閥」とは、こうした大商家の家族や同族が出資する持ち株会社（ホールディングス）を頂点とし、多くの産業分野で既に寡占化した多数の系列会社を傘下に置き、多分野で多角的な経営を展開する複合企業（コングロマリット）のことを言います。この財閥の多角性は、日本独自の「総合商社」と並んで戦前の日本経営の大きな特色であり欧米にはなかった経営形態です。当然、所有（私）と経営（公）は分離されます。

日本の財閥の種類・グループには、三井、三菱、住友、安田の四大（総合）財閥、川崎、古河、浅野、藤田などの中小財閥、茂木（醤油）、麻生（石炭）、中野（石油）など特定産業に特化した地方財閥、昭和電工、日本窒素、日本曹達などの新興財閥などがありました。戦前の日本の産業は、これら大小の財閥によって牽引され、財閥は戦前の日本産業史上大きな役割を果たしたのです。

第４章

ベルサイユ・ワシントン体制下の日本の国家戦略
―一九二七年の恐慌まで

1．第一次大戦後の国際環境

☆キーワードは、「アメリカの対日攻勢」、「日本の反発」、「国際連盟時代の幕開け」の三つです。

日米対立の深化―アメリカの対日攻勢始まる

一九一八年一一月、世界大戦は終結し、ドイツやオーストリアそしてロシアの帝政は崩壊してベルサイユでの講和会議において国際連盟が成立しました。国際協調時代の幕開けです。

しかし一九二〇年、米国は日本に狙いを定めた東アジア太平洋政策を実現するため、日米英仏伊の五大国による軍備制限と極東問題を討議するワシントン会議を提案してきました。当時列国との協調外交を外交の基本路線としていた日本はやむなく会議参加を受け入れましたが、米国の真意はこの会議を利用して、日本の拡張的な大陸政策や軍事政策を抑制することにあったのです。

会議はまず海軍の軍縮について議論し、日本は海軍軍備に関して「対米六割」という不平等かつ厳しい制限を課した五国条約を不本意の内に受諾させられました。次いで米国は、太平洋における島嶼（フィリピン・グアム・南洋諸島）の占有権の現状維持を決めた四国条約（日米英仏）を提案し、日本はこれも受け入れさせられます。四国条約は、太平洋の安全保障と引き換えに日英同盟の破棄を要求するもので、米国は日英同盟を解消させて日本の外交力を削ぎ、日本を孤立化の方向に誘導しようとします。さらに会議は中国問題をも討議し、中国の主権の尊重などジョン・ヘイの三原則を基礎にした五大国を含む九カ国条約が成立して、日本の中国政策や太平洋戦略は大きな制限を受けることになりました。そして日本からの利権回収を狙って本会議に参加した中国は米国の強力な支持を背景に山東省の利権回収に成功するのです。しかし日本の協調路線を逆用したともいえる米国の対日攻勢の成功は、日本の官民を大いに刺激して、会議の直後から日本の軍部や世論の反米感情は昂揚し、二五年後の日米戦争の大きな遠因となってしまいました。

一方幕末明治以来、日本の主敵であったロシアは一九一七年の革命後、国内での内戦や混乱が続いていました。一九一八年、日本はシベリアに孤立したチェコ軍救援に関する欧米の要請にもとづいてシベリアに出兵します。しかしロシアの共産化に危機感を抱いた日本は、当初の目的達成後も東部シベリアの分離独立と満州化を画策して四年間単独駐兵を続け、反革命勢力を支援したのです。しかし共産軍の抵抗と広大なシベリアの安定確保に失敗し、内外世論の厳しい非難のなか一九二二年完全撤兵します。そしてこの出兵もまた、日本の拡張政策に疑問を抱く米国の対日不信感をさらに増幅させる結果となりました。

（1）日米関係

四国借款問題―アメリカ第一の対日攻勢とは

第一次大戦は、一九一八年十一月に終結しましたが、この間日本は中国本土や南洋そしてシベリアに大きくその勢力を拡大して、米英の不安は極東に移りました。特にアメリカはジョン・ヘイの三原則を基本原則として押し立て、日本の中国本土進出の抑制に乗り出したのです。

すでに日本は寺内内閣（一九一七年）の当時から西原借款を中心に、中国に対して大規模な資本輸出を推進し、中国における独占的な利権の拡大に成功していました。これに対して米国ウイルソン政権の国務長官ランシングは、中国における米国の経済活動を促進するには「日本の独占的な投資活動を阻止することによってのみ可能である」とし、一九一九年、日米英仏の四国による国際借款団（共同投資機関）の結成を提案してきました。

そのポイントは、中国の過去と未来の対外借款を借款団の「共同事業」として統合し、各国の借款を一本化して投資の安全を図ること、そして何よりも共同事業化することで日本の独占を阻止することに真の狙いがあったのです。勿論日本が多くの利権を有する満蒙地域も事業の範囲に含まれていました。

これがアメリカ第一の「対日攻勢」です。

当然原敬政友会内閣（一九一八年成立）は、日本が条約で認められた特殊権益を有する満蒙地域の一切の権利のみは共同事業の対象範囲からはずすことを強く要求しました。この満蒙除外論は再三にわたり米国から強硬に拒否されます。しかし一九二〇年三月、ついに「包括的な特殊利益」という形ではなく、「個々の利権ごと」にその適用除外を認めさせることに成功しました。

ベルサイユ講和会議―アメリカ第二の対日攻勢とは

アメリカ第二の対日攻勢は、一九一九年一月、ベルサイユ講和会議において開始されました。アメリカの目標は二つです。

①大戦間、山東省において日本がドイツから獲得した各種権益を「中国に返還」させること。

②日本が占領した赤道以北のドイツ領南洋諸島をスイスのような中立国に委任統治させ、軍港や飛行場などの軍事基地の建設を禁止するなど日本に「島嶼の軍事利用をさせない」こと。

まさに現代中国の南シナ海問題を想像させる内容ですが、とりわけ山東省の利権問題は日中間の最大の課題であり、ジョン・ヘイの三原則に固執するウイルソン米大統領にとっても大きな命題でした。

ウイルソンは一九一八年、新たに十四条からなる戦後構想を発表して新しい国際秩序の形成を目指します。このウイルソン構想の基調は「国際協調」であり、帝国主義的な競争や拡張の否定でした。

彼は、世界の資本主義の順調な発展には国際平和が必要かつ基本的な前提条件であると考えました。世界的な分業システムにおける門戸開放や自由貿易主義こそが世界経済を発展させ、世界的な経済の相互依存関係をつくり出し、これが戦争の抑止に繋がると信じたのです。まことに妥当な経済判断です。

ウイルソンは、構想を実現するための国際システムとして国際連盟の創設こそが講和会議最大の命題と考えました。従ってウイルソンの全く新しい外交原則からすれば、日本の旧来の帝国主義的な覇権政策は、アメリカの国益のみならず世界の資本主義の健全な発展にとっても挑戦的な行為と写ったのです。

一九一九年四月、国務長官ランシングは、日米英仏伊の五カ国会議を創設して、この会議に日本の山東権益を委譲し、その処分は五大国が行うという日本抑制の提案をしてきました。しかし日本は既に大戦間、英仏露伊の四国と秘密協定を結んで日本の山東利権承認の約束を取り付けるなど様々な手を打ってきてい

国家戦略で読み解く日本近現代史

令和の時代の日本人への教訓

黒川雄三著　本体 2,700円【9月新刊】

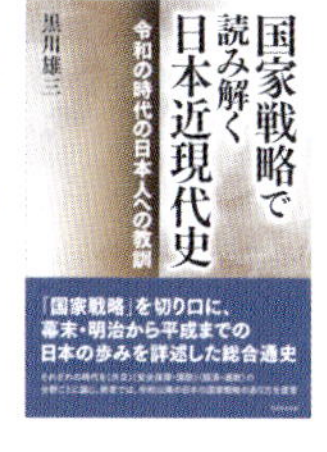

「国家戦略」を切り口に、幕末・明治から平成までの日本の歩みを詳述した総合通史。それぞれの時代を〈外交〉〈安全保障・国防〉〈経済・通商〉の分野ごとに論じ、終章では、令和以降の日本の国家戦略のあり方を提言。

近代国家日本の光芒

「坂の上の雲」流れる果てに

森本 繁著　本体 2,300円【8月新刊】

昭和の全時代をフルに生きた著者だから書ける同時代史。「不況と戦争」の昭和前半……日本は何を間違えたのか。「復興と平和」の昭和後半、そして平成……日本が国力回復とともに失った大事なものとは。先人たちへの敬意を語り継ぐ教育、そして日本の伝統文化の美風の復活を強く訴える。

非凡なる凡人将軍下村 定

最後の陸軍大臣の葛藤

篠原昌人著　本体 2,000円【7月新刊】

“帝国陸軍の骨を拾った”最後の陸相下村 定(さだむ)の初めての評伝。昭和20年の帝国議会で、陸軍の政治干渉を糾弾し、“火元は陸軍”とその責任を認めて国民に謝罪し、「陸軍解体」という大仕事をやり遂げた人物の青春期から巣鴨拘置所収監、そして交通事故死するまでの半生を描く。

芙蓉書房出版
〒113-0033
東京都文京区本郷3-3-13
http://www.fuyoshobo.co.jp
TEL. 03-3813-4466
FAX. 03-3813-4615

ました。こうした秘密協定を背景に勝算ありと考えていた日本は、山東の利権の要求が通らなければ、日本は国際連盟に参加できないと強硬な圧力を掛けてアメリカに対抗しました。連盟創設を最大の目的とするウイルソンはついに日本と妥協し、ここに山東問題は日本の要求通りに解決されました。

一方、旧ドイツ南洋諸島領有問題についても、アメリカは真っ向から日本に反対しました。南洋諸島の日本領有を認めることは、ウイルソンの十四原則の一つである「民族自決の原則」に反することであり、その上、南洋諸島を日本が軍事基地化することになれば、現代中国の第二列島線と同様に、ハワイや米領グアム、フィリピンのみならず、西太平洋における米海軍の行動を著しく妨害するものと考えたのです。しかし日本と秘密協定を結んでいる英仏はここでも日本支持にまわり、またもやウイルソンは妥協を強いられました。植民地大帝国である英仏はウイルソンの原則に必ずしも全面的賛成ではなかったのです。

こうして、アメリカの第二の対日攻勢は完全に日本の勝利に終わったかのように見えました。しかしアメリカは一九二一年一〇月、再びワシントン会議という第三の対日攻勢を執拗に開始するのです。

ワシントン軍縮会議―アメリカ第三の対日攻勢

このウイルソン構想の基調は「国際協調」であり、旧来の帝国主義的な競争や拡張の否定でした。ワシントン軍縮会議は、アメリカの呼びかけにより、一九二一年から二二年にかけ、日米英仏伊など五大国の他、中・蘭・ベルギーなど九カ国が参加して開催されました。アメリカの対日攻勢の狙いは、①日本の海軍拡張の制限、②中国における日本の優越の排除、③日英同盟の廃棄、この三つでした。

ただ①の海軍軍縮の背景には、当時アメリカ議会で高まりつつあった軍縮への強い要求がありました。第一次大戦期以降の列強の軍拡競争には実に激しいものがあって、特にアメリカ海軍は将来の日米対立を予想して強大な海軍拡張を計画していました。なかでも一九一六年に成立した海軍法案では、「戦艦一〇隻、巡洋艦六隻」を基幹とする八一万トンという日本の二倍以上の大規模な拡張計画で、これには日本海軍のみならず英国海軍も大きな衝撃を受けたのです。さすがにアメリカ上院や国務長官ヒューズも「経済復興をもたらすためにはまず軍拡競争に終止符をうたねばならない」と宣言したほどです。日本もまた八・八艦隊を計画してこれに対抗しますが、一九一七年以降五年間の軍事費は、歳出の四〇%を越え、米英でも二〇%を越えるという異常な状態でした。まさに現代米・中の軍拡競争です。

こうした事情を背景にアメリカは、日本の膨張に狙いを定めつつ海軍軍備の制限を提案してきたのです。会議は冒頭から日本に対する爆弾提案から始まりました。米国の主席全権ヒューズは、今後一〇間に渡って主力艦の建造を中止すると共に、米英日の建艦比率を五対五対三にするという爆弾提案をしてきたのです。英国がこの提案に賛成するのは当然で、会議の成否はもっぱら日本側の態度にかかっていました。

日本政府の専門委員で「艦隊派の雄」と呼ばれた加藤寛治海軍中将はこの不平等提案に著しく憤慨し反発しますが、最終的に譲れる妥協案として、日本海軍の軍備理論である「対米七割戦備論」を強硬に主張します。しかしアメリカはこれを全く受け入れず、決断は主席全権である加藤友三郎海軍大臣に委ねられました。海軍きっての合理主義者とされ、政治的視野の確かさでは定評のある加藤友三郎（後の総理大臣、日本海海戦の参謀長）は本来、対米戦など不可能と考える対米戦回避論者であり、日本の財政事情からもここは六割程度で我慢すべきで他日を期すべきと判断しました。

ただし加藤は、受入れの条件としてハワイを除くフィリピンやグアム、ウエーキなど太平洋のアメリカ領島嶼の軍事基地化の凍結を提案し、日本への脅威の除去を図りました。しかしアメリカは既に世論の圧力でこれら諸島の基地化を断念しており、結果として外交的にはアメリカ側の勝利となったのです。

ワシントン会議第二の命題、アメリカの日本に対する目標は中国問題でした。アメリカの狙いは、ジョン・ヘイの三原則、すなわち中国の領土保全、門戸開放、機会均等を日本に約束させ、二十一カ条の要求など日本の優越的な地位を排除し、アメリカの中国進出体制を確立することにあり、これを「ルート四原則」という形で日本にぶつけてきました。アメリカは、山東省の利権を含めて、日本の中国利権の放棄を強く要求したのです。

しかし日本側は、これらの利権は条約にもとづく権利であり、外交の継続性の原則からもその国際法的な正当性があることを強く主張しました。しかし米中両国とも強硬に譲らず、遂に日本は、二十一カ条第五号の撤回や山東省のドイツ利権など多くの利権を放棄もしくは返還したのです。

こうした経過を経て、ルート四原則とヒューズ決議案は「中国に関する九カ国条約」として成立しました。日本の完敗でした。現在の米中対立を彷彿とさせる内容です。

アメリカ第三の命題である日英同盟の廃棄については、太平洋の島嶼問題とからめて審議されました。日英同盟の軍事的価値は、ロシア革命やドイツの敗北によって既にその大部分が失われていましたが、オーストラリアやニュージーランドなどは日本の侵略を抑止するため同盟の継続を強く要求していました。しかし既にアメリカから同盟廃棄の働きかけを受けていたイギリスは、日英同盟を太平洋の自治領の保全問題とからめ、太平洋に属地を有する米・英・日・仏の四国を巻き込んだ集団安全保障体制の構築と引き換えに日英同盟を廃棄する「四国の安全保障条約」を提案し、これを成立させたのです。

こうしてアメリカは、「太平洋諸島の権利尊重」を謳った本条約によって、フィリピンやグアムの安全保障を確保した上に、一九〇二年以来二〇年も継続し日本躍進の原動力ともなった日英同盟の廃棄に成功し、日本を外交的な孤立化に追い込んだのでした。

さらに日本はこの会議において、シベリア出兵問題の解決も迫られました。

日本は一九一八年八月、七万を越える大軍をシベリアに派兵しましたが、アメリカは常に日本の領土的野心を疑って非難を繰り返し、その抑制に努めてきました。日本は遂にこのアメリカの圧力に屈し、本会議において、ロシアの内政への不干渉、ロシア領内の門戸開放、そしてロシアからの全面撤退の要求を受け入れたのです。こうして日本はアメリカの執拗かつしたたかに計算された外交によって、五カ国条約、九カ国条約、四カ国条約、そしてシベリア撤兵と四つの譲歩を迫られました。アメリカの国益と対立する拡張的な新興国を外交的・軍事的に追い詰めていくこの覇権国的な手法は、過去の日米貿易摩擦問題や今日の米中の激しい覇権対立、そしてイラン制裁を観るとき、依然として継承されているように思えます。

ワシントン会議・米外交への大反発―日米戦争の導火線が形成された

さてアメリカに強要された多くの譲歩は日本の世論を大きく刺激し、軍部とりわけ海軍の対米不信、反米感情は根深いものとなって、アメリカ脅威論や対米必戦論が形成されていきます。

この対米不信は、直後の一九二三年に改訂された「帝国国防方針」の策定において、「対米戦必死」と明記させ、米国を「国防上最重視すべき」想定敵国の第一位に躍進させました。さらに対米作戦計画を、用兵綱領（陸海軍全般作戦計画）の冒頭に記述させることにもなりました。当時の原内閣やこれに続く政党内閣は対米協調の外交路線を継続したわけですから、軍部は政府とは乖離（かいり）した国家戦略を考え軍事戦略を遂行していくという二元政略が展開されることになります。そして「帝国国防方針」が国家最高の「軍事的意志」であることから、陸海軍という巨大な軍事組織はこの後、自ら定めた「軍事意志」に従って行動していきます。まさにアメリカに強要された多くの譲歩が、軍部の激しい敵意を増幅させ、その後の満州事変や国際連盟離脱、そして日中戦争や太平洋戦争への導火線となったのです。

2. 外交戦略

☆キーワードは、「国際協調」、「満蒙権益の維持」の二つです。

国際協調時代の幕開け―対米・対中協調時代

第一次大戦末期の一九一八年九月、寺内内閣の後を受け、憲政史上初めての政党内閣である原敬内閣が登場しました。元外務官僚の原は、戦後の新情勢に対する外交方針を打ち出し、外交の重点を①国際協調とりわけ米国との協調、②中国政策の改革、中国との協調、この二つに置きました。

原は就任前の欧米視察を通して米国の実力を深刻に認識していました。原の対米認識は一九一九年三月、対中国の四国借款団結成のため来日したシカゴ銀行のアポット副総裁との会談で明瞭に現れています。原は、「日米両国が最も親善なる関係を保ち共同していくことは、政治上経済上いずれの点より観察するも最も必要なること」と日米協調方針を強調し、「自分はこの方針をもって支那、シベリア問題を解決しおるものなり」と述べて、中国やロシア政策においても対米協調を基本とすることを明言しています。

また中国政策に関しては、

「そもそも支那において最も緊要なる問題は、まず第一に南北両派の妥協を図り、統一ある政府を建設するにあり。是れ支那の財政制度の改善を図る前にまず以て着手せざるべからざる最大の急務なりとす」

と述べて、中国政策の第一は「南北両派の統一」であり、第二が「財政制度の改善」であるとしました。

また外交通の原は、当時深刻な財政危機に陥っていた中国に関して「支那財政機関の改善につき、各国相当干渉して援助を与えざる限りは、支那人自身進んで財政を改善すべきはおぼつかなき儀と思われる」とも主張して、日本の投資の独占を否定し、米国が主導する四国共同の投資活動（四国借款団）を容認しています。

原 敬

このように原は、中国政策を日本の独占から列国との協調に転換しました。しかし原は満蒙や中国に関する既得権益までをも否定し放棄した訳では決してなく、原の言う協調とはあくまで「将来の中国政策に関しての協調」という意味だったのです。

事実、ベルサイユ会議直前、原内閣が決定した「講和会議大使への訓令案」の第一は、山東省のドイツ権益の日本への譲渡を列国に認めさせることに置かれていました。これに対して中国全権団とりわけ「ヤングチャイナ」と呼ばれた若手官僚達が、ウイルソンの十四原則を押し立てて、山東利権や二十一カ条の要求の撤回を要求してきましたが、原は列国と事前に結ばれた秘密協定をタテにこれをはねつけます。

さらに原は、一九一九年九月「中国財政援助の件」を閣議決定し、財政悪化に苦しむ中国政府に継続的な財政支援を行うことを取り決めます。勿論援助の狙いは、政権へのテコ入れによって中国の統一を促進し、日本の既得権益を承認させ、反日運動を取り締まらせることにありました。

このように大戦前後の日本の大陸政策（第３期）の特色は、列国との協調のもと中国の統一を支持しつつ、日本が有する条約上の既得権をいかに確保していくかが最大のテーマだったのです。

既得権益確保の努力はさらに続きます。

四国借款団と大陸政策―国際協調下での権益確保

すでに前節でお話ししたように、一九一九年、米国は四国借款団の対象事業に、中国本土の事業のみならず満蒙における事業をも借款団の共同事業に含めることを主張しました。当然日本は猛反発し、日本が特殊利益を有する満蒙における権益を共同事業の対象から外すことを強硬に要求します。しかし米英の抵抗は執拗で、日本もまた満蒙利権は国益や国防上の観点から決して譲れないバイタルな特殊権益、死活的な国益であるとして、この後一年間に渡って激しい応酬が続きました。

その結果、イギリスの仲介もあって満鉄およびその支線、付帯事業である鉱山を始め、満州における主要鉄道線などの個別の案件については共同事業からの除外がやっと認められたのです。取り敢えず日本の辛勝となりました。

しかし中国情勢に大変化が起こります。一九二〇年七月、南北政権の統一問題に関して北京政府内部で対立が激化し、ついに馮玉祥（ふうぎょくしょう）大総統の直隷派と段祺瑞総理の安徽派との間で第一次安直戦争が始まり、その上この戦争に満州軍閥の馬賊の張作霖が直隷派に加わったことから、中国北部は三つの軍閥による八年に及ぶ大動乱・内戦の時代（一九二〇～二八年）を迎えます。この結果、アメリカを始め各国の資本は動乱の中国を避けて日本やヨーロッパに流れ、四国借款団は暗礁に乗り上げてしまったのです。

こうした情勢を受けて日本は一九二一年、「満蒙に関する政策」を閣議決定しました。政策は、「国防上、経済的生存上の二つの国益を主眼に、満蒙に我が勢力を扶植することこそ、我が満蒙政策の根本なり」を大陸政策の基本とし、政策実行に際しては列国の了解を基礎として、次の三つの方針で推進することを定めました。

①満蒙における既得権益の活用と、国防上、経済生存上に必要な利権の獲得に努めること。

②既得権益の活用に際しては、借款国（米英仏）との関係で制限を受ける覚悟をすること。
③借款国との協調、中国の門戸開放、機会均等などを考慮し、日本の独占に走らないこと。
このように日本政府は、満蒙における既得権益の確保を最優先にすると同時に、列国や中国との協調や配慮を強調して、列国に日本権益の正当性を再確認させることを重点としている点が、この時期（第3期）の大陸政策の大きな特色となっています。

3．安全保障・国防戦略

☆キーワードは、「総力戦・持久戦」、「短期決戦」、「対米必戦」の三つです。

（1）安保・国防環境の大変化

戦争の様相が大きく変わった―総力戦・持久戦をめぐる軍部内の対立

第一次大戦は人類史上最大の規模で戦われました。約七千万人が参戦し戦死傷者は三千八百万人という空前絶後の大規模なもので、戦争期間も四年四カ月の長期に及んで、国家間戦争が従来の武力戦から総力戦、長期持久戦に変化したことを明確に示していました。戦車や航空機、化学兵器や装甲自動車など多くの近代科学兵器が登場したのもこの戦争です。しかし人類はこれでも懲りませんでした。

この大戦は日本を始め列強の国防政策に多くの教訓を残して終結しましたが、大戦後のベルサイユ、ワシントン会議を契機に日米は軍事的な対立関係を深め、軍部とりわけ日本海軍にとってアメリカは単なる軍備標準国や目標国家に止まらず、「想定敵国」としての色彩を強めるようになりつつありました。

海軍部内の対立―長期持久戦か対米英・短期決戦か

一九二〇年、日本海軍はアメリカ海軍の「対日渡洋作戦」という極秘文書を入手し、有事アメリカ艦隊が日本近海でシーレーン作戦を実行して日本の経済封鎖を計画し、そのため米海軍にとっては一〇対七以上の優勢比率が必要で、日本の海軍力を対米六割に押さえようとしているという記述を発見しました。海軍部内では、このアメリカの攻勢企図をどのように位置付け、どう対処するか、同時に総力戦や持久戦のトレンドのなか、総合国力で圧倒的な米国といかに戦うか、対米六割という厳しい制約の中でいかに軍事力を整備するか、海軍部内の議論は対立し、対立は軍事戦略の分裂にまで発展します。

この対立の一方は、総力戦の準備には国家諸力の総合的な整備が前提であるが、日本の国力、財政から、当面は平時の兵力を国力相応に整備するに止め、先ずは国力の培養拡大に努力を傾注し、有事に際して必要な戦力を急速に拡大できる軍事産業の基盤を整備すべきである、とする「総力戦・長期戦派」です。これはまさに昭和五一年（一九七六）の防衛計画の大綱に示された「基盤的防衛力」の考え方です。

対立のもう一方は、日本は国力に限界があるからこそ、米国の戦備の拡大が不充分な戦争初期こそが戦勝獲得の絶好期、最大のチャンスであり、このため平時から十分な戦力を保有し、開戦初期に主力同士の決戦を追求することこそ最大の勝ち目であるとする「短期決戦派」でした。そしてこの思想の延長に日米開戦劈頭（へきとう）に行われた真珠湾攻撃があったのです。そして二一世紀型の戦争もこれに近いタイプです。

総力戦・長期戦派の代表は、海軍第一の実力者として君臨し、政治的視野では定評のある時の海軍大臣加藤友三郎を中心とする軍政（国防政策・予算担当）畑のキャリア士官達でした。このグループは政治との接点が多く、日本の国力の実態を知るがゆえに、当然米国との戦争には反対であり、当時の政府が推進していた対米協調の外交方針にも協調的でした。

一方、短期決戦派の代表は、日米開戦の原点ともいえる「大正十二年国防方針」策定の主役であり、後の連合艦隊司令長官として猛訓練の伝統を作り上げた加藤寛治海軍中将を中心とする軍令（作戦・戦略担当）畑のエリート達でした。このグループは政治との接点が少なく、勢い軍事作戦を最優先して考える傾向が強く、特に加藤中将は第一次大戦から総力戦派とは対立する二つの戦訓を導き出していたのです。

その第一は、米国のような巨富と偉大なる資源と工業力を持つ国は、開戦後、余りある軍備を迅速に整えることが出きる。従って平時は、日本と同等程度の軍備を持てば十分である。しかし日本のような資源も工業力も劣る国は有事の軍備の拡大能力には限界があり、平時から強力な軍備を整えておくことこそが戦勝の決め手である、としました。

第二に、第一次大戦最大の教訓は、緒戦において強力かつ積極的な攻勢、すなわち早期決戦を追求しなければ資源小国日本は、必ず最も不利な持久戦や消耗戦に巻き込まれてしまうという戦訓でした。

しかしこの短期決戦思想は、果てしない軍拡の経済リスクと、短期決戦が成立しない場合の軍事リスクを併せ持っていました。事実当時の海軍予算は、政府歳出の三割を占め、八・八艦隊（戦艦八隻、巡洋艦八隻）の経常費だけでも海軍予算の大部分を占めるという有様でした。総力戦派の加藤海相は、財政を破綻に導く軍拡競争に早く見切りをつけたいと考えており、ワシントンの軍縮海軍をチャンスと捉え、対米六割の建艦比率を太平洋諸島の軍備制限と抱き合わせて受諾したのです。

一方、短期決戦派の加藤寛治中将は、対米六割を国家の軍事平等権を侵害するものとし、「これの受諾は米国支配への屈服であり許し難い、他日必ず米国に報復する」とし、条約締結時、涙を流して悲憤慷慨したと言います。このように大戦後深刻化する日米対立のなかで、米国とりわけ米海軍を国防上どう位置づけるか、米国に対する軍事戦略の基本方針をどのように構築するか、大戦に観られる戦争の大変化にどう対応するか、こうした問題が国防上最大のテーマとなり、一九二三年の「国防方針改訂」への動きとなっていくのです。こうして国防方針改訂の動きが表面化しますが、当時海軍の主流は総力戦派にありました。総力戦派の加藤海相（後の総理大臣）は文字どおり海軍随一の実力者であり、短期決戦派の加藤中将も頭が上がらず、その短期決戦思想もなかなか海軍の主流とはなり得ませんでした。

しかし一九二二年、加藤中将が軍令部次長に昇進したことで事態が一変します。もともと国防方針の策定は、明治憲法十一条の統帥権そのもので、まず海軍軍令部と陸軍参謀本部が相互に調整しつつ独占的に策定し、その後陸海軍大臣や総理大臣に主として予算面での意見を求めます。ただし「軍事戦略面での介入は認めない」という策定システムが明治四十年の初度制定以来確立されていました。

加藤次長はこれを逆手にとったのです。しかも初度制定はもっぱら陸軍参謀本部からの提議でしたが、今回は海軍軍令部側が主導権をとって策定を計画しました。しかも加藤次長は一九二三年、短期決戦思想を基本にした「新国防方針」を策定して先に陸軍と合意し、合意後に初めて当時総理大臣と海軍大臣を兼務していた加藤友三郎に提示して、意見のみで修正を認めず、その不本意な同意を取り付けることに成功したのです。さらに軍令部が対米必戦を構想した「用兵綱領（作戦計画）」に至っては統帥事項であるとして閲覧のみに止め、海相の意見すら求めませんでした。

時の総理大臣が、元海軍軍人であるにもかかわらず統帥部の独走を承知の上で、短期決戦派の戦略理論を強行したのです。まさに統帥権独立の弊害が見事に現れた、独善的で危険な意志決定でした。

陸軍部内の対立―対米英・長期持久戦か短期決戦か

海軍と同様陸軍にも、総力戦・持久戦重視の「軍政改革派」と短期決戦重視の「現状維持派」の対立がありました。

軍政改革派の中心は、後の総理大臣田中義一陸軍大臣と大正末期の宇垣軍縮で知られる宇垣一成陸軍中将で、こちらも海軍同様に軍政畑（予算・政策）のエリートでした。宇垣は大戦の教訓から、多数の新兵器が使用され火力戦（大量の砲爆撃）が主体の戦争は、従来の運動戦を困難にし、国家の全力を挙げた持久戦に陥る傾向が強い、特に日本が敵とする大国に対して短期決戦で勝利を獲得するのは大変難しい、従ってこの際は長期戦に備えて「国家総動員の態勢を造り上げる」ことが先決であると考えました。

宇垣は資源の乏しい日本の国情から、まずは国力に応じた規模の精鋭なる常備軍を保有し、有事には敵（米英）が大規模な軍拡をする前に敵の東アジアにおける拠点（フィリピン、グアム、香港）を覆滅し、日本が必要とする資源地域（東南アジア）を占領して長期戦の態勢を造りあげ、これで総力戦を戦い抜くといった、開戦初頭の攻勢作戦と長期戦とを結合した総力戦態勢を構想したのです。これはまさに二〇年後の太平洋戦争の戦争戦略そのものでした。

そしてこの構想を実現するには、国家資源を傾注して産業経済の振興と国力の増進を図ることが大前提であり、このため常備軍は、まず質の向上を重視して徹底した近代化を行い、しかし財政上の制約からその量は最小限に押さえ、全般において敵に劣勢であっても、局部的な戦闘での戦果を累積させ、この累積をもって戦勝を獲得する、これが宇垣の主張する弱者の戦略理論でした。

宇垣一成

一方、現状維持派の中心は、上原勇作参謀総長や田中国重第二部長など軍令系統の参謀達でした。代表格の田中少将によれば、日本は有事の自給自足能力が無いため、列強のように長期戦に耐え得る力がない、従って短期戦争を我が国策とする必要がある、そしてこの短期戦を遂行するためには開戦当初の会戦において、なし得る限りの多数の野戦軍を集中し一挙に敵に大打撃を与えることが重要であり、そのためには平時から多数の常設師団を整備することが必要であるというものでした。

さらにこの両派には、日米問題への取り組み、とりわけ対米観にも大きな開きがあったのです。

総力戦派の宇垣は、大海軍の建設はつまるところ世界政策を遂行することを意味し、米英仏蘭など世界を敵としかねず、日本は露中二国を敵とすることで済む程度の陸軍の建設に止めるべきである、また日本は米英二国の海軍力に対抗することすら困難であるので、この際米英を敵にまわす南進（東南アジア）を避け、少々実入りが少なくても実行容易な北進（満蒙）こそを追求すべきであるとしました。

一方現状維持派の田中少将は、ワシントン軍縮会議に陸軍委員として参加し、成立した軍縮条約を「帝国有史以来の大国辱」と評するとともに、米国の野心は太平洋の覇権のみならず、極東に覇を唱えることも遠い未来の話ではないと断言しています。さらに、今後米英による世界支配（新国際秩序の構築）の強化が予想され、日本に対する米国の真意も中国本土のみならず満州からも日本を駆逐することにあるとし、米国の外交政策を厳しく警戒し警告しています。

帝国国防方針策定の主務者である田中のこの認識は、陸軍参謀本部主流の認識であり、同時に対米必戦論や短期決戦論を唱える海軍軍令部の加藤次長など海軍主流派とも多くの共通点がありました。この陸海両統帥部の主務者同士の思想上の共通点は、国防方針の改訂が「対米必戦」と「短期決戦＝大軍拡」の戦略理論で押し切られるという結果を招くこととなったのです。その意味で大正十二年（一九二三）の国防方針の改訂こそが、日米開戦への軍事上のスタートとなりました。

（2）帝国国防方針

大正十二年（一九二三）に制定（改訂）された帝国国防方針は五節からなり、①国防の本義、②国防の方針、③情勢判断、④想定敵国別の脅威度の判断、⑤要約の順で構成されています。

国防の本義―国是や国家戦略（基本政策）を記述せず

「一、帝国国防の本義は、帝国の自主独立を保障し、国利国権を擁護し、帝国の国策（基本国策・国家戦略）に順応して国家の発展と国民の福祉増進を図るにあり」

従来の国防方針は、まず国是から始まり、国家目標、国家戦略、そして国防方針という順序で記載されていました。初度制定（一九〇七年）の国防方針では、開国進取の国是のもと、国権の拡張や国利民福という国家目標、北進や南進という国家戦略・基本国策が具体的に記述され「国防はこの国是に基づく政策（基本政策・国家戦略）に伴いて企画せざるべからず」という理念が強調され、この理念のもとに政戦略の一致が強調されていました。しかし今回の方針においては、国是や国家戦略に関する記述が省略され「国防の本義」というタイトルで抽象的にまとめ上げられたのです。

「国防の本義」とは、国防本来の意義すなわち国防の目的や目標、役割や機能という意味で、本方針では「自主独立の保障」「国利国権（国益）の擁護」「国家の発展」「国民の福祉増進」という国家目標的な表現で国防の目的や役割を表しました。いわゆる原則論、それも抽象的な記述のみに止めたのです。前国防方針に見られる「北進（満蒙）や南進（南方）」といった国家戦略的な表現は一切回避しました。

この国家戦略については、すでに一九一八年の原敬内閣から二二年の加藤友三郎内閣に至るまで、時の内閣は、中国における既得権益の確保を根本としつつも対米協調や中国に対する穏健政策を基本として推進してきました。すなわち「北守」「南守」ともいえる穏健な守勢の外交・安保戦略がこの時期の全般的な国家戦略すなわち政略であり基本国策であったのです。しかし本国防方針の策定を担当したのが、対米必戦の立場を採る加藤寛治軍令部次長や田中国重参謀本部部長を中心とする短期決戦派であってみれば、この守勢、穏健な国家戦略の記載では、第一節に続く情勢判断や脅威判断における「対米必戦」との整合性がとれない、こうした理由から本国防方針においては国家戦略（基本国策）の具体的な記述を回避したと言われています。

帝国国防方針―主敵を米国に設定した

第二節の国防方針は次のとおり抽象的な表現です。

「二、帝国国防の方針は、国際的な孤立を避け、帝国と衝突の機会最も多き外国（米国）に対して特に警戒を厳にし、敵国の統合を破り、与国との連盟を密にし、以て戦争の遂行を容易ならしむるに努め、一旦緩急あらば攻勢作戦を以て敵を帝国の領土外に撃破し、速やかに戦争の局を結ぶにあり……是と同時に海外物資の輸入を確実にして国民生活の安全を保障し、以て長期の戦争に堪ゆるの覚悟あるを要す」

本国防方針最大の特色は、主敵を米国と定めたことです。第二の特色は、与国との連盟、すなわち軍事同盟の必要性を初めて強調していることです。第三は、前方針と同様に、軍事戦略の基本すなわち軍事ドクトリンとして攻勢作戦、領土外において敵を撃破する前方防衛、そして短期・早期の決戦の三つを追求していることです。ただ近代戦争のトレンドが長期戦にあることから「長期の戦争に堪ゆるの覚悟あるを要す」として総力戦に対する原則論も一応記述しています。しかし総力戦や持久戦に対するこれ以上の具体的な記述が見あたりません。この具体策の欠落は戦争指導上の大問題でした。そして僅か一四年後の一九三七年に勃発した日中戦争から一九四五年の太平洋戦争の敗戦に至る八年戦争は、文字どおりの総力戦・持久戦で日本をジリジリと敗戦に追い込んでいったのです。

情勢判断―対米必戦を判断した

第三節の情勢判断においては、米国の加盟しない国際連盟や四国条約や九カ国条約の実効性に多くの疑問を呈するとともに、将来の戦争の原因は通商経済問題が中心となり、かつその焦点は東アジアになると予測しました。その上で、列強が角逐するこの地域で日本が最も衝突の機会が多い国として米国を上げたのです。この場合の衝突とは当然戦争を指しています。つまり日米戦争の可能性を最大と見積もったのです。しかも当時米国が日本の通商上最大の相手国であり、石油や鉄鋼、鉄屑などの原材料資源や投資資本において深い依存関係があるにもかかわらず「早晩帝国と衝突を引きおこすべきは蓋(けだ)し必死の勢い」と記述し、対米必戦を強い語調で警告しています。ここには歴代内閣が強調した対米協調や親善といった外交方針は一切見あたらないのです。あるのは陸海統帥部の、外交と乖離した激しい対米不信でした。

想定敵国別の脅威度の判断―米国は最大の脅威だ

第四節の脅威度の判断においても、米国を第一、共産ロシアを第二位、中国を第三位としました。米国についてはその国力を背景に経済的な侵略政策を遂行し、特にその中国政策においては悪辣な排日宣伝を展開して日本の地位を脅かし、シベリアでも日本と相容れず、加えて日本移民の人種的な差別など多年にわたる紛糾は解決至難で利害や感情の対立は将来ますます増大する一方だと分析しました。そして米国がこうしたアジア政策を継続する限り米国との衝突は必死の勢いであり、米国は国防上最重要視する国と判断したのです。

このように本国防方針の策定においては、ほとんど米国一国に想定敵国を限定した観すらあります。陸軍はその後共産ロシアの大発展に伴いソ連陸軍に重点を移しますが、海軍の対米一辺倒の方針は太平洋戦争まで続きます。本国防方針で確立された「主敵米国」の方針がその後の日本を徐々に対米戦争に誘導していくのです。太平洋戦争の人的被害を考える時、本策定作業における海軍や陸軍の役割、とりわけ加藤次長を中心とする海軍軍令部のエリート参謀達の役割の大きさに思いを致さざるを得ません。

国家の運命は偶然の所産ではありません。国家の運命は、その国家体制や行政のシステム、体制やシステムから発する多くの人為（人間の行為）の上に決していくのです。

大正十二年（一九二三年）の国防方針策定の経緯は、この仮説を見事に実証したものでした。

４．通商・経済戦略（世界恐慌まで）

（１）大戦期とその後の経済環境

☆キーワードは、「大戦ブーム」、「重化学工業化の進展」、「資本輸出国への変貌」、「大正バブルの崩壊と金融恐慌」の四つです。

大戦ブーム、大正の「神風」が吹いた―輸出の大拡大と正貨の蓄積、GNPは三倍増に

一九一四年に始まった第一次大戦は「三つ子の赤字」に苦しみ続ける日本経済にとってまさに「大正の天佑・神風」でした。大戦は一八年秋まで五年間続き、六五〇〇万人が参戦し死者は八六〇万人に達しました。

ヨーロッパの交戦国への軍需品や日用品の大量の輸出、ヨーロッパからの輸出が途絶えたアジア諸国への工業品や日用品の大量輸出、大戦ブームに沸くアメリカへの生糸輸出の拡大で、一九一五年からの五年間で日本の輸出は三・六倍に拡大し、経常収支の黒字は累積で約三一億円、日本のGNPも三倍増の約一七〇億円という巨額に達しました。日本の内外に蓄積された正貨（金）も、一三年からの七年間で五・七倍の約二二億円の巨額に達し、対外債権は二〇年末で約二八億円となって、かつての債務（借金）国家日本はついに債権（金持ち）国家に大変身したのです。「三つ子の赤字」はひとまず解消され、日本では諸産業が活性化して成長し、大戦を契機に、いよいよ日本の経済成長が始まるのです。

重化学工業化の進展―爆発的な設備投資

大戦ブームは、まず海運業の活況から始まりました。戦時の定石どおりまず船舶が戦争に動員されて世界的に不足し海上運賃が高騰します。用船料や船価も上昇して造船ブームが海運業に続きます。さらに造船業の急成長は鉄工業や機械工業を刺激して大きな需要が生まれ、遅れて繊維業の輸出が拡大しました。

反面、巨大な戦場となったヨーロパからの先進製品の輸入が急減したため、先進的な化学製品や機械工業品の輸入を日本国内で代替生産する必要が発生し、政府も開発や生産を援助し後押ししたこともあって、官民の設備投資が爆発的に増加して日本の重化学工業化が進展しました。ちなみに一九一八年の設備投資

計画は一四年の約一〇倍、造船では一〇〇倍を越え、金属でも一〇〇倍レベル、化学では一七倍という驚異的な数字です。ただしこれが後年過剰設備となって恐慌の一因となります。

こうした産業投資から日本の重化学工業化率は、大戦前の二四％レベルから一躍四〇％レベルに躍進しました。なかでも電力、造船、鉄鋼、機械などの産業は経済の成長エンジンとして日本の産業を牽引して行くのです。そして三井、三菱などの大財閥は高収益を挙げて内部留保を拡大し、自己金融化による多角化を進めていき、浅野、古河、川崎、大倉、久原などの中規模財閥も続々と重化学工業に進出しました。

さらにこの時期、人口の都市化も進行し、人口一〇万人以上の都市人口の比率が二〇％台に達し、四大工業地帯（京浜、中京、阪神、北九州）の形成も進行していきました。

まさに第一次大戦による輸出の急増と輸入の急減が、日本の重工業化を促進したのです。

そして日本の貿易構造は大戦で激動するヨーロッパからアジアとアフリカにシフトし、アジア向けの輸出は五〇％を越え、輸入も六〇％を越えるという大きな変化を示します。さらに対米貿易も拡大し、特に輸入においては、石油や機械そして鉄鋼や屑鉄など日本の製鋼事業やエネルギー事業に不可欠な製品の供給国としてアメリカは重要な地位を占めていくのです。とりわけ「石油と屑鉄」は後年政治的にも大きな意味を持つようになります。

物価の急騰と通貨の膨張―金本位制の停止と管理通貨制度への移行

さて大戦ブームに伴う大量の一次産品や二次産品の輸出の急増や戦争に伴う輸入の急減は、たちまち国内での物資の不足を加速させ、国内物価の急上昇と通貨の膨張（金余り現象）をもたらしました。

物価は大戦の五年間に二・三倍に上昇し、特に一九一七年からは米価を始めとして食料品や燃料など生活必需品価格の高騰が激しくなりました。この価格の高騰が悪徳商人達の投機の対象となって物価の高騰に拍車がかかります。生活難にあえぐ庶民とりわけ貧困層の自殺、窃盗、子どもの遺棄などの事件も相次ぎました。こうした生活難が続く一九一八年八月、富山県魚津の漁民の妻女が立ち上がって米の安定供給を要求する米騒動が発生します。騒動はまたたく間に全国に波及して七〇万人規模に膨らみ、米屋や八百屋、炭屋や呉服商などを襲撃する暴動にまで発展して軍隊が出動する騒擾事態になりました。

近代日本始まって以来の大規模かつ自然発生的な騒擾事態です。当時八二歳、元老トップの山縣有朋は事態の発生を天皇制の危機と深刻に捉え、元来不得意な経済と物価の研究を開始し政府に様々な注文を付けるほどの衝撃を受けたと言われています。あくまで細心で慎重な権力者の素顔が垣間見えます。

こうした物価騰貴の背景には一九一七年、アメリカが大戦に参戦し金本位制から離脱したことから、財政も経済も好調な日本までもがアメリカに追随して管理通貨制度（変動相場制）に移行し、このため通貨が膨張し、流動性が増加したことによってインフレが一層加速されたことがありました。

政府のインフレ対策にはさらに多くの不備がありました。原因は経済・金融政策です。物価の高騰に対して政府・日銀は金利の引き上げ程度の軽い対応のみで済ませ、引き続き輸出を奨励し正貨の蓄積政策、さらには積極財政政策も変更しなかったことです。このため通貨は膨張を続けて物価も下落せず、むしろ一九二〇年に始まる恐慌の一因を作ってしまいました。加えて大戦直後の一九一九年、アメリカが再び金本位制に復帰したことから、日銀は引き続き正貨準備を拡大させ、通貨の発行を更に増加させました。過剰な流動性が商品投機や土地投機、そして株式投機に向かうことは日本の平成バブルで証明済みです。大正バブルといわれる一九一九年の好景気がこれです。当時の大蔵大臣は「積極財政」派で日銀総裁経験者、財政家として高名な高橋是清でした。高橋の失策です。

そして定石どおり不良債権の山が築かれ、バブルは崩壊していったのです。

一九二〇年の反動恐慌―公的資金の大規模投入政策が始まった

不良債権の焦げ付きの顕在化、すなわち大正バブルの崩壊は予想外の早さで来襲しました。一九二〇年三月、東京株式取引所の株価暴落に始まり、米、生糸などの商品市場の崩落、銀行の取り付けや支払停止が続発し拡大したのです（一六九行）。鈴木商店（後の日商岩井）、久原商事、古河商事などの大商店や大商社も市場判断を誤り後年の破綻に繋がる巨大な損出を計上しました。

時の蔵相高橋是清はすかさず大胆な銀行救済、市場や企業に対する特別融通政策を発動し、日本銀行による特別融通額は二億五千万円に達しました。平成バブル崩壊時の公的資金枠四七兆円（ＧＮＰの約一割）に比較すれば少額ですが、当時としては史上最大規模で、これが政府・日銀による公的資金の大規模投入、救済政策の始まりとなりました。

これを契機として政府は銀行の整理と合同を推進し金融システムの健全化に注力しますが、企業の不良債権処理や低生産性企業の整理、淘汰などの財界の整理は十分に行われず、鈴木商店を始め多くの不良ゾンビ企業が延命したことから、一九二〇年代の不況をさらに深刻にしていくのです。このあたりの処理の不徹底も平成バブルの日本に似ており、歴史に学ぶことの重要性を改めて教えてくれる事例です。

日本経済の実態と実力―日本は未だ「準先進国家」、「中進国」だった

さて、第一次大戦を通して日本経済の規模や構造は大きく拡大し変化しました。

第一に、総需要（ＧＤＰに近い数値）で日本経済の実態・実力を見ると、一九一〇年以降五年間の平均

五四億円は一九一五年以降に一一〇億円と倍増し、一九二〇年以降は一八七億円と三倍増する成長ぶりです。名目値にしても一〇年間でのGDP値の三倍増は驚異的な成長です。当然、製造業の実質賃金も大戦五年間で一・四倍と増加します。国民の消費生活の欧米化が進展し、洋服、洋食、パン、洋菓子、文化住宅などが普及しました。賃上げが経済を刺激し活性化させる好例です。

そしてこの時期、世界の軍縮や民主化のトレンドを受けて日本でも軍縮が叫ばれ、政治思想面でも大正デモクラシーが進行し、普通選挙運動や労働運動が活発化していくのです。

第二に、日本の産業・経済の構造から日本経済の実力を見てみると、一九二〇年時点で第一次産業人口は五五%、二次産業二二%、三次産業二三%と、依然として農林漁業が五割を越え、製造業の構造を付加価値から見ると、金属・機械・化学の重化学工業部門を合わせても約三六%と四割以下で、アメリカの約四八%、敗戦国ドイツの四三%と比べても低い数値です。大戦ブームで高度成長したとは言え、日本は依然として農業的色彩の濃い工業国家、とりわけ重化学工業部門が未だ弱い「準先進工業国家」、「中進国」であったといえます。

(2) 日本の通商・経済戦略

☆キーワードは、「積極財政派」、「均衡（緊縮）財政派」、「ポリシーミックス」、「金融恐慌」の四つです。

二大政党政治の戦略―積極財政派と均衡（緊縮）財政派の対立

一九一八年の原敬政友会内閣の誕生から、一九三二年の犬養内閣の終焉にいたる一五年間は、政友会と民政党による日本憲政史上初めての二大政党政治の時代でした。ただ残念なことにこの二大政党は、政策的対立はともかく党利党略、猟官運動、汚職を繰り返し、庶民との乖離、ブルジョア性、財閥との癒着という負の側面を解消できず、昭和初期の五・一五事件で軍と右翼のテロによって崩壊してしまいます。

さてこの二大政党は外交政策と通商・経済政策の両面で対照的な政策を主張しました。

政友会が、積極財政（スペンディングポリシー）による経済成長戦略、対外膨張や大陸進出という外交戦略、国内経済優先、輸出産業振興、保護主義という通商経済政策を採ったのに対し、民政党は、均衡・緊縮財政、国際協調外交、金本位制の重視、国際経済協調といった外交・経済政策を追求しました。

積極財政派の代表が、多くの内閣で蔵相を経験した財政家の高橋是清、均衡財政派の代表は、浜口雄幸内閣の蔵相井上準之助で、この二人が大戦以降、二・二六事件までの日本経済を牽引し、現代に生きる多くの財政、金融、為替、産業の諸政策を創造し展開しました。

さて第一次大戦が終了すると日本の輸出は急減して再び輸入超過に転じ、一九二三年には関東大震災による大被害が発生して復興輸入がさらに増え、貿易の入超構造は定着し、貿易赤字が恒常化してしまいます。

こうした経済の後退を受けて原敬内閣（高橋是清蔵相）は、従来の輸出先行・外需拡大型の戦略から積極財政による内需拡大型の戦略に転換し、次の四大政綱を推進します。

①国防の充実（二二年の大正軍縮開始まで）
②教育の振興（特に旧制高校や大学などの増設）
③産業の奨励（産業補助、重工業の保護と育成）
④交通・通信の整備（公共投資の拡大）

この結果、軍事費は一九二一年には歳出の五〇%近くまで上昇しますが、一九二二年以降は大正軍縮の進行によって三〇%台にまで低下します。しかし拡大した財政規模に財源が追いつかず、歳入の大部分を赤字国債で補うこととしたため軍事費と国債費の総額は四五%レベルとなって、累積債務もGNPの五〇%を越えてしまいました。財政の自由度は大きく失われていきます。これも現代日本との共通項です。

高橋蔵相は、産業振興(重化学工業への補助金など)と公共投資(大都市の社会インフラ、道路、交通建設への投資)の二つ、とりわけ公共投資を中心に財政を運用し、金利を抑えて景気の浮揚に注力します。同時に金本位制への復帰を見送って管理通貨制度(変動相場制)を維持し、低為替政策を継続して貿易収支の悪化を防止しました。財政と金融そして為替政策のポリシーミックスを推進したのです。

まさに現代に通じる保護貿易政策の代表的な手法ですが、しかしこの政策手法は十分な成果を収めませんでした。すでにお話ししたように積極財政政策を継続したため相変わらず物価は下落せず、通貨は膨張して一九二〇年三月に始まる反動恐慌拡大の一因を作ったからです。ただ産業の振興や社会資本の整備という分野では成功を収めています。財政家として名望が高い高橋にとって失点の一つです。

国際収支の危機と一九二七年の金融恐慌

さて一九二〇年の反動恐慌以降、日本は長期の不況に入りました。輸出の低迷と輸入の拡大が続くなか一九二三年には関東大震災も発生して日本は再び大幅な入超と正貨の大量流失に苦しみます。大戦終結以来の海運不況や造船不況は海軍の軍縮も加わって回復せず、それが鉄鋼業界や機械産業に波及して乗数効果的に不況が増幅されたのです。平成デフレ問題と同様、長期不況対策は一九二〇年代日本経済最大の課題となりました。

反面、都市化の進行に伴って電力需要が増加し、産業の動力源が石炭（蒸気機関）から電力（電動機）にシフトして生産性が上昇し電力業界は活況を呈します。まさに電力革命時代の到来です。また第一次大戦に登場した軍用自動車や軍用航空機、戦車などの開発や生産も開始され軍需産業も多くの新規事業を生みだしました。

さて大戦後の大幅な輸出不振の背景には、大戦ブームで蓄積された大量の在外通貨や国内通貨の蓄積に起因する円高がありました。この円高は、実勢価格の三〇％高にも達し、これが大戦後の輸出を大きく抑制し輸入額を増大させたのです。さらに円高は国内物価を吊り上げて庶民を苦しめ、正貨を大量に流失させて政府をも苦しめて急速に日本経済を収縮（シュリンク）させていきました。そしてついに一九二五年、農産物の価格が急落し、在外正貨は枯渇して一九二七年の金融恐慌が発生するのです。

金融恐慌は、二七年一月、片岡蔵相の失言による東京渡辺銀行への取り付け騒ぎから始まり、全国の銀行が金詰まりを起こして休業が続出しました。その代表格が鈴木商店に大量貸し付けを続けていた台湾銀行です。失言責任で辞任した片岡蔵相の後を受けた高橋是清は、すかさず支払延期令を発令し、日銀は七億六〇〇〇万円の特別融通枠で全国の銀行を救済します。危機にあった台湾銀行は破綻を免れますが、鈴木商店は破綻しました。そしてこの金融危機を契機に政府は銀行の合同を進め、資本金規制を強化して小規模銀行を整理し、銀行業界は三井・三菱・住友・安田・第一の五大銀行制が確立されるのです。

このプロセスは二〇〇八年に発生したリーマンショック時の危機処理（金融再編）によく似ています。

第５章

昭和初期日本の国家戦略

日中戦争まで

1. 昭和初期の国際環境

☆キーワードは、「米国の対日軍縮攻勢の継続」、「中国の反日政策の激化」、「ソ連の軍事大国化」、「満州事変と華北への進攻」、「日本の国際的孤立化」の五つです。

(1) 外交環境

日本の国際的孤立とソ連の軍事大国化―満州事変は日本の歴史的転機点

昭和初期、米英はその植民地を含めた自らの国際秩序を固定化することを狙いに、軍縮外交を引き続き推進しました。その最大の標的は日本とりわけ日本海軍です。

日本海軍はすでにワシントン会議で八・八艦隊を八・四艦隊に縮小させられ、陸軍も大正の末期、四コ師団（高田・久留米・豊橋・岡山）五万二〇〇〇人を削減し常設師団は一六コに減少してしまいました。さらに昭和に入ると、米国は一九二八年と三〇年、二度に渡るロンドン軍縮会議を提案し、巡洋艦や駆逐艦、潜水艦など補助艦艇の建艦比率「対米六割」を日本に強制することに成功します。

日本を標的にした相次ぐ軍縮条約に、国内では海軍のみならず、これに激しく反発する官民の勢力が年を追って強力となり、ついに一九三四年、日本はワシントン条約を廃棄し一九三六年にはロンドン条約からも離脱してしまいます。さかのぼって一九三三年には国際連盟まで脱退してしまいました。

一方日本陸軍は一九三一年九月、満州事変を成功させてその政治的発言力を強化し、大陸政策や国内の政治改革を目指した政治工作に没頭し、軍の本道から外れた方向に歩み始めます。その結果、陸軍本来の軍事力整備とりわけ近代化は等閑視され、その間ソビエトの五カ年計画による経済的成功と極東軍備の拡大に伴って、一九三五年には日ソの兵力格差は歴然となり、日本の満州防衛は危機的状況を迎えるのです。

ちなみに陸軍部内では、世界恐慌後の大不況を受けて政党政治や財閥に大きな不満を持つ軍人達が一九三〇年に桜会と称する過激な政治結社を発足させ、政党内閣の打倒とテロによる政治改革を目標に三月事件や十月事件など軍事政権を目指したクーデターを計画します。同時期、陸軍省や参謀本部の若手エリート佐官達も一夕会という省部横断の私的政策組織を結成し、陸軍独自の大陸政策を謀略によって強引に推進しようとします。その一端が一九二八年に発生した陸軍軍人による張作霖爆殺事件であり、一九三一年の満州事変です。また陸軍部内は皇道派と統制派の二派に分裂し、皇道派は天皇親政の古典的政治を標榜し、逆に産軍共同による近代的な高度国防国家を目指す統制派と内部テロを含めた血みどろの内紛を繰り返しました。その総決算が一九三六年の皇道派によるクーデター、二・二六事件です。

一方、軍の影響を受けた民間でも、政財界の腐敗を糾弾する血盟団が結成されて「一人一殺主義」を標榜し、大蔵大臣井上準之助や三井財閥の総帥團琢磨を暗殺しました。まさに昭和初期は軍・右翼による政治テロの時代で、政治家や財閥経済人にとってはテロに晒された恐怖の時代でした。そして軍はこのクーデターやテロを武器にその政治的発言力を著しく高め、日本の実権を握っていくのです。

さて、中国大陸の情勢も昭和初期から大きく「反日」に変化を始めます。

華中や華南を根拠地とする国民党の総統蒋介石は、一九二六年、満州を含む中国全土の統一を目指して北伐を開始します。張作霖など華北や満州に割拠する地方軍閥の討伐を開始したのです。国民党の北伐が満州にまで及ぶことを危惧した日本は、約二万人の日本人が居住する山東省に戦火が及んだのを口実に、一九二七年と二八年の二度にわたり自国民保護の名目で出兵し、蒋の北伐を牽制しました。

さらに日本は一九二七年、満州が特殊地域（中国の主権外）であることを内外に宣明して満州の独立化を工作します。しかし国民党はこれに激しく反発して、外国との不平等条約の破棄や、国民党以外の政権と締結された過去の諸条約や諸権益の一切の無効を宣言して日本と鋭く対立しました。

こうした中国の激しい反発を受けて焦慮した陸軍（関東軍）は、満州独立の突破口として北方軍閥の第一人者である張作霖に満州独立政権の樹立を工作します。しかし張はこれを拒否し、工作に行き詰まった陸軍は一九二八年、張を秘密裡に爆殺（満州某重大事件）し、その子張学良に望みを託しました。しかし張学良も日本に反発して国民党に合流して蒋は南北を統一、ついに日本の大陸政策や満州権益は絶体絶命の危機に瀕したのです。

しかし陸軍（関東軍）は諦めません。一九三一年九月、関東軍の参謀達は満鉄線爆破という軍事謀略（柳条湖事件）を計画し、強行突破を図って武力を発動、満州から張学良を駆逐して満州全土を一挙に軍事占領し、一九三二年には傀儡国家「満州国」を建国してしまいました。いわゆる満州事変です。

そしてここに、明治以来日本が追求し続けた大陸政策（第3期）がほぼ完成しました。

しかし満州事変の成功に味をしめた関東軍は、満州に止まらず山海関を越えて華北五省に進攻、大陸政策をさらに軍事的に拡大したため、ついに一九三七年の日中戦争にまで発展してしまいます。いわゆる十五年戦争です。その意味で満州事変こそは日本の大陸政策の大転換点であり太平洋戦争への出発点でした。当然、満州事変は米英を始め世界の激しい非難を集めました。しかし満州権益の国際法的正当性を主張する日本は一九三三年ついに国際連盟を脱退して国際的孤立化への道を少しずつたどり始めるのです。

さらにこの時期、日本とりわけ陸軍にとって深刻な情勢の変化はソビエトロシアでした。

共産ソビエトは数次にわたる五カ年計画によってその国力を飛躍的に増大させていました。とりわけ満州事変以降はソ満国境の野戦陣地を飛躍的に強化するとともに、一九三四年にはソ連陸軍十一コ師団約二三万人、三五年には十四コ師団約二四万人と増強し、鮮満地域の日本軍八万人の三倍に達したのです。しかも有事の動員兵力は五〇万人以上と見積られ、日本の満州防衛にはソビエトという大敵が浮上し始めました。そしてこの大敵は、一九四五年の終戦時にソ連軍の満州進攻という形で日本人に襲いかかります。

日米関係ー協調から対立、そして戦争へ

ベルサイユ講和会議（一九一九）から満州事変（一九三一）に至る一二年間は、政治、経済、文化の三面では日米関係が安定した時代でした。一九二四年、加藤高明内閣の外務大臣に就任し、その後一〇年近く日本外交を担当したのは協調外交で知られた外交官幣原喜重郎で、幣原は国際協調を基本に対米外交を推進しました。当時の日本にとって対米関係は重要で、対米輸出は全体の約二〇%、輸入は約三〇%という高比率を占め、対米依存が相当高かったのです。この構造は太平洋戦争や戦後まで続きます。

一方当時のアメリカ資本にとって、日本は欧州に劣らず魅力的な投資市場でした。一九二〇年に米国主導で発足した四国借款団（投資団）は中国市場を対象としたにもかかわらず、中国内乱の影響を受けて資本は逆に日本に流入し、一九二〇年代末の日本の対外借款の約四〇％は米国資本という有様だったのです。まさに通商と金融両面でのアメリカの日本独占です。

しかも大不況下の三〇年、浜口雄幸内閣で行われた金解禁は、ウォール街を始めとする米国金融資本の強力な支持によるものでした。同時にアメリカのビジネスモデルやアメリカ映画、ジャズに代表されるアメリカ文化が大量に輸入されたのもこの時期でした。まさにベルサイユ講和会議から満州事変に至る期間は日米関係が安定していたのです。

しかしこうした日米協調とは裏腹に、日米の軍事関係、とりわけ海軍の敵視に近い対抗意識については依然解消されていませんでした。米国はワシントン会議において日本の主力艦を対米六割に制限することに成功しましたが、駆逐艦や潜水艦など補助艦については制限せず、日本はこの補助艦を増強することで劣勢を補っていました。

こうしたなか、米国は補助艦の制限を目的に一九三〇年、ロンドン軍縮会議を提案してきました。軍縮会議では、米英が補助艦においても日本側の対米六割を主張し、再び会議は紛糾しましたが、日本は巡洋艦六割、潜水艦五万二〇〇〇トン、その他の艦艇七割で不承不承（ふしょうぶしょう）妥協し承諾したのです。

繰り返しますが、こうした軍事面での日米対立を外交面で増幅したのが一九三一年の満州事変です。

中国の利権回収運動はこの頃ますます昂揚し、とりわけ北方軍閥の張学良による組織的な排日運動は約一〇〇万人（内八〇万人は朝鮮人）に及ぶ在満日本人に深刻な危機感を与えていました。ただ在満日本人の中には自らを「満州人」と意識し、満人、漢人、朝鮮人、蒙古人とともに五族協和して理想国家を建設すべきとの理想に燃えている人も多くいました。満州事変と満州建国を企画し実行した石原莞爾陸軍中佐も軍人には珍しい理想主義者の一人でした。

石原中佐は持論である「世界最終戦論」、つまり「米国と日本とが世界覇権を争う最終決戦論」にもとづいて総力戦のための産業基盤を資源豊富な満州に求めました。同時に、大恐慌以来の不況に苦しむ日本人にとって、日本の三倍という広大な満州の国土は失業者を救済する絶好の労働市場だったのです。

石原（当時四二歳）を始めとする関東軍の若手参謀達は、排日に燃える張学良を打倒して満州全土を日本の管理下に置くことを計画し、一九三一年九月、満鉄線を爆破して中国軍のしわざとし、これを口実に、張の東北軍二二万人を関東軍一万をもって撃破して、あっという間に満州全土を占領してしまいました。

この事件は対米協調路線を採る若槻内閣にとって晴天の霹靂（へきれき）であり、米国にとっても同様でした。そして関東軍が十月、満州領外の中国領錦州の張学良の根拠地を爆撃したことで、米国はその態度を著しく硬化させ、「パリ不戦条約に違反した武力による現状変更は認めない」というスチムソンドクトリンを発表しました。しかし日本軍の謀略はこれに止まらず、翌一九三二年一月には今度は上海で中国軍と衝突事態を工作します。当時上海は欧米列強の利害が錯綜する地域で米国の態度はさらに硬化してしまいました。

そして一九三二年春、国際連盟はついに実情調査のためリットン調査団の派遣を決定するのです。調査は半年にわたって行われ、一九三二年一〇月に報告書を公表しました。報告書は満州における日本の特殊権益を認め、日中両国が双方の権益と責任を規定する新条約を結ぶことを勧告します。これは日本にとって決して不利な内容ではありませんでした。しかし既にこの年の三月、陸軍は満州国を建国し、日本政府もこれを承認していることから、今更後戻りも出来ず、日本はこれを拒否したのです。

一九三三年二月に開催された国際連盟総会において、報告書は賛成四二、反対一で採択され、追い詰められた日本は連盟を脱退してしまいました。さらに翌年に開催された第二回のロンドン軍縮会議においてあくまで対米六割を主張する米国と鋭く対立してこれを脱退、合わせてワシントン条約からの脱退も決定し、日本は無条約時代に突入していくのです。この後日米は軍拡、建艦競争の時代に入り、日本は戦艦大和や武蔵などの巨艦（六万トン）を次々と建造し、米国もビンソン法案で建艦を大拡大し対抗しました。

一方こうした軍事面での対立にもかかわらず、外交面では日米協調の道が模索され続けます。

一九三三年、斎藤実内閣の外務大臣に就任した外交官広田弘毅（戦後戦犯で絞首刑）は、帝国議会の外交演説で対米協調を訴え、米・中・ソとの関係改善を外交方針とすることを定めています。同時にアメリカやイギリスもまた通商や安全保障の分野で機会を捉えて日本との関係修復を追求しました。

しかしその後の日本は、国際的孤立を打開するため米英ではなく、折から台頭し始めたヒトラー・ドイツに接近していきます。この背景には満州事変や五・一五事件、二・二六事件などのクーデターで大きな発言権を得た陸軍の存在がありました。陸軍には明治以来ドイツ好きの体質が根強くあったからです。

日ソ関係ーソビエトロシアの軍事大国化と対日脅威

一九一七年のロシア革命によって成立したソビエト連邦（ソ連）は、一九二一年から開始した新経済政策によって革命直後の経済的な混乱から安定を回復し国力の増進に成功していました。外交面においてはイギリスを始め欧州諸国が承認に踏み切り、日本も一九二五年、日ソ基本条約の調印に踏み切りました。

国交正常化以降の日ソ関係はオホーツクの漁業問題を始め経済的には順調に推移したのですが、ソビエトがコミンテルン（国際共産主義拡大組織）による共産主義の宣伝や、共産革命の対外輸出活動を活発化するに伴い、日本政府はこれを極度に警戒しました。日本の立憲君主制にとって私有財産の否定・禁止や共産党独裁の社会主義システムは当時の天皇制イデオロギー上の最大の脅威とされたのです。

日本は一九二五年、治安維持法を制定して、共産主義を非合法化し弾圧しました。

昭和に入ってソ連はスターリンの指導の下、経済五カ年計画を推進し、農業の集団化と工業の近代化に成功して国力を高め、この国力を背景に中国や満州に対して共産革命の輸出を積極化しました。これに反発した北方軍閥の張学良がソ連と断交し、ソ連が北満に敷設した東支鉄道権益を回収したことから一九二九年、ソ連は十一万人の軍隊を投入して張軍八万を攻撃、これを撃破し利権を回復したのです。そして一九三一年の満州事変で満州全土を制圧した日本軍と国境を挟んで鋭く対立することになりました。

一方でソ連は、日本によるシベリア出兵の恐怖感から、再三に渡って日ソ不可侵条約の締結を申し入れ、北満の動脈でありシベリア鉄道の一翼である東支鉄道の譲渡すらほのめかせてきました。

こうしたソ連の態度から、関東軍は当初安心して満州事変の処理にあたっていました。しかし事変勃発当時、六個師団に過ぎなかったソ連軍はその後急速に増強され、事変四年後の一九三五年には、狙撃一四コ師団、戦車八五〇両、航空機九五〇機、総兵力二四万人と日本軍八万に対して三倍の戦力に達したのです。その上シベリア鉄道の複線化、国境トーチカ陣地の強化など、日本軍にとって極東ソ連軍は最大の脅威になってきました。そしてこの一〇年後の一九四五年、巨大なソ連軍は満州や北方領土に侵攻します。

ただ一九三五年当時には、東支鉄道を日本に譲渡するなど、表面上ソ連政府の態度は友好的でした。しかし、一九三六年一一月に共産主義のソ連を標的とした日独防共協定が締結されたことで事態は一変します。

日独の標的とされたソ連は、日本と対立する蒋介石国民党政権に対する援助を積極化し始めたのです。特に一九三七年七月の日中戦争勃発以降は、中ソ不可侵条約、中ソ通商協定、中ソ航空協定などを矢つぎばやに締結し、軍事物資の援助など中国援助を急速に拡大して日中戦争の遂行を激しく妨害しました。

こうした対立は軍事面にも波及して、一九三七年には黒龍江の小島乾岔子（カンチャーズ）の領有権をめぐる武力衝突事件が発生し、三八年七月には張鼓峰事件、そして一九三九年五月には、外蒙国境ノモンハンの国境線をめぐるノモンハン事件が立て続けに発生しました。なかでもノモンハン事件は、革命後いち早く近代化を遂げたソ連軍に、遅れた装備の日本軍が完敗した衝突で、日本軍の指導層は大きな衝撃を受けました。しかし「敵を軽視し、自軍を過大視する」陸軍の夜郎自大（やろうじだい）の体質は終戦まで改まりませんでした。

その後日本は、ドイツへの傾斜をますます強め、一九四〇年九月には日独伊三国同盟に調印します。これに衝撃を受けたソ連は、日本とドイツに挟撃されることを回避するため対日態度を一変し、一九四一年四月、日ソ中立条約を成立させて対日融和政策に素早く転向、巧妙な対日政策を展開しました。

２．外交戦略

☆キーワードは、「協調外交」、「満州事変」、「華北分離工作」、「日本の孤立化」、「南北並進」の五つです。

（１）幣原外相の国際協調外交―三つの「外交方針」と四つの「外交原則」、二つの「基本原則」

ワシントン会議から満州事変にいたる約一〇年間、日本外交の中心は、加藤・浜口・若槻三内閣の外務大臣幣原喜重郎でした。戦後の総理吉田茂と同様、イギリス勤務の長かった外交官出身の幣原は次の三つの方針を挙げ、日本外交を推進しようとしました。

①国際協調主義

②経済外交中心主義

③中国内政への不干渉

また幣原は、一九二四年の帝国議会の外交演説で次の四つの外交原則を挙げています。

①日本および列国の「国際法上の正当な権利と利益の保護や増進」を相互に尊重する。

②政権が交代しても、旧政権が締結した条約を遵守する「外交継続主義」の立場を採る。

③対米及び対ソ関係の改善。

④中国に対する内政不干渉。

さらに中国政策に関しては、次の二つの基本原則を挙げました。

①日中双方の「合理的立場を尊重」する。

②中国への内政不干渉。

幣原は、①の「合理的立場」の一例として、「満蒙における我が権利権益が中国の内乱によって侵害されてはならない」という立場を挙げました。つまり締結された条約にもとづく正当な権利権益は外交の継続性の原則から侵害してはならない、侵害させないとし、外交継続性の原則遵守の強い決意を内外に表明したのです。②の「中国の内政への不干渉」については、「軍閥が割拠して動乱中の中国において、いずれの一派に対してでも兵器、弾薬、借款の供与は絶対に差し止めること、そしてこの公正な態度こそが列国と中国国民の信頼を高めることである」と陸軍の謀略に強い警告を発し牽制しました。

幣原喜重郎

さらに対米外交においては、「永遠の親交」と太平洋の平和のための「協調」を基本とし、対ソ外交に関しては「親善友好」を基本に外交を推進するとしました。元外交官のまことに妥当な外交感覚です。

このように、幣原外交の基本は国際協調による権益の維持にありましたが、この平和外交路線に異論を唱え、武力を背景にした謀略によって権益の擁護を推進しようとする勢力が存在しました。この最大の勢力が陸軍でした。陸軍は満州事変に至る幣原外交の一〇年間、常に日本外交の裏面で独自の謀略工作を行い、いわゆる政府と陸軍の二者による二重外交を演出するのです。

二重外交の最大の例は中国の内乱（一九二〇～二八年）への干渉です。当時、中国の北部地域は呉佩孚（ごはいふ）の直隷派と段祺瑞の安徽派、張作霖の奉天派の三派に分かれ、華北の支配をめぐって安直戦争や奉直戦争を繰り返していました。当時の関東軍は、張作霖を利用して日本の満州権益をより確実にしようと工作していましたが反面、張作霖がその勢力を華北にまで拡大し強大化することは日本にはとってむしろ危険とも考え、軍閥間の力のバランスを考えながら、その離合集散のなかで日本の権益の維持を図ろうとしました。

例えば一九二四年の奉直戦争においては、不利になった張作霖を救うため直隷派の分裂を工作してこれを成功させ、一九二五年に張作霖の部下郭松齢（かくしょうれい）がクーデターを起こした際には、張作霖救援の工作を成功させるなど、幣原「不干渉外交」に反する謀略を半ば公然と展開していたのです。

こうした華北の混乱を収めるため一九二六年、国民党の蒋介石は北伐を開始します。蒋介石軍は北方軍閥を各所で撃破しますが、軍閥の反撃も激しく一九二六年末、戦線は膠着して両軍対峙の状態となりました。この戦線膠着のなか蒋介石軍の一部は盛り上がる民衆の排外感情を背景に過激化し、上海や漢口において列国の領事館や外国人に略奪暴行を加え、このため各国は出兵して自国民の生命や財産の保護にあたりました。当時上海を始め華北には多くの日本工場が進出し在留日本人も二万人を数えていました。しかし幣原外相は内政不干渉を理由に武力による居留民保護を一切禁じたため、国内世論は「同胞を見捨てる軟弱外交」として激しい非難が高まっていきます。野党政友会は幣原外交を倒閣に利用し、陸軍もまた中国の排外運動の背景に共産主義運動があるとし満州への波及を防止するとして中国出兵を主張しました。

この時期日本経済は昭和の金融恐慌（一九二七年）に陥り出し、北伐軍による上海略奪事件は在華紡（現地日本企業）に対するゼネストを招いて日本株式は暴落、引き続いた漢口事件によって株式はさらに暴落し、ここに内閣は総辞職、轟々（ごうごう）たる非難のなか幣原は閣外に去りました。幣原は一九二九年、浜口内閣で再度外相に復帰します。

（2）田中軍人内閣の外交政策・大陸政策―満州事変のシナリオが出来上がる

一九二六年に発足した田中義一政友会内閣にとって最大のテーマは中国外交の刷新、すなわち満蒙利権の擁護と、中国在住の日本人居留民の生命と資産の保護にありました。

中国では一九二七年、蒋介石が再度北伐を開始して張作霖を黄河以北に駆逐し、山東省に迫ってきました。当時山東省には日本人が二万人近く居住し、日本の資産額は一億五〇〇〇万円（現在の約三〇〇〇億円）にも達していました。日本政府は先の北伐時の幣原非難を考慮し、居留民保護のため中国の同意なく勝手に山東出兵を決定します。しかしこの了解無しの出兵は中国人の反日感情を大きく刺激しました。

田中内閣は中国政策転換のための東方会議を開催し、外務と軍部の首脳を集めて七月、「対支政策要綱」を決定しました。

①中国本土に対する政策と満蒙に対する政策では「趣きを異にすること」を基本認識とする。
②中国については、共産主義の排除と中国各地における「穏健地方政権の分立」を支持する。
③東三省（満州）の政情安定については、「満州人自身の努力」を以て最良の方策とする。
④中国本土の動乱が満州に波及した場合は、機を失せず「適当の措置に出ずる」の覚悟を要す。

満州や華北の分離独立を主張するこの政策は、内外に大きな影響を与えるとともに、以後の陸軍とりわけ関東軍の満州や華北における行動に「暗黙の行動基準」を与える結果になりました。

例えばこの時期、関東軍の斉藤恒参謀長は「対満政策に関する意見書」において、満州三省及び熱河省に日本人顧問をおいてこれらを自治区域とする満州傀儡政権構想を打ち出し、張作霖かその他の適任者に実行させ、最終的には武力に訴えてもその実現を図るべき、との意見を陸軍次官に具申しています。まさに満州事変のシナリオそのものです。そして一九二八年、意見書を実行に移す事件が発生するのです。

一九二七年に再開された国民党蒋介石軍の北伐は、徐州で張作霖軍に敗れて停戦、一九二八年、蒋は再び北伐を開始し、今度は張作霖を万里の長城以北に追い込みます。日本は長城以北、満州方面への進撃には武力で阻止することを蒋に通告し、張作霖には満州統治に専念し自治国家を目指すことを強く勧告しました。しかし華北支配の野望を持つ張は日本軍に激しく反発して北伐軍との戦闘を繰り返します。

田中義一

そして一九二八年六月、張はついに蒋軍に敗れて北京を出発、奉天駅に帰着しますが、その座乗列車は日本軍の謀略によって入線直前に爆破され、満州最大の軍閥の総帥である張は爆死するのです。

この謀略は関東軍参謀河本大作大佐の計画によりますが、河本は爆殺によって満州に動乱を起こし、これにつけ込んで関東軍が全満州を軍事占領することを企図したのです。しかし期待した動乱は生起せず、田中内閣は野党から真相解明を激しく追及されます。古巣陸軍の真相究明をためらった田中は昭和天皇から激しく叱責される結果となり、ついに内閣は崩壊、田中は失意のうちに他界します。陸軍きってのエリートであり大正期、陸軍の謀略の中心人物の、謀略に足をすくわれての最期でありました。

（3）中国の国権回復運動と満州事変—追い詰められた日本と軍部の独走

田中内閣の一九二七年、中国は国権回復に関する声明を発し、不平等条約の排除、国民党政府が関与していない過去の条約の無効化、満期に達した条約の無効、など四項目を発表しました。外交の「継続性」の原則を無視した国際法違反の行為です。今日の日韓請求権問題とよく似ています。

また一九二八年には張作霖の後を継いだ満州軍閥の総帥張学良が国民党と合流し、日本に反発して二十一カ条の要求に認められた日本人の居住往来の自由や商租権に対しても法的な妨害を加えるなど、一九三〇年頃には日本の満蒙権益の確保はほとんど望み得ない危機的な状況に追い詰められていました。

一九三〇年に入ると国民党政府は、治外法権、関税自主権、租借地、鉄道敷設権、沿岸貿易権など外国に与えた利権の早期回収を発表し、満州もこの範囲に入ると内意して、外交の継続性を信じていた日本政府を驚愕させました。この結果日本の世論は沸騰し、野党は当時外務大臣であった幣原喜重郎の協調外交を激しく非難し、右翼や軍部も幣原批判に立ち上がり、「日本の生命線」満州の危機を国民に激しくアピールしました。そしてこうした内外の情勢や国民の熱烈な支持を背景に満州事変が発生したのです。

満州事変は、陸軍中央の中堅幕僚群と現地関東軍の幕僚群との十分な意志疎通の上に実行されたものでしたが、事変の発生に対して若槻礼次郎内閣は直ちに不拡大方針を決定し、軍首脳もこれに同意しました。しかし現地関東軍はこれを尻目に活発な作戦をどんどんと展開していきます。十一月にはチチハル、翌年一月には張学良の本拠地錦州を爆撃して張を満州から駆逐してしまいます。さらに幣原の強い反対にもかかわらず、元清朝皇帝溥儀を擁立して一九三二年三月にはあっという間に「満州国」まで建国してしまいました。

幣原は、九カ国条約に違反したこの事変は、米国の大反発を招き、中国の反日運動を高揚させ、必ず日本将来の禍根になると予言して閣外に去り、日本敗戦まで二度と復帰することはありませんでした。

（４）犬養政友会内閣の外交政策―軍人テロの横行と政党政治の終焉

一九三一年末、若槻内閣は満州事変による混乱の責任をとって辞職し、犬養毅政友会内閣が成立します。犬養内閣の政治的課題は、世界大恐慌からの景気の回復と満州問題の国際的解決にありました。犬養は関東軍の満州独立国家案に対しては反対の立場でした。幣原と同様に米国の反発や日米の対立、そして国際的な孤立化を恐れたのです。犬養の満蒙解決策は、満蒙における中国の主権を認めた上で、経済的に日中合弁の新政権を造るという穏健な構想でした。犬養はこの構想を中国政府に工作しようとしますが、閣内随一の強硬論者森恪によって阻止されてしまいます。テロの恐怖もあって犬養は陸軍の建国構想に追随させられるようになり、一九三二年三月「満蒙問題処理方針要綱」を閣議決定しました。

①満蒙を中国本土から分離独立し、独立国家へ誘導する。
②満蒙をもって日本の対ソ防衛および対中国防衛の第一線とする。

③独立国家成立後は日本権益の回復や拡充を図る。
事実上の満州支配の決定です。一方、列強に対する外交政策として「対外関係処理要綱」を決定します。
①対外関係に出来うる限り支障を生じさせないため、当面満州国は承認しない。
②満州国と非公式かつ事実上の関係を結んで既成事実の形成に努める。
このように犬養は、満蒙独立を認めながらも、幣原の国際協調路線を継承しようと努力しました。しかし、この内閣は景気対策の失敗から景気の後退と不況を招いて軍部を暴発させ、犬養は五・一五事件の凶弾に倒れます。ここに明治以来の政党政治は幕を閉じ、国際協調外交は変質を始めるのです。

（5）斎藤軍人内閣の外交政策―日中戦争への導火線が生まれた

一九三三年五月、犬養の後を受けた斎藤実内閣は「国際会議より見たる時局処理要綱」を決定します。
①満蒙経略の実行に邁進するをもって「帝国外交の枢軸」とする。
②満蒙経営を阻害しない範疇において、国際連盟や列強との「協調関係を推進」する。
③国際連盟がこの国策を妨害する場合は、「連盟脱退も考慮」する。
このように斎藤は、満蒙経営（北進戦略）をもって外交の基本方針と定めました。そして九月、ついに日本は満州国を承認し日満議定書を交換します。議定書の骨子は次の二つです。
①日満両国は、「従来の条約上」の日本の権益を確認する。
②両国は、満州国の共同防衛のため日本軍の満州駐屯を認める。（日満安保条約）
日本の権益の全面承認と、日本軍による国防、まさに事実上の満州支配です。

こうした日本の満州独占に列国は大反発します。同時に列国は軍事大国日本の国際的孤立化は必ずしも歓迎せず、日本が融和的・協調的な外交政策に転換することを期待します。実際、満州事変のリットン報告書も、満州国は認めないものの日本の満蒙権益は認めるという妥協的な内容になっていたのです。

さて満州事変に味をしめた陸軍は、この時期熱河省への進攻を計画していました。関東軍はこの熱河省を満州国に接続しており、当時張学良軍の反日拠点となっていました。関東軍はこの熱河省を満州国の領域とし、張学良を駆逐して満州国の基礎を固めることを目的に、一九三三年三月、三コ師団の兵力をもって作戦を開始したのです。関東軍は当初国際世論を考慮して中国本土への進攻は抑制し、万里の長城の線以東に作戦を限定していました。しかし中国軍が二〇万人に及ぶ大兵力で反撃してきたことから作戦は決戦的な様相を帯び、日本軍は一気に長城を越えて北京を指呼の間に望む天津に殺到したのです。慌てた中国側は停戦を提議し、日本軍は長城の線に後退し日本の華北工作を黙認する停戦協定が成立しました。

そしてこの作戦以降、関東軍においては作戦の成功に味を占め、巧妙心に駆られた参謀達が華北地域に日本寄りの地方自治政権を樹立し、国民党蒋介石の全国統一を阻止しようという動きを活発化させます。この熱河作戦の成功は、そのまま中国本土への進攻の契機となり、日中戦争への導火線となった点で、歴史上の大きな転換点でした。禁は一度破られると止めどなく破られて行くものなのです。

（６）広田弘毅の外交政策―陸軍に足を取られた広田外交

大陸における軍部の独走が始まった一九三三年九月、斎藤内閣の外相に外交官出身の広田弘毅が就任しました。広田は日本の国際的孤立の防止と、軍の外交無視と独走を排除した外交の一元化の二つを最大の狙いとし、日中関係の安定を当面の最重要課題と定めて次の三方針を打ち出しました。

①日本は、満州以外の中国本土（華北など）に野心を示さない。

②日本を無視した第三国（米英独仏露など）の対中援助を歓迎しない。

③日中両国は対ソ防共について相互に協力する。

次いで翌一〇月、新たな外交方針として次の方針を決定しました。

①満州国の健全な発展をはかる。

②主要列国との関係改善、とりわけ、アメリカ、中国、ロシアとの関係を改善する。

このように斎藤（海軍大将）内閣の外交方針もまた歴代内閣と同様、大陸政策（第3期）を基本にしつつも国際協調とりわけ対米協調を重視するものでした。当時の国際構造や貿易構造からも対米協調は避けがたい選択肢だったのです。

一九三四年、内閣は斎藤内閣から岡田啓介（海軍大将）内閣に交代しますが広田は外相に留任します。

一九三五年、広田は中国政策について軍部と総合調整し、有名な広田三原則を決定しました。

①中国に排日運動を停止させ、親善政策を採らせる。

②満州国の独立を承認もしくは「黙認」させる。

③共産主義を日中共同して排除する。

中国側もこれに答えて対日三原則を提示してきました。

①中国の独立の尊重、条約の権利義務の尊重

広田弘毅

②一切の非友好行為の禁止
③外交機関以外のもの（日本軍）の行動や圧迫の即時停止

中国はとりわけ第三項の日本軍による二重外交を停止させることを強く要求して来ました。しかし陸軍は、中国側の友好的態度は時間稼ぎの偽装に過ぎないと切って捨て、今度は華北五省（河北、山東、山西、綏遠、チャハル）の分離独立工作を開始します。満州国と隣接する華北五省を中国から切り離して親日政権を樹立し、満州と華北の豊富な資源を利用して日本の産業力や国防力を高めようとしたのです。陸軍の工作は一九三五年一〇月、冀東（きとう）自治政権の名称で地方政権の樹立に成功し、陸軍は華北に対する支配をさらに強化します。当然中国政府は大反発し、米英を始め国際社会も非難を繰り返しました。

しかし陸軍の強引な拡大政策、華北自治工作は必ずしも国民の非難を受けた訳ではなく、既に多くの中国利権を享受していた国民はむしろこれを歓迎していました。加えて世界恐慌後の世界経済はブロック化の様相を深め、安価な日本製品は世界の各地で締め出しを招いており、資源や人口豊富な満州市場や中国市場の拡大は経済界にとっても歓迎すべきブロック化政策で、国民やマスコミの「武力外交」や「武力拡張」の全面否定には繋がりませんでした。そして広田の国際協調への苦労はまだまだ続きます。

（７）無条約時代の国家戦略―日本の運命を決定した「国策の基準」

一九三三年日本は国際連盟から脱退し、三六年には軍縮条約からも離脱して日本は孤立化への道を歩みだし、新たな外交方針や国家戦略など無条約時代の国家戦略の構築が必要な情勢となっていました。

こうした状況のなかの一九三六年二月、陸軍青年将校による二・二六クーデター事件が発生して岡田内閣が倒れ広田弘毅が新内閣を組織します。この時期軍部はますますその政治的発言力を強めていましたが、一九三六年八月広田は軍部・外務・大蔵と総合調整して新たな国家戦略である「国策の基準」を決定しました。この「国策の基準」は、国家戦略や国防方針をめぐって激しく対立した陸海軍の妥協の上に成立したいわくつきの文書でもありました。そして軍部が強引に主導した「国策の基準（第４期の大陸政策を含む）」こそはその後の日本の運命を大きく決定付けます。以下その内容です。

一、根本国策とその大綱

①「東亜大陸における帝国の地歩を確保する（北進）」と「南方海洋に進出する（南進）」をもって国策の枢軸とする」、つまり南北並進を「国家戦略の基軸」と明確に定めました。

②「大陸（北進）政策の基本は、ソ連の脅威を除去して米英に備え、日・満・支三国の連携をもって我が経済的発展を策する」とし、日・満・中の強力なブロック経済圏を建設し、これを一大産業基盤としてソ連や米・英両国に対抗するとしました。

③「南方（南進）政策の基本は、南方地域とくに外南洋に対して我が民族的・経済的発展を策し、努めて列国に対する刺激を避けつつ漸進的・平和的手段により我が勢力の進出を図り、国力の充実を期す」としました。外南洋とは日本統治のサイパンやマーシャルなど内南洋の外、つまりインドシナ（仏印）やインドネシア（蘭印）など列強の植民地を指します。日本は既に一次大戦後これらの地域に貿易を拡大していましたが、世界的な経済のブロック化のなかこうした列強の植民地域にいかに進出するか、多くの摩擦を伴う大変難しい政策でありました。

二、根本国策実現の要綱

「陸軍は極東ソ連軍に対応すること」、「海軍は米海軍に対して西太平洋の制海権を確保すること」を挙げました。陸軍は北進、海軍は南進、両軍バラバラの行動目標です。

三、根本国策遂行の具体的措置

①産業および重要な貿易の振興、②行政機構と経済組織の改善、③航空と海運事業の躍進、④国防と産業に要する重要資源と原料の自給自足、などを定めています。

この国策の基準の最大のポイントは、根本国策を南北並進の二正面作戦におき、国策遂行の産業基盤を日・満・支のブロック経済に置いたことです。つまりこの戦略文書は、言い替えれば国家を挙げての戦争計画とも読みとることも出来ます。実際この「国策の基準」こそが昭和一〇年代の国策の原点となり、直後の日中戦争や大東亜共栄圏構想、そして五年後の太平洋戦争へと発展していくのです。

3．安全保障、国防方針策定（改訂）とその経緯

（1）石原大佐の日米決戦戦略と陸海軍の対立

一九〇七年（明治四〇年）、帝国国防方針が初めて制定されましたが想定敵国を一国に限定出来ず、陸軍はロシア、海軍はアメリカを主要想定敵国としました。大戦中の一九一七年改訂の国防方針ではこれに中国が加わり、一九二三年改訂の国防方針においては、アメリカ、ソビエト、中国の順とし、アメリカを第一の想定敵国としました。

石原莞爾

しかし共産ソビエトの発展は急速で、昭和の初期には早くもソビエトの軍事的脅威が急速に高まってきました。加えて一九三六年には海軍軍備が無条約時代に入り、日米の建艦競争はますます白熱化し、新たにイギリスに対する考慮も必要になってきたのです。一九三五年八月、陸軍参謀本部作戦課長に着任した満州事変の立役者石原莞爾大佐は旧来の国防方針（極秘）を見て愕然としました。石原は「我が陸海軍には作戦計画はあるが総合的な戦争戦略（現代の国家安全保障戦略をいう）がない。今や列強は国防国策を基とし、外交を律し、軍備を整える準戦時の時代に入っている。ただ漫然と想定敵国を列挙し外交や国力とは別個に軍備だけを以て国防をを全うしうるものではない」と旧来の国防方針を痛烈に批判しました。

石原は、日本の国力上、世界最大の陸軍国ソ連や、最大の海軍国アメリカに対して、陸海の軍備を同時に整備するなどとても出来ない、さらに多くの工業資源とこれを製品化できる生産力を持たなければ総力戦など到底出来ない、その上に同盟国をつくり国家連合の力をもって初めて米ソを敵とする総力戦を戦うことが出きる、と考えました。つまり今や一国で国防を全うすることなどいかなる大国でも不可能であり、時代は国家連合の時代に入りつつあると見ていたのです。まさに現代の安保思想そのものです。

石原はその独自の戦争観から、東洋と西洋の両文明は必ず最終的な大覇権戦争によって決着がつく、そしてそれは両文明の代表である日本と米国の最終決戦という形で三〇年後の昭和四〇年頃に戦われると予定しました。そして対米決戦に至る前段階を二段階に区分しました。まず第一段は北方の脅威であるソ連を屈服させるという北進の対ソ作戦の段階、そして第二段階は、南洋および中国に対して実力をもって我が国策を遂行し、英国を屈服させるという南進の対英作戦、この二段階です。

その後は、アジアの諸勢力を一大結集してアメリカとの大決戦を戦うという戦略構想、すなわち「北進、事後南進」の長期的な政戦略を提唱しました。現在から見れば荒唐無稽とも見える巨大な構想ですが、核兵器もない八〇年前の当時としてはナチスドイツの欧州全面制覇の構想や現代中国の「中国の夢構想」と同様に大まじめなコンセプトであったのです。石原は日米決戦の準備として、まず東アジアの諸勢力を結集した東亜連盟を完成させる、ただ当面はその核心ともいうべき日・満・中の三国の協同のもと、とりわけ日中の経済提携により満州国の国力、経済力を高め東亜連盟の基礎を構築することが重要であると構想しました。

しかしこの石原構想は対ソ連の北進戦略を出発点としていることから当面は陸軍軍備を優先するものであり、この点で伝統的な南進思想を持ち、しかも無条約時代に入ってアメリカとの激しい建艦競争を続ける海軍にとってはとても容認できるものではありませんでした。とくに石原が演出した満州事変以降、華北分治工作や内蒙工作など謀略による中国支配工作を繰り返す陸軍の手法に対して、海軍には根強い不信感や不快感など多くの反発があり、海軍は南進戦略を強力に主張し譲りませんでした。

一九三六年、石原はこうした海軍の意見も考慮して次のような「国策案」を作成します。

①当面の国策の重点を「満州国の完成」とソ連に「対日攻勢を断念させる」ことに置く。

②このため対ソ八割（約二〇万人）の兵力を大陸に置く。

③対ソ陸軍兵備とともに「海軍の対米兵備の充実」を図る。

④ソ連の脅威去りたる後は、「南洋」及び「華北」に対する政策を積極的に展開する。

しかしこの案もつまるところ「北進、事後南進」を基本にした国策であり、海軍軍備の充実に固執する海軍は再びこの陸軍案を拒否し独自の「国策要綱」を作成して陸軍に対抗するのです。

（2）海軍の国策要綱と陸海軍の妥協

海軍が策定した「国策要綱」は次のとおりです。

①国策の根本方針を「南方地域への発展」と「大陸における地歩の確立」の二つに置く。
②南方諸国は、日本にとって「最重要視すべき方面」であり漸進的な進出を図る。米、英、蘭の圧迫障害に対しては慎重に対処するが、万一の場合に備えて軍事力の完成を図る。
③中国に対しては、日・満・中の提携を基本に、華北と内蒙の特殊地域化を目標とする。
④ソ連に対しては、極東進出を抑制するための軍備を整える。
⑤アメリカに対しては、極東政策に対応するために必要な軍備を整えるとともに、経済関係を基調に当面は親善関係を確立する。
⑥英国に対しては東亜における権益推移の間隙に乗じて我が勢力の拡大を図る。

このように海軍は「南方地域への発展」を最重視すべき国策であるとし、大陸政策よりも優先すべきであるとしました。対ソ作戦よりも南方作戦を優先する国策案で、当然石原が構想する国策とは正面から対立するものです。

こうした海軍の態度に陸軍側は、これ以上の討議はかえって海軍側の南進への気運を高め、陸海の分裂を激化させる結果となるだけと認識し、最後に提案したのが一九三六年六月の「国防国策大綱」です。

①米、ソ、英と対抗するには航空兵力の充実と、日・満・華北の産業基盤の準備が必要である。
②まずは「ソ連の屈服」に全力を傾注する。このため当面は米英特に米国との親善を維持する。
③ソ連を屈服させた後は、「英国を東亜から駆逐」する。

④ソ英屈服後はこれと協同して実力を飛躍的に増進させて米国との「一大決戦」を準備する。

相変わらずの「対ソ戦第一主義」ですから、当然海軍側からは三度目の拒否となりました。ここに至って陸軍はついに「北進第一主義」を諦め、「南北並進」の国策に転換し、一九三六年八月、先に述べた広田内閣の「国策の基準」の閣議決定の線で陸海軍の対立は何とか決着する運びとなったのです。

（3）帝国国防方針の策定（改訂）の経緯

前項でお話しした海軍の「国策要綱」と陸軍の「国防国策大綱」が対立して容易に決着しない状況のなか、海軍はまず帝国国防方針の策定（改訂）とりわけ所要兵力の改訂を最優先すべきであると提案しました。それは一九二三年の改訂以来十三年を経過しこの間、大恐慌、ロンドン軍縮会議、満州事変、国連脱退、無条約時代の到来など国際情勢に大きな変化が生じたというのが大きな理由でした。

つまり安保・国防戦略やその上位にある基本国策、国家戦略より先に、下位にある国防方針やとりわけ所要兵力（軍備の整備計画）を先に策定しようという本末転倒の提案です。米国との建艦競争に奔走する海軍にとっては、国策立案よりも軍備の整備計画の方が大事であるという、まさに「国益より省益」というセクショナリズムそのものの発想でした。激動する国際情勢のなか、まさに悲劇的な事態です。

この提案に石原は、国家総力戦、国家連合の時代、従来のような国家政策や国家戦略を考慮しない軍部のみの国防方針では近代戦はとても戦えない、外交戦略や総力戦の国家レベルでの準備を包含した国防国策の大綱こそが先ず必要であると主張しました。しかし海軍はこれに同意せず、先ずは国防方針を改訂することに固執したのです。そしてこの攻防方針の改訂討議においても、日本の総合国力から主要想定敵国を米国とは国力が格段に劣るソ連一国に絞るべきだとする陸軍と、米国に固執する海軍との間に激論がかわされ、遂に米国とソ連という軍事大国の両方を主要敵国とするという妥協が成立したのです。

石原は、ここに至ってはもはや「国防方針の策定に大きな意義を感じず」と言い切り、改訂された新しい国防方針は抽象的な空文になってしまいます、この国防方針の改訂は一九三六年六月、初回の制定と同様の順序を経て天皇の裁可を得ました。しかしその内容は、陸海軍の軍備の拡大を認めさせる文書と化して基本国策や外交・経済と乖離し、総力戦や持久戦など当時の戦争のトレンドを反映していない旧来通りの古いタイプの国防方針となってしまいました。まさに省益が国益に優先した悲劇的な事態でした。

4. 帝国国防方針

国防方針は、①国防の本義、②国防方針、③想定敵国の順で記載されていますが、内容、文量共に過去に比較して極めて少なく簡単で抽象的な内容になっています。

国防の本義

「帝国国防の本義は、建国以来の皇莫に基づき、常に大義を基とし、倍々国威を顕彰し、国利民福の増進を保障するにあり」

「国防の本義」とは、国防本来の意義、すなわち国防の目的、目標や役割のことを言います。ここでは国防本来の目的が、国威の顕彰、すなわち国の名声や権威を高めることと、国民の福利の増進、すなわち経済的な繁栄を実現することにあるとしました。従来本項には、国是に始まり、「国権の拡張」という国家目標、「満韓利権の拡大」や「南方発展」などの国家戦略など基本国策が国防方針の前提、基準として記述されていましたが、今回はこれらが全て削除され、極めて簡単で抽象的な文言となっています。

国防方針

一、帝国の国防方針は、帝国国防の本義に基づき、名実ともに東亜の安定勢力たる国力とくに武備を整え、かつ外交に適い、以て国家の発展を確保し、一朝有事に際しては機先を制して速やかに戦争の目的を達成するにあり。

二、帝国はその国情に鑑み、作戦初動の威力を強大ならしむること極めて緊要なり。なお将来の戦争は、長期にわたる虞れ大なるものあるを以てこれに堪えるの覚悟と準備とを必要とす。

第一項において、従来は、東アジアにおける「攻勢作戦」が強調されていましたが、今回は軍事力と外交を国家発展の二大要素とした上で、「先制主義」と「短期決戦」を戦略ドクトリンとしています。

第二項においては、第一項に述べた短期戦勝利の前提として、平時からの大兵備の準備を強調しています。ちなみに陸軍については本国防方針に基づいて軍備充実計画が策定され、戦時四〇個師団、航空一四〇個中隊、総計一〇〇万人に近い大兵力の整備が計画され、海軍も戦艦一二隻、空母一〇隻、巡洋艦二八隻、航空機六五隊の一大海軍戦力の拡充が計画され、一九四一年の日米開戦時にはほぼ実現しています。

また第二項においては、総力戦対策や長期持久戦対策についても簡単に触れられています。しかし具体的な対策についての記述が見あたらないのです。しかし長期持久戦は世界の軍事界のトレンドであり、一九三七年に発生した日中戦争もこれに続く対米戦争も文字どおりの長期持久戦でした。石原は、日中戦争は必ず全面戦争になると予言し終始反対を続け、これが原因で参謀本部作戦部長の職を追われることになりますが、石原の予言どおり日中戦争が全面泥沼化した一九三九年、彼は「日本軍の指導者に短期戦の指導は出来ても持久戦の指導は出来ない。日本軍は持久戦（経済、外交、内政、技術、情報、作戦の長期総力戦）の観念に乏しく、持久戦運用にも不慣れで指導できる人材も無きに等しい」と酷評しています。石原の深刻な指摘は軍のみならず国民にとっても悲劇でした。原因は陸（海）軍大学校における戦略教育の欠落です。

想定敵国については、米国、ソ連、中国の三国に英国が加えられました。また米国とソ連については順序を付けず同等とされました。この時期、海軍は米国の第一次ビンソン法に刺激され、一九三四年から艦艇の第二次補充計画を推進し、一九三五年末には対米八割の高率に達していました。しかしこの後は無条約時代の建艦競争時代に入り、米国の国力、軍需産業能力に追随し得なくなります。陸軍についても、極東における日ソの兵力比は、満州事変当時の対ソ八割が一九三六年には対ソ三割まで低下してしまいました。陸海軍ともに石原の唱える日米決戦などとても実現出来る国力ではなかったのです。ただ石原が決戦の時期と予定した三〇年後の昭和四〇年（一九六五年）の日本は、敗戦の痛手を克服して世界第三位の経済大国に成長しアメリカを凌駕する経済力を持ちつつありましたから、「もしや？」という可能性はあったかもしれません。ただ現在米国と激しい覇権争いをしている中国に石原構想を真似て欲しくはありません。現代中国の動きは、旧日本や石原構想にも似て、大変心配です。

5．通商・経済戦略

☆キーワードは、「世界大恐慌」、「金本位制の崩壊」、「高橋財政」、「世界経済のブロック化」の四つです。

（1）井上準之助の経済政策

金本位制への復帰

昭和初期の国際経済の課題は、金本位制の再建による国際金融システムの再構築にありました。その狙いは、国際的な金本位制を確立して世界の自由貿易体制を保障することにありました。

しかし一九二七年の国内金融恐慌によって日本の金本位制への復帰は先送りとなり、五大国の一つである日本の金解禁は国際的な要請になりました。ただ一九二七年四月に発足した田中義一政友会内閣は金解禁に消極的で、為替政策も自由放任の立場をとっていました。当然為替相場は安定せず円相場は下落し、輸入品など物価の騰貴や通貨の膨張などの弊害を招いて、経済界を中心に金解禁を求める声が高まっていきます。

一九二九年六月、張作霖爆殺事件処理の不手際で田中内閣が天皇の親任を失って辞職し、浜口雄幸民政党内閣が誕生しました。浜口内閣は経済政策の基本を、「国際協調」、「金本位制」、「軍縮」の三点に置き、二七年の金融恐慌以来の不況を打開するため抜本的な経済政策の転換を開始します。積極財政から緊縮財政への大転換です。

浜口は、元日銀総裁で金解禁（本位制）論者である井上準之助を蔵相に起用し、施政方針として「十大政綱」を発表しました。以下、通商経済政策に限定した項目です。

①軍縮の促進　②財政の整理と緊縮　③非募債（公債を発行しない）と減債
④金解禁の断行　⑤社会政策の確立　⑥国際収支の改善と関税の改正

井上は金本位制離脱下での経済は、物価の騰貴や通貨の膨張などで経済の安定が得られず、軍事費の抑制、歳出削減、財界整理（ゾンビ企業の整理）、産業の合理化（大企業の強化）などの諸政策を講じて金本位制に復帰することこそが日本経済再生の道であると確信しこれを強く主張します。

井上によれば、通貨の価値こそは国家経済の指標であり、金本位制による通貨と物価の安定が経済政策至上の目標であって、低為替政策や関税操作などの保護主義はこれを最小限に止めて、市場のメカニズムを重視する市場主義、自由経済が経済成長の大前提であると考えたのです。現在のハイエクやフリードマン流の「新自由主義的」な考え方です。同時に現代の中央銀行の役割でもあります。

しかし一九二九年九月、ウオール街で発生した世界大恐慌は井上の政策を突き崩しました。

世界大恐慌と金本位制の崩壊ー井上に襲いかかる二つの不運

第一次大戦の戦後復興の目途がついた一九二〇年代の後半、ヨーロッパからアメリカに還流した大量のドルは大規模な株式バブルを引き起こしていました。加熱したバブルは一九二九年九月株価の大暴落を引きおこし、史上最大にして長期にわたる世界規模の大恐慌を発生させたのです。

物価とりわけ農産物価格は暴落し、消費や投資そして輸出も大減速して雇用は大幅に悪化します。信用収縮による貸し渋りや融資の引き上げ、銀行預金の取り付けなど金融危機も深刻化し、証券会社は大損失で破綻が続出しました。二〇〇八年に発生したリーマンショック以上の大恐慌です。アメリカ政府は、ケインズ型の需要拡大政策や関税の引き上げ、輸入割当など各種の保護貿易政策で景気の浮揚を図ります。しかしこの保護貿易政策は相手国の報復措置を誘発して世界貿易は縮小して、その後のブロック経済化の端緒となりました。そして日本の金本位制への復帰はこの直後の一一月に強行されたのです。当然この大恐慌は六カ月後に日本に波及しました。

一九三〇年三月、日本の株価は暴落し七月には経済不況が深刻化していきます。国内物価とりわけ農産物価格の暴落もすさまじく農村の疲弊は極度に達して、東北では娘の（赤線への）身売りが頻発しました。先の金解禁で円の対外的な信用は高まりました。しかし恐慌を尻目に強行された緊縮政策やデフレ政策の推進は物価の低落を加速させ、政府歳入も大きく減少して一九三〇年の決算では財政赤字に転落し、デフレ不況の様相がますます深まっていくのです。

そして井上に二つ目の不運が襲いかかりました。思いがけないイギリスの金本位制離脱です。当時、巨額の賠償金に苦しみ続けた敗戦国ドイツで発生した金融恐慌に発する金づまりがその原因でした。

アメリカドルと並んで金本位制を支えてきたポンドの離脱は事実上の金本位制崩壊となりました。そしてこの不運に追い打ちをかけるように三井、三菱、住友を始め日本の金融機関がドル買い、円売りを始めたのです。いずれ日本も金本位制から離脱して円安、ドル高になると予想し、為替差益を狙って大規模なドル買いに走ったのです。このため正貨（金）は大量に流失して金本位制は危機的状況となります。そして財閥系銀行は巨額の為替差益を手中に収めますが、日本の銀行に足をすくわれた井上財政は遂に力尽きて挫折してしまいました。同時に、国策を犠牲にして大不況のなか巨利を得た財閥は、その後、右翼「血盟団」のテロの標的となり、三井財閥の総帥團琢磨、そして井上自身も右翼によって暗殺されてしまいます。このテロにおののいた財閥は「転向」と称して大変身し、利益の社会還元、株式公開、国策協力のポーズを取るようになります。まさに当時は政財界人にとって命がけの時代でした。

(2) 高橋是清の経済・通商戦略

高橋財政の登場―積極財政、低為替、低金利、赤字国債

満州事変の責任を取り若槻内閣が辞職した後、犬養政友会内閣が成立し一九三一年一二月、高橋是清が大蔵大臣に就任します。高橋はこれ以降一九三六年の二・二六事件で暗殺されるまでの四年余り、激動する日本の財政を担当するのです。前内閣の井上蔵相が「緊縮財政」、「金本位制の重視」、「国際経済協調」の経済政策を追求したのに対して高橋は、

① 「積極財政政策」による内需の拡大、国内生産の拡大
② 「低為替政策」による輸出の振興と輸入の抑制、産業の保護
③ 「高関税政策」による国内産業の保護と育成、競争力の強化
④ 「低金利政策」による企業の金融支援と競争力の強化
⑤ 「カルテルや企業合同政策」による産業の合理化、競争力の強化(当時独禁法はなかった)
⑥ 「日銀引受国債・赤字国債の発行政策」による財源の確保

など井上とは正反対の積極的な経済・通商・金融の「ポリシーミックス」を展開しました。まさに現代世界に通じる典型的な保護主義タイプの経済政策です。

財政出動による需要の創出、生産の拡大―軍事費と公共事業を景気回復の牽引バネに

高橋財政時代の歳出は井上時代の一七億円規模から大きく拡大して二二億円レベルとなりました。とりわけ軍事費のシェアは、一九三一年の三〇％レベルから、三六年には四七％の高率に達しました。これは満州事変以降、陸海軍が対中作戦を連続させて軍備、軍事費を拡大し、劣勢化する対ソ軍備や対米軍備を拡大強化したことによるものです。そしてこの軍事費のうち、兵器、艦艇、機械など装備関係予算の七〇％以上が民間企業に発注されて景気回復の起爆剤となりました。なかでも金属、機械、化学を中心とする重化学工業が活性化し、その他の産業を牽引して恐慌不況からの脱出を早めます。高橋は軍部による執拗な軍事費の拡大要求を逆手に取って、これを景気回復の牽引バネとしたのです。

高橋の景気回復策の二つ目のバネは、ケインズ型の公共事業による需要の創出です。

一九三二年に犬養首相を暗殺した五・一五テロ事件は、兵士の供給源である農村の恐慌不況対策の不徹底に憤激した海軍将校によって決行されました。テロに驚愕した政府は大規模な農村救済事業を開始します。「時局匡救事業」と呼ばれたこの事業は三年に渡って実施され、その事業規模は歳出の一〇％を越える年二～三億円レベルに達し、景気回復の牽引バネとして大きな役割を果たしました。こうした景気回復策によって日本は恐慌不況に苦しむ列強に先駆けて七％レベルの成長と景気回復を達成したのです。

日銀引受国債や赤字国債の発行政策―平成日本に通じる赤字国債

高橋の積極財政の財源を支えたのは、日本財政史上初めての赤字国債の発行でした。高橋はこの赤字国債や日銀引受国債の発行によって満州事変以降増大を続ける軍事費や不況対策を賄い、こうした財政出動の景気刺激効果を通して

高橋是清

日本経済全体の需要の拡大や生産の拡大を追求したのです。

ただ政府・日銀が一九三二年以降の三年間で発行した長期国債の総額は三四億円に達し、政府歳入二二億円（年度）に対する公債依存度は実に五〇％の高額に達しました。年間の税収とほぼ同額の歳入を国債で賄うという不均衡財政はプライマリーバランスの黒字化に苦しんだ平成日本によく似ています。

同時に赤字国債という安易な方法で財源を確保しながら景気を刺激する財政出動を行い、合わせて金利の低下を容易にするという、まことに魅力的で今日的な財政手法は反面、赤字国債の発行が政府の自由な裁量に任されているため財政の膨張に歯止めがかからないという財政規律上の大きなリスクも併せ持っていました。ＭＭＴ（現代貨幣理論）が流行する今日の日本にも教訓的です。

果たして景気が回復した一九三五年になると、民間の設備投資が活発化して資金需要が増大し、市中銀行による国債購入は急減します。国債の市中消化が困難な中での赤字国債の大量発行は悪性インフレを引き起こすリスクが高まり、高橋は軍事費の大幅な抑制と赤字国債の発行の中止に乗り出すのです。折から国際的な孤立化の中で軍備の増強に焦慮していた軍部は、高橋の政策転換に大反発し、この後の一九三六年二月、陸軍の青年将校が引きおこした二・二六事件で高橋は暗殺されてしまいました。

低為替と高関税による保護主義―ブロック経済へ追い込まれる日本

高橋の恐慌不況対策第三の手法・バネは「低為替と高関税」による産業保護政策でした。

一九三二年、蔵相就任早々高橋は金本位制からの離脱を宣言します。このため為替相場は下落して円安となり、一〇〇円＝四〇ドルレベルであった円相場は二〇ドルレベルまで下落したのです。下落当初は相場放任主義で望んでいた高橋もさすがに外国為替の統制に転じ、相場は二九ドルレベルで安定し低為替相場が定着しました。当然この低為替相場は日本の輸出ドライブをますます加速させ、特に欧米列強の植民地であるインドや東南アジア市場への軽工業品の輸出の拡大は「為替ダンピング」と非難されて貿易摩擦を激化させました。列強は対日通商条約を破棄し日本は二国間交渉に追い込まれます。各国は関税の引き上げ、輸入制限、数量制限、輸入許可制、為替管理などの貿易制限を発動し、世界は英連邦のスターリングブロックやドイツのマルクブロックに代表されるブロック経済のトレンドに突き進み、世界貿易は大幅に縮小していくのです。

低為替政策と並んで高関税政策も輸入の抑制、国内需要の拡大、国内産業の保護と育成の目的をもって実施されました。一九三二年には、銑鉄など重化学工業製品を中心とする輸入税の引き上げや従量税品目の税率の引き上げが行われました。同時に円安そのものが輸入品価格の高騰をもたらしたため、輸入は大きく抑制されて有税品の輸入率は二〇年代の三〇％レベルから二〇％レベルにまで低下したのです。

このため国内の重化学工業品の輸入代替化が促進され、重化学工業を中心として、日・朝・台・満間の日本帝国（円）ブロック内部において循環的な景気の拡大が進んでいきます。こうして低為替と高関税による保護主義政策は世界貿易を縮小させ、定石どおり経済のブロック化を促進していったのです。

産業構造の変化―重工業の根幹はアメリカに握られていた

大戦期に大きく進行した日本の重工業化率は戦後のワシントン軍縮条約による軍需の減少の影響で一九二〇年代後半（昭和初期）には徐々に低下していきます。反面、電力革命に伴って発電器、重電器、工作機械などの電気機械工業の分野では外国企業との提携が進行し、東芝とＧＥ、三菱電機とウエスティングハウスとの提携が行われ、古河電工とジーメンスとの合弁で富士電気が誕生するなど、日本には「第二の資本輸入期」と呼ばれる現象も発生しました。

一九三〇年代に入ると、政府の低為替政策による輸入価格の上昇から重化学工業の輸入代替化が進み、満州事変に始まる軍備の増強路線によって再び重化学工業の成長が始まります。日本の重化学工業化率は、熱河作戦が行われた三五年で四〇％に近づき、二年後の日中戦争勃発時には五〇％レベルまで到達しました。ちなみに戦後の高度成長期には七〇％を超えます。

しかし日本の重工業には古くからの弱点も依然として存在していました。

特に機械・金属分野における国際競争力が不足し、とりわけ機械を造る工作機械や精密機械の分野は依然として欧米からの輸入に頼らざるを得ない状況だったのです。一方リーディングセクターである鉄鋼業にも弱点がありました。原料である鉄鉱石の海外依存度が高率である上に、当時の製鋼技術では副材料としての屑鉄がどうしても必要であり、これは自動車産業が進んだアメリカに依存せざるを得ず、屑鉄の八〇％はアメリカからの輸入に頼っていたのです。戦車や軍艦、大砲や航空機に鉄鋼製品は不可欠です。日本は精密機械製品や石油、航空機燃料など軍需産業や資源の根幹をアメリカに握られていました。

第６章

八年戦争期の国家戦略
日中戦争から終戦まで

1．一九三〇年代のヨーロッパ情勢

☆キーワードは、「ナチスの台頭」、「ドイツの再軍備」、「ドイツのチェコスロバキア占領」、「独ソのポーランド侵攻」、「ドイツのフランス占領」、「独ソ開戦」、「日独伊三国同盟」の七つです。

激動するヨーロッパ―ヒトラードイツの台頭

第一次大戦後の国際秩序の原則は国際協調、軍縮、国際連盟外交、すなわちベルサイユ体制でした。ヨーロッパでは、一九二五年に英・独・仏・伊・伯の五カ国による相互不可侵を定めたロカルノ条約が締結され、一九二八年にはパリで不戦条約が締結され、自衛戦争を含めた全ての戦争が違法とされるという人類史上初めての画期的な条約が締結されました。まさに第一次大戦の大被害がこれらの条約を成立させたのです。

しかし、このベルサイユ体制を破壊し、世界を第二次大戦に誘導したのがナチスドイツでした。ナチスはベルサイユで課せられた巨額の戦時賠償と世界恐慌による大不況で国民に充満した不満を吸収し、ベルサイユ条約の破棄や強硬外交を国民に訴え、ドイツ民族の優越性や栄光を強調するなど、ドイツ人の民族感情を巧妙に扇動しました。巧妙な宣伝戦の結果、ナチスは中間層や貧困層のみならず富裕層にいたるまで圧倒的な支持を獲得して一九三二年七月、総選挙で一躍ドイツ第一党に躍り出たのです。

一九三四年二月、ヒンデンブルグ大統領の死去に伴い、その後を襲ったヒトラーは、大統領権限を大幅に強化して立法、司法、行政三権の最高執行者として独裁的な体制の確立に成功します。ヒトラーの対外政策の目標は、ベルサイユ体制を打破してオーストリアやチェコなど多くのドイツ人の居住する地域を併合してドイツの民族的共同体を建設し、プロシャ型の「大ドイツ帝国」を再現することでした。さらに、この帝国を基軸に東欧諸国を取り込んだ広域経済圏（マルクブロック）を形成することを目標としました。

ヒトラーは、三五年三月、ベルサイユ条約を破棄して再軍備を宣言し、一九三六年には仏ソ相互援助条約を対独敵視であるとしてロカルノ条約も破棄して、禁止されていたラインランドへの進駐を強行します。そして、共通の敵であるソビエトを東西から挟撃する態勢を作るため日本と防共協定を締結するのです。

さらにヒトラーは一九三七年一月、機密の外交方針として次の構想を閣僚達に示達しました。

①ドイツの政治目標は「より広い生活地域の獲得」にある。
②この生活地域はドイツと「陸続きの地域」に求める。
③生活地域の拡張のためには武力の行使もためらわない。
④第一の目標はオーストリアとチェコスロバキアである。
⑤その後の目標は西欧（フランス・オランダなど西欧）である。

果たしてヒトラーは一九三八年七月、オーストリアを併合し、チェコのズデーデン地方の割譲を実現してしまいました。これに反発し非難する英仏などヨーロパ列強に対して狡猾なヒトラーは「これ以上の対外拡張は決して行わない」と内外に明確に宣言します。このヒトラーの巧言に乗せられ、背後にチラつかせるオドシに妥協したのがイギリス首相のチェンバレンでした。

チェンバレンは、一九三八年九月、ドイツのミュンヘンで英・独・仏・伊の四カ国会談を行い、ズデーデンの割譲を認める代わりに今後の重要な外交行動に関しては、「英独で話しあって取り決める」と約定したミュンヘン協定を締結し、「大成功」と安心してヒトラーと妥協してしまいました。

しかしヒトラーは翌一九三九年三月、協定を無視して新たにチェコスロバキアを占領し、八月には独ソ不可侵条約を締結し、九月にはソ連とともに東西からポーランドに侵攻し、これを分割してしまいます。日本が日中戦争の泥沼にはまり込み、脱出に苦闘していた時代です。

このドイツのあからさまな侵略に対じて、英仏はポーランドに対する援助やソ連との同盟や協商を追求しますが、いずれも大きな成果を挙げることなくヒトラーの硬軟両様の巧妙な外交戦術に敗れてしまいました。そして一九四〇年五月、遂にヒトラーはフランスに侵入してパリを占領し、英軍をダンケルクの断崖に追い詰めるのです。

勢いづいたヒトラーはイギリス本土への上陸を目標に大規模な爆撃を継続します。しかしイギリス国民はこれに屈することなく果敢に抵抗し、焦ったヒトラーは、英仏が軍事同盟を追求しているソビエトを屈服させることが勝利への近道と考え、一九四一年六月遂に対ソ戦に踏み切りました。ソ連とは既にバルカン半島などで対立関係にあり開戦は時間の問題でもあったのです。

そしてこの対ソ戦がヒトラーの「つまずき」の発端となりました。

国土広大で酷寒のロシアの大地は、かつて天才ナポレオンを飲み込んで敗北と滅亡に追い込みましたが、ヒトラーも同様の運命を辿ります。この困難な対ソ戦に勝利するためには、ソ連を東西から挟み撃ちできる日本との同盟が必要とヒトラーは日本に接近します。同時にヒトラーにとって大国アメリカの参戦防止も大きな命題でしたが、このためにも日本との同盟が有効と考えたのです。こうして日独伊三国同盟が一九四〇年一一月に締結されました。しかしドイツの西欧（対仏英蘭）作戦の大成功に眩惑され、先の読めなかった日本は三国同盟にのめり込み、ドイツの勝利で空白となった仏領インドシナ（ベトナムなど）や蘭領インドネシアへの進出を目論み、アメリカを著しく刺激して、遂に太平洋戦争に突入するのです。

2. 日中戦争期の外交・軍事戦略

日中戦争（支那事変）から太平洋戦争へ―日本の指導層が読み違えた日中偶発戦争

一九三七年七月に偶発した日中戦争（支那事変）は、「銃声一発」という小さな小さな威嚇・挑発行為が当事者達の「読み違い」によって国家間の全面戦争に発展した典型的な偶発戦争です。

日本陸軍とりわけ関東軍は一九三一年の満州事変以降、三三年には熱河省への進攻、三五年には華北五省の分離独立工作など中国本土への進出を、中央政府や軍統帥部の統制を無視、あるいは事態を中央に追認させる形で進めていました。現代から見ればまさに下克上の文民統制を無視した独善的な行動です。

一九三六年一月陸軍参謀本部は、北清事変以来北京郊外に駐屯する支那駐屯軍司令官に対して、華北自治工作完成のための援助を指示し、駐屯軍の兵力を二〇〇〇名から六〇〇〇名に増強しました。既に関東軍の華北進攻によって中国官民の反日運動はいよいよ高揚しており、華北自治工作も行きづまりを見せていましたが、支那駐屯軍の増強はこれに拍車をかけたのです。そして一九三七年七月、北京郊外の豊台に駐屯する日本軍部隊が中国軍陣地から射撃を受けた（共産党の謀略説もある）のを皮切りに日中両軍の交戦が始まりました。

この事変の処理については陸軍部内に大きな対立が発生しました。その一つは、この際中国に一撃を加えて華北工作の行きづまりを一挙に打開しようという対支一撃論で、陸軍省軍事課や参謀本部支那課がこれを主張しました。一撃論とは、「日本軍三コ師団、五万人も派兵すれば中国などすぐに屈服する」という一撃決着論で、この背景には伝統的な陸軍の中国軍軽視の風潮があり、特に中国情報の専門機関である支那課の中国軽視は極端でした。もう一方の「不拡大派」は、参謀本部作戦部長の石原完爾を始めとする参謀本部戦争指導課や陸軍省軍務課で、「一撃論は一撃に止まらず必ず全面戦争や長期戦に拡大する、この際は戦争を回避し対ソ軍備の強化に専念すべきである」という意見でした。

しかし軍部の拡大派のみならず、政府や政党あるいは世論やマスコミには、日本の中国利権の拡大を強力に主張する対支膺懲（ようちょう）（こらしめ）論が広範囲に存在し、不拡大派はこうした勢力に敗北して事変は拡大し、その後八年に渡る泥沼の長期戦に陥っていくのです。

一方、中国政府とりわけ日本の士官学校出身の蒋介石は、対日戦争の本格化を予想して、既にドイツ人軍事顧問の指導のもと、日本軍の予想進撃経路に合わせて防御施設や交通補給施設を準備していました。事変に際し蒋介石は、「空間をもって時間に変える長期持久戦」を決定しました。これは主作戦正面を揚子江沿いに導き、支作戦正面を華北として日本軍の主力を奥地へ奥地へと誘導し、日本軍を消耗させ敗退させようとする持久消耗戦略でした。蒋介石の狙いは、日本軍が華北から華中へと作戦し、中国大陸を東西に分断して東海岸からの物流や米英など外国の軍事援助を遮断されることを回避し、日本軍を揚子江沿いの東西方向に誘導し、中国大陸の縦深性を大いに活用して日本軍を長期戦で消耗させる点にありました。

そしてこの軍事戦略を米・英・仏・ソの四国を味方に取り込んだ外交戦略で補強し、乏しい国力・軍事力を補うという政戦略一致の巧妙な弱者の戦略で日本軍に抵抗したのです。日本軍は一撃論という安易な中国評価のもと、一九三七年八月には八コ師団約一〇万人の北支方面軍を編成し「北京付近の要地を占領し、敵の意志を挫折せしめ、戦争終結の目的をもって河北省の敵を撃滅すべし」と命令して作戦を発動しました。要するに河北省に所在する四〇余コ師（旅団レベル）二〇数万人さえ撃破すれば戦争は速戦速決の短期戦で終わるという発想です。

しかし八月の保定の会戦、九月の石家荘の会戦、いずれの会戦でも決戦は生起せず、中国軍は巧妙に後退を繰り返します。さらに中国軍は揚子江沿いに日本軍を吸引するため、九月末には上海に二〇万人を越える大兵力を集中します。日本軍は新たに三コ師団を投入しますが、ここでも中国軍は後退を繰り返し、日本軍は十一月には無錫（むしゃく）に進出、十二月にはついに南京に入城するのです（南京事件）。

華北や華中における意外な戦面の拡大と戦争の長期化に焦慮した陸軍中央部は、ドイツの駐中国大使トラウトマンを仲介に和平工作を開始し、華北の非武装化や日中合弁の産業経済政策案などを提案します。しかし現地の日本軍は中央の意図に反して、華北や内蒙に臨時政府を設立したり、軍の力を背景に急激な日本人の経済進出を支援し苛酷な権益要求を繰り返すなど下克上ともいえる越権行為を強行します。

こうした事情から日中関係は決裂してトラウトマン工作は失敗し、一九三八年一月、近衛首相は「蒋介石を対手とせず」との悪名高い断交ともいえる強硬声明（一次）を発し、外交関係は行き詰まります。一九三八年に入り、蒋介石の屈服を急ぐ陸軍は五月、徐州に八コ師団一〇数万の大兵力を動員し中国軍の殲滅を計画しますが、兵力不足で殲滅に失敗、さらに九月には華中最大の要衝である武漢に一四コ師団四〇万人の国軍主力を動員して両翼包囲の戦略態勢でこれを占領しました。しかしここでも中国軍は巧妙に後退して政府を四川省の省都重慶に移し、米・英・仏・ソによる大規模な軍事援助をテコに長期抗戦態勢を確立するのです。そしてこの武漢作戦が日本軍の攻勢の終末（限界）となりました。

かくして日中戦争の武力戦は一九三八年の秋を以て攻勢の限界に達し、以降は中国の大部分という広大な占領地域の軍政による管理など政略手段を重視する段階に入ります。ここでは、

①蔣政権との「和平工作」
②蔣政権の分裂、新政権の樹立などを狙った「政治謀略工作」
③蔣政権の経済・金融基盤を破壊する「通貨・金融工作」
④米・英・仏・ソなどによる対中軍事援助を遮断する「援蔣（蔣介石）ルート遮断工作」

などが戦争指導上の重要課題として浮かび上がってくるのです。これらの工作の主体は常に陸軍でした。そして中国全土の要衝を占領した日本軍の軍政（占領地管理政策）による中国経済の強力な統制や米・英・仏など列強の中国における経済活動に対する制限は、各国の中国利権との深刻な摩擦や対立を深める大きな要因になりました。

米国は一九三九年七月、日米通商航海条約の再締結を拒否し、対米貿易依存度が三〇％を越える日本は、米国による輸出制限と欧州の戦乱による輸入難のリスクに直面し、十二月「対外政策要綱」を定め、国防経済の自給圏確立のため南方諸地域への進出を模索し始めるのです。

しかもこの時期、戦時日本の国策の決定には外交や経済の専門集団ではない軍部が大きな発言権を持っていました。そして日中戦争の泥沼化と米国の対日圧力による閉塞感のなか、一九四〇年四月に始まるド

イツの西欧作戦の圧倒的勝利はドイツ一辺倒の陸軍の南進熱を一気に高揚させました。五月、陸軍省の岩畔軍事課長は西浦進高級課員をして参謀本部に南方作戦作成を申し入れ、これが一大転機となって政府の南方政策が急速に進められるのです。

参謀本部は一九四〇年六月、仏印問題に関心を集中し、仏本国の降伏に乗じて、まず北部仏印に武力進駐し、これを契機に援蒋ルートの遮断と南進の拠点を一挙に確保しようと計画します。そこには武力南進が米国との激突を招来するとの警戒心と重大性の認識は希薄でした。

かくして六月以降開始された敗戦国フランスとの仏印援蒋ルートの禁絶交渉は二〇日、日本の要求通りに妥結し、ビルマ援蒋ルートの遮断についてもイギリスは日本の要求をやむなく受諾しました。こうした英仏の弱気な姿勢を見て、国内にはドイツ勝利の「バスに乗り遅れるな」の言葉が氾濫し、各政党は外交転換を決議し、マスコミは南進強行を書き立てるのです。こうした国民的興奮のなか参謀本部は一九四〇年六月、陸軍省と参謀本部の課長クラスで南方作戦案の検討を開始し、基本国策であり国防方針の大変更である「世界情勢の推移による時局処理要綱」までをも完成してしまったのです。その内容は以下のとおりです。

一、帝国は速やかに支那事変の解決を促進し、好機を捕捉して南方問題を解決する。

二、対外施策

独伊との結束の強化、日ソ連携・日ソ同盟の調整、米国との摩擦の回避、仏印(ベトナム)への進駐と軍事的な利用、蘭印の重要資源の獲得、英国の援蒋ビルマルートの遮断

三、南方武力行使

①支那事変解決後は南方問題解決のため「武力を行使」する。

②武力行使は努めて「英国」に限定する。

③やむを得ざる場合は「米国への武力行使を準備」する。

まさに戦争の基本構想、国防国策そのものです。米英を「可分」であると誤判断し、米国の対日外交を楽観視し、老獪狡猾なスターリンを信用した本要綱は大本営・政府連絡会議で承認されますが、日中戦争の終結に全力を傾注すべきこの時期に、ドイツの勝利に眩惑され、朝野を挙げて南方に突進するというこの状況は、大勢の恐ろしさを止め得ない人為の限界を象徴する悲劇的な事象でもありました。

南進大転換と呼ばれるこの画期的な国策によって日本の針路は大きく転換し、その後の日本は九月、陸軍は南方政策の拠点となる北部仏印に進駐、さらに日独伊三国同盟に調印して海軍も対米戦備の強化を促進します。そして日中戦争は表舞台から脇役の地位に下げられるのです。

この後の日本は南方資源の獲得や援蒋ルートの遮断をめぐって米英と対立、一九四一年七月には南部仏印への進駐を強行し、大反発した米国は、日本の輸入量の七割を占める石油輸出の禁止や日本資産の凍結など経済制裁を発動します。日本政府や軍部の甘い読みは外れ日米は決定的な対立関係に陥りました。

余談になりますが、本書は昭和陸軍や海軍の失敗に関して多くの批判を展開していますが、昭和四〇年前後の学生時代、筆者は明治一〇年生まれの荒木貞夫大将以下、今村均、土井明夫、稲田正純等の多くの旧軍の大物将軍や西浦進、杉田一次など多くの大本営エリート参謀の皆さんと研究会や懇談会などでしばしば接触する機会を得ました。いずれも「全国の秀才を選りすぐった」といわれた旧軍の将軍や参謀でしたから皆さん聡明で愛国者で、「こうした人材がなぜ無謀な戦争を起こしたか？」との疑問にとらわれました。そして「時代の雰囲気、組織の雰囲気」という、体制が創り上げるドクマ化した政治や軍事の「理念」が、個人の良識を越えた非常識な言動や思考を強制することに気づかされたのです。

3．近衛（第一次）内閣の外交戦略

☆キーワードは、「日中戦争の泥沼化」、「南進大転換」、「日独伊三国同盟」、「仏印進駐」、「米国の対日経済制裁」、「ハルノート」の六つです。

陸軍と日中戦争処理に苦闘する近衛

一九三七年七月、日中戦争発生時の総理大臣は近衛文麿でした。近衛は公家の筆頭近衛家の当主であり当時四五歳、その家柄の高さと長身の体躯、悠然とした物腰、他人の意見を粘り強く聞く鷹揚さなどで、軍を始め国民的な人気が最も高い政治家でした。一方でその性格は、主導性や指導力に乏しく優柔不断、気弱で動揺しがちな側面があり、とりわけ右翼や軍人のテロに対して著しく神経質であり、彼らの主張に迎合する性向がありました。その政治思想は公家特有の国粋的な保守性を基本としつつ、京都大学出身で欧米留学の体験を持つことから、適度の国際性も身につけていました。西園寺公望ほどではないにしても当時としては思想的にバランスのとれた政治家であったといえます。

日中戦争発生時、近衛は石原などと同調して不拡大の方針を採りましたが、その後は軍の強硬派に押されて拡大方針に転換していきます。しかし予期せぬ戦争の拡大と長期化の兆しに、近衛は陸軍の要求のもと駐華ドイツ大使トラウトマンに和平の仲介を依頼しました。その条件は次のとおりです。

①中国政府は満州国を承認する。
②華北と華中に非武装地帯を設定する。
③華北と華中の特定地域は日本軍が「保障占領」する。
④中国は日本に「賠償」をなす。

これはまるで戦勝国が敗戦国に要求する内容でしたから、中国は躊躇(ちゅうちょ)し、工作は失敗に終わりました。明けて一九三八年一月、内閣は「支那事変根本方針」を決定します。その内容は次のとおりです。

一、国民政府が反省し、誠意をもって和平を求めるなら次の条件をもって交渉する。
①日・満・支三国は相互の友誼を破壊する政策や教育などを行わない。
②三国は協同して文化の提携と防共政策を行う。
③三国は「産業・経済等に関して協同互恵」を約定する。
二、国民政府が和平を求めない場合は新興政権を樹立し、国民政府は消滅させる。

これもまさに上から目線の、強圧的でしかも抽象的な内容です。

しかし蒋介石の方にも事情がありました「長期持久戦」を方針としながらも国土の大半を喪失した蒋の責任を追及する声が国民党内に無いわけではありませんでした。日本の陸軍士官学校出身で知日派の蒋も内心では日本との妥当な和平を希望していたのですが、日露戦争以降の陸軍の謀略体質を蒋は容易に信用することが出来ませんでした。蒋は和平に躊躇します。しびれを切らした陸軍強硬派と近衛は一九三八年一月、先の見通しも無いままに「帝国政府は事後国民政府を対手（相手）とせず、新興政権の成立を期待しこれと協力する」と声明（第一次近衛声明）し、日中関係は事実

近衛文麿

上の断交となりました。

一九三八年の一年を通して、日本軍は蒋政権の打倒を目標に国軍の主力を動員して徐州作戦や武漢攻略作戦を展開します。しかし蒋介石は屈服しません。そこで浮上してきたのが新興政権の樹立構想です。近衛は一一月、第二次近衛声明を発表します。「東亜新秩序声明」と言われる声明です。
①東亜新秩序とは、日・満・支の三国が政治、経済、文化の各分野で提携、協力し、これに依って東亜の安定と共同防共を達成する。
②国民政府が抗日政策や国共合作政策を放棄すれば日本政府は国民政府を受け入れる。
この提案に国民党内部から呼応したのが日本陸軍の工作を受けた国民党副総裁の汪兆銘です。

汪の構想は、中国国内に中立地域と自治政権を作り、国民党や国民に反共和平を呼びかけて日中両政府の架け橋になろうというものでした。しかし日本軍の意図とはこれとは異なり、満州国と同様の傀儡政権を作ろうというものだったのです。

新政権は一年後の一九四〇年初めに成立し、日華基本条約と秘密の内約が締結されますが、その内容は東亜新秩序声明とはおよそほど遠い、中国支配を狙った政治、軍事、経済上の苛酷な要求が網羅されており、汪以下の政権幹部はこれに憤激し、中国の国民も政権を見限りました。ここでも陸軍の自己中心で強引な政治工作は失敗するのです。

さらに一九三八年に入って、戦争の長期化による対ソ軍備の停滞を憂慮した陸軍は、勃興するドイツとの連携を強化してソ連を挟撃できる態勢を構築しようとします。しかし国内ではこの日独連携強化が英米を刺激して日中戦争そのものの解決すら困難にするとして、海軍を始め外務、大蔵の各大臣が激しく反対して纏(まと)まらず、ここでも陸軍の政治工作は失敗します。しかし当時の陸軍の政治力は内閣の閣僚名簿を大佐クラスのエリート軍人が書き換えさせるほど大きな力がありました。この背景には常に右翼の政治テロと軍のクーデター、テロの脅しがあったのです。こうした政局に嫌気がさした近衛は一九三九年一月総辞職します。

4．第二（三）次近衛内閣の外交戦略

松岡外交と日米開戦―松岡外交の誤算

一九三九年は年間を通して泥沼化した日中戦争打開の決め手が見つからず、巨大な財政・経済・人的負担（最大動員時は約一五〇万人）と対ソ軍備拡張の停滞に陸軍が焦慮し苦闘した一年でした。汪兆銘の新政権も事変解決にはほど遠く、重慶工作も進捗せず、軍部は焦り続けました。一九四〇年三月、ついに軍部は華北、蒙彊、上海に防共駐兵するほか中国全土からの撤兵を決断したのです。陸軍の雰囲気は実に沈鬱でした。

そこに吹いた神風がドイツの西欧作戦の大成功です。当時の首相は三国同盟に大反対する米内海軍内閣でしたから、陸軍は早速米内内閣の倒閣に乗り出し、国民的人気の高い近衛傀儡内閣の成立を工作します。工作に乗せられた近衛は一九四〇年七月第二次近衛内閣を組閣しました。そして近衛は外相に松岡洋右を起用したのです。松岡は一九三三年、日本が国際連盟を脱退した時の全権委員として、その英語力と弁舌の巧みさ、強気の姿勢とアメリカ仕込みの派手なパフォーマンスで国民の大喝采を浴びた人物でした。

松岡は機略縦横の豊かな才能を持つ反面、大変な自信家で他人の意見を入れず、自己顕示欲が強い対米

強硬派でもあったことから、近衛周辺には松岡の起用に関して多くの異論がありました。しかし近衛は自分には無い松岡の強気と弁舌が横暴な陸軍を大いに牽制することを期待したのです。

近衛は八月、陸軍起草による「基本国策要綱」を発表します。その要旨は、

日本の国是は八紘一宇の精神に基づいて世界平和を実現することにあり、先ずは日本を核心とした「日・満・支の強固なる結合」を根幹とする「大東亜の新秩序を建設する」にある。

という第二次近衛声明を焼き直した「東亜ブロック化宣言」でした。これに関して松岡も談話やコメントを発表し、「現下の外交方針は、先ず日満支を一環とする大東亜共栄圏を建設することにあり、この共栄圏には仏印や蘭印も含まれる」と定義したのです。「大東亜共栄圏」という用語はここに始まりました。

この要綱に続いて内閣は、すでにお話しした「世界情勢の推移に伴う時局処理要綱」を八月に決定し南進大転換を決定します。そして九月、陸軍は北部仏印に進駐し、その直後に日独伊三国同盟に調印するのです。三国同盟の主旨はその第三条にあります。

三、三国はその「新秩序建設」の努力につき相互に協力する。その一国が欧州の戦争や日中戦争戦争に参加していない国から攻撃を受けた場合、三国はあらゆる政治的、経済的、軍事的手段を活用して相互に援助する。

これは現代にいう「防守同盟」です。「参加していない国」とはアメリカとソ連です。つまりドイツはこの同盟によってアメリカのイギリス側への参戦の防止やソ連の牽制を狙いとし、日本もまたアメリカの中国側への参戦や軍事援助を防止し、出来れば中国との仲介を期待したのです。そして松岡や陸軍にはもう一つの狙いがありました。それはドイツに仲介させてソ連と不可侵条約や中立条約を締結すること、出来れば三国同盟にソ連を引き入れて四国同盟としてアメリカを牽制し対日宥和政策を採らせることにあり

ました。この時期、独ソの関係はバルカン問題をめぐって不安定な状態にありましたから、ドイツは仲介を明言せず松岡の要求を聞き留めて同盟の調印を急いだのです。

アメリカは当然この三国同盟に猛反発して鉄鋼や屑鉄などの対日輸出を停止し、日本の鉄鋼業は大きな打撃を受けます。国内でも昭和天皇を始め元老の西園寺など海外通の有識者には多くの三国同盟反対論がありました。しかし自信家で強引な松岡は、日ソの国交調整を具体化するため一九四一年三月、自ら渡欧することを決断します。

ベルリンに到着した松岡はヒトラーの大歓迎を受けますが、ドイツ側はソ連との関係の悪化と独ソ戦争の可能性を暗示して四国同盟を拒否し、逆にイギリスの屈服を促進するため英領シンガポールに対する攻撃を要求される事態となってしまいました。

ドイツの仲介を不可能と見た松岡は帰路モスクワを訪問し、ここでも大歓迎を受けて一九四一年四月、日ソ中立条約に調印しました。老獪なスターリンにとって独ソ戦争を控えた今、東方の大脅威である日本が中立条約を提案し東南アジア方面に矛先を向けアメリカと衝突することは大歓迎であったのです。松岡の大失策です。松岡や陸軍はスターリンを甘く見ていました。この結果は四年後に満州や北方四島への侵攻で現れます。

日米交渉と松岡の誤算—対米強硬外交の失敗

対立する日米の国交交渉は、松岡の訪欧中の一九四一年四月に始まりました。

米国の国務長官ハルが野村駐米大使を招いて日米諒解案を話題に出したのです。この日米諒解案は一月、カトリック伝道協会の二人の牧師によってルーズベルト大統領やハルに提案され、その後野村大使や陸軍省軍事課長の岩畔大佐、ウ

松岡洋右

オーカー郵政長官など日米の官民が加わって作成されたものです。
その要旨は次のとおりです。
一、欧州戦争への態度
①日本は三国同盟が、あくまで防御的な「防守同盟」であることを声明する。
②米国は「攻撃的な同盟（攻守同盟）」の成立をあくまで否定する。
二、日中戦争への態度
米国は日本が左記の条件を保障すれば、中国に対して和平を勧告する。
①中国の独立、②日本軍の中国（本土）からの撤退、③中国領土の非併合、④非賠償、⑤中国の門戸開放、⑥満州国の承認
三、日米は、太平洋の平和維持のため「相互に脅威となる海空軍」を配備しない。
四、通商と経済の提携
①日米は必要とする物資を相手に供給する。②通商条約を回復する。
五、日本は南方への進出や、物資の獲得にあたり「武力を行使することなく」平和的な手段によって行う。
ハルは、この諒解案にハルの四原則（他国の領土・主権の尊重、内政不干渉、機会均等、太平洋問題の武力解決の禁止）を加えて日米交渉の出発点にしようと提案します。読めば分かるように、当時の日本とりわけ陸軍にとって譲歩出来ない最大の問題は「中国（本土）からの全面撤退」でした。

しかし日中戦争解決の目途も立たず、国力も消耗して対米戦の自信も無く、問題解決には中国への最大援助国である米国の仲介が不可欠であることを理解する陸軍首脳は「満州国の承認」を認めるこの諒解案

に不承不承同意したのです。

諒解案に全面同意し期待する近衛は松岡外相の帰国を待って日米交渉を進めることを決断しました。しかし内閣の期待に反して、対米強硬派の松岡はこの諒解案に激しく反発します。知米派である松岡の持論は「対米交渉は強硬方針を基本としなければ米国は傘にかかって厳しい条件を押しつけて来る」というものでした（現代から見ても一理ありますが）。松岡は「諒解案」を大幅に修正します。諒解案の第二項や第三項はほとんど削除、第五項の「武力を行使すること無く」も削除して正式な交渉案としました。意外にも政府や陸軍には松岡案に同調する勢力が存在し、これに同意したのです。当然ハルは松岡案では「話にならない」として日本案を拒絶し五月、交渉は行きづまりました。

しかしアメリカは出来れば日本をドイツから引き離し、たとえ日米開戦となってもその時期を遅らせたいと、交渉そのものは継続します。ただその後の日本側の交渉案は日米諒解案に沿って大きく米国に譲歩するようなものではありませんでした。松岡は依然として強硬論を捨てず（松岡流の計算された外交交渉術で、本意では無かったとの説もある）、遂に近衛は総辞職による松岡の追放を考えるようになります。

そして一九四一年六月、運命の「独ソ戦」が勃発しました。松岡はこれを好機としてソ連攻撃を主張し、一方の陸海軍は南部仏印への進駐を強硬に主張します。南部仏印を占領して南方進出や中国南部進出の足がかりにしようという構想です。蘭印ではなく南部仏印であれば米国も反対しないという甘い読みが近衛や軍部にありました。政府は「情勢の推移に伴う帝国国策要綱」を決定して七月、南部仏印進駐を決行します。この要綱の主旨は次のとおりです。

①帝国は世界情勢の変転に拘わらず「大東亜共栄圏を建設」し世界平和に寄与する。
②帝国は自存自衛の基礎を確立するため南方進出の歩を進め情勢により北方問題を解決す。

③帝国は自存自衛上南進するため情勢の推移に応じ対英米戦を辞さず。

近衛は七月総辞職して松岡を追放し、第三次近衛内閣を組閣した上で南部仏印への進駐を実行しました。しかしアメリカの反応は強硬でした。アメリカは即時、日本資産の凍結を命じて日本の在米企業は活動停止を強いられ、さらに対日石油輸出の全面禁止を発動します。輸入の七割を占めるエネルギーの根幹を止められて日本の経済活動や海軍の軍事行動は大きな打撃と制約を受けることになりました。

こうした事態を昭和天皇も憂慮され、近衛も対米関係の打開に向けて必死になります。近衛は八月、ルーズベルトとの直接会談を申し入れ、陸軍に対しては中国からの全面撤退を懸命に説得しますが、すでにハルは日米交渉に期待せず、陸軍もまた近衛の説得を拒絶します。そして九月、御前会議において「帝国国策遂行要領」が決定されて日米開戦が予定されました。

①帝国は自存自衛を全うするため十月下旬を目途に「戦争準備を完整」す。

②帝国は並行して米英に対して外交の手段を尽くして「要求の貫徹」に努む。

しかしその要求とは、日米諒解案とはほど遠い中国における利権の維持や仏印進駐を要求するものでしたから当然米国は納得せず、一一月ついにハルは有名なハルノート（中国や仏印からの全面撤退、日中特殊関係の放棄、三国同盟の死文化）を日本に突きつけ、遂に日米は開戦となりました。

しかもこのハルノートの提示は、英国のチャーチルやオランダ政府、そして中国の蒋介石などへの根回しと合意を得た上でのことだったのです。ＡＢＣＤ包囲網はすでに確立されていました。

5．太平洋戦争と国家戦略

Ⅰ　戦争と外交の戦略

（１）戦争の国家戦略

戦争指導計画と戦争終結の腹案―戦争指導のポイントは終戦（出口）計画にあり

日本は一九四一年九月「帝国国策遂行要領」で対米戦争を決意しましたが、軍部は戦争指導についての検討を重ね十月、「対米英蘭戦争指導要綱」を概成しました。その要旨は次のとおりです。

①当初の作戦目的は、東亜における米英蘭の根拠地を覆滅して「南方要域を占領確保する」にあり。

作戦期間は「五カ月」とする。

②占領後は南方の豊富な資源を基盤に「長期持久態勢を確立」して不敗の態勢を確立する。

同時に軍部は「戦争終結に関する腹案」を大本営・政府連絡会議で決定しました。米国本土に進攻する力を持たない日本にとって如何に米国を屈服させ終戦に持ち込むかは戦争指導最大の命題でした。「戦争指導の目標」と「戦争終結の機会」について本腹案は次のように述べています。

◎戦争指導の目標

①速やかに米英蘭の東亜の根拠地を覆滅し資源地域を確保する。（比島、マレー、蘭印の攻略）

②あらゆる手段を尽くして米海軍主力を誘致、これを撃滅する。（中・南部太平洋の攻略）

③日独伊三国協力して先ず英国を屈服させ並行して米の戦意を喪失させる。（ビルマの攻略）
④中国に対しては対米英戦の成果を活用し孤立化、弱体化させ屈服させる。（華南の攻略）
⑤ソ連との対決を回避し、可能なら枢軸側に引き入れる。（対ソ静謐と対ソ友好の戦略）
⑥「戦争終結の機会を捕捉」するに努める。

◎戦争終結の機会
①南方作戦の主要段階の好機
②中国作戦の主要段階の好機、特に蒋介石政権の屈服時
③欧州戦局の好機、特に英国の屈服時

まさにこの腹案こそは戦時日本の国家戦略であり、太平洋戦争の指導方針そのものでした。特に②米海軍の撃滅、③英国の屈服、④中国の屈服の三つは戦争目標そのものでした。そしてこの三項目に④ソ連を枢軸側に引き入れるという政略が実現していれば枢軸側の勝利は確実だったかも知れません。

しかし米海軍の撃滅は日本海軍の軍事戦略上の失敗によって実現せず、日独伊連携しての英国の屈服もまた政戦略の不在から実現しませんでした。イタリアは一九四三年に全面降伏し、ドイツもまた防勢を強いられ始めたのです。中国は奥地に追い詰められながらなお頑強に抵抗を続け、ソ連に至っては日本の思惑外の独ソ戦を強制されつつもこれを克服し、太平洋戦争末期には日ソ中立条約や日本の度重なる和平仲介の依頼を無視して満州に大挙して侵攻、日本に「とどめの一撃」を加えたのです。

こうして日本の政戦略上の思惑はことごとく外れてしまいました。

（２）外交戦略

大東亜共同宣言ーこの大戦争の目的は一体何だったか？

太平洋戦争期における対外政策と戦争目的の確立は、遅まきながら初期作戦が成功裏に終了し米軍の反攻が始まった一九四二年末から四三年にかけて具体化されました。米軍の反攻を前に東アジア全域に渡る占領地各国の大同団結と日本への戦争協力が名実共に必要になったのです。すでに一九四二年二月の英領シンガポールの占領以来、占領地の統治形態を如何にするかは軍政実施の上で大きな問題になっていました。軍と政府は占領地を「永久占領地」とビルマやフィリピンなどの「独立予定地域」に分け、大東亜省を設置して満州国や汪兆銘政府への指導と同様に強力な内政指導を実施して軍政を推進していたのです。

しかし日本への戦争協力を前提にした各国の大同団結には、より国際的で各国を引きつける対外構想が必要で一九四三年十一月、軍と政府はビルマ、フィリピン、タイ、インド仮政府（ボース）、汪兆銘政府、満州国の六カ国を集め大東亜会議を開催したのです。そして「大東亜共同宣言」を発表しました。

大東亜各国は、大東亜を「米英の桎梏（しっこく）から解放」して「自存自衛」を全うする。

①各国は共同して大東亜の安定と「共存共栄」の秩序を建設する。

③各国は相互に「自主独立を尊重」し親和を確立する。

③各国は互恵のもと緊密に連携して「経済の発展」を図り大東亜の「繁栄を増進」する。

④各国は「人種的差別を撤廃」し、その「資源を解放」する。

共存共栄、自主独立、経済の発展、人種差別の撤廃など米英の大西洋憲章を意識した美辞麗句が並んでいますが、大きな特色は開戦当初の「自存自衛」という日本中心の戦争目的を大きく拡大して、米英の桎梏からの解放、すなわち「アジアの解放」という大目的を押し出したことです。日本の当時の指導層にアジア解放への強い情熱があったとは信じられませんが「ケガの功名」、太平洋戦争と日本の敗北が結果として戦後のアジアの植民地独立運動の大きな「引き金」になったことは確かです。

Ⅱ　攻勢期日本の軍事戦略

(1) 初期南方攻略作戦とハワイの奇襲

初期作戦は、資源獲得のための南方作戦から始まりました。陸軍は先ず米英の東アジアの根拠地であるフィリピン、グアム、香港を攻略し、同時にマレー半島に奇襲上陸してこれを占領しました。その後はインドネシア、ボルネオ、ニューギニア、そしてビルマを攻略します。陸軍はこの作戦を十一コ師団、約四〇万人、航空機約九〇〇機で実施しました。マレー作戦は一九四二年二月にシンガポールの占領を以て終了し、インドネシア攻略作戦とビルマ攻略作戦も三月末に終了します。最も時間がかかったのがフィリピンで、こちらは悪戦苦闘の末、六月に司令官のマッカーサーを追い出して全島を占領しました。

一方海軍は開戦劈頭に空母六隻、航空機約三五〇機でハワイ真珠湾の米軍を奇襲して敵の戦艦六隻、航空機約三〇〇機を撃破する大戦果を挙げました。そして日本海軍の空母中心の航空決戦戦略の大成功は、旧来の艦隊決戦戦略や大艦巨砲主義に代わる軍事戦略の大転換を世界の軍事界に教えたのです。しかし当の日本海軍はこれに十分覚醒できず、いち早く戦略転換する米海軍にその後敗北してしまうのです。ともあれ日本軍の初期作戦はほぼ見事な成果を収め半年で終了しました。

（2）外郭要地に対する作戦

大拡張戦略の失敗

初期作戦を終了した日本は今後の戦争指導の方針について検討し一九四二年三月、「今後取るべき戦争指導の大綱」を決定しました。その要旨は「引き続き戦果を拡大し、占領地域との重要交通路を確保し、重要資源の開発を促進して長期不敗の自給自足態勢を確立し、国家戦力の増進に努める」というものでした。

しかし作戦指導については陸海軍で意見が対立しました。陸軍は「堅実な戦略持久」を主張しましたが、海軍は「ハワイ、オーストラリア、インドを攻略し、米海軍が出撃すればこれと決戦し、海上優位の態勢をもって持久戦を行う」とする、明らかに日本の国力を越えた大拡張の持久戦略を主張したのです。

陸軍は海軍と妥協し、北太平洋のアリューシャンから南太平洋のフィジー、サモア、東部ニューギニアのポートモレスビーの攻略で意見の一致を図りました。まさに現代中国の第三列島線です。それぞれ日本から離れること約七〇〇〇キロ、日本の国力や軍事力での「攻勢の限界」や「進出の限界」を越えた大風呂敷ともいえる攻略範囲でした。そしてこの外郭要地に対する攻略の一環としてミッドウェイの攻略戦が実施されたのです。

ミッドウェイの攻略戦

「太平洋戦争の勝敗を分けた」といわれるミッドウェイ（ハワイの西約二〇〇〇キロ）の海戦は一九四二年六月、日本海軍が計画して戦われました。アメリカ海軍の基地ミッドウェイを攻略して米太平洋艦隊主力を誘致し、これを撃滅しようと企図したのです。日本海軍は戦艦「大和」以下空母四隻、航空機約三二〇機をもって出撃しました。しかし真珠湾の復讐戦に燃える米海軍はすでに日本軍の暗号を傍受・解読し、空母や基地航空機を退避させ、待機させて日本海軍を「今や遅し」と待ちかまえていたのです。

一方、日本海軍はハワイ作戦の大成功の自信がこの時期過信となって策敵情報活動など情報ミスが重なり、米空母機動部隊の存在と接近を見事に見落としてしまいました。これに加えて空母攻撃用兵器の装備ミスが重なって日本海軍は米海軍機の奇襲的な大空襲を受けてしまったのです。結果は日本海軍の虎の子である空母四隻、航空機三〇〇機余の喪失と大量の熟練パイロットの戦死という大損害でした。

目を覆うばかりの惨敗の結果、日本海軍は空母兵力こそが海戦の「主兵」であることを再認識しました。しかし、この認識は航空第一主義への転換には依然至りませんでした。この背景には戦艦大和や武蔵への絶対的な信仰があったのです。海軍首脳はこの超弩級戦艦の四六センチ砲の驚異的な巨弾の威力がものをいう時期が必ず来ると信じ込んでいたのです。そしてこの信仰がさらなる敗北を招きます。

ガダルカナルの攻防戦

「太平洋戦争攻防の転換点」といわれたガダルカナル島（ソロモン諸島、日本から約六〇〇〇キロ）の攻防は一九四二年六月、海軍による飛行場の建設から始まりました。海軍はこの飛行場によってソロモンから豪州東北の珊瑚海地域の制空権を獲得して米豪の連絡路を遮断し併せて予想される米海軍の来襲を迎え撃とうとしたのです。実際当時の米軍はこの南東太平洋方面（ソロモン・ニューギニア）からの反攻と、もう一つ中部太平洋方面（マーシャル・ギルバート群島）からの二ルートから日本に攻め上ろうと計画していました。従って飛行場が建設されているこの島は米軍の反攻にとっても極めて魅力的な島であったのです。

飛行場が完成した八月、待っていたかのように米海兵師団が奇襲上陸を開始し島を占領してしまいました。本格的な米軍反攻の始まりです。事態を重視した連合艦隊の山本五十六長官は海空戦力の主力をソロモンに集中し陸軍にもガ島の奪回を要請しました。しかし米軍の本格的な反攻を一九四三年以降と見積もっていた陸軍はこれを軽視し、当初一コ大隊（八〇〇人）、次いで一コ連隊（二〇〇〇人）、次いで一コ師団（二万人）と典型的な兵力の逐次投入を行い、圧倒的な米軍の海空戦力を前に悲惨な敗退を繰り返します。遂に米軍の反攻が本格的と認識した陸軍は三コ師団（六万人）の投入を計画しますが、時すでに遅く、制空権を握られ海上輸送もままならず戦場は決戦的な消耗戦となって大本営は遂に奪回を断念し「後方要地を確保し、後図を策する」として一九四二年十二月末、全面撤退を決断するのです。そしてこれ以降の四三年初頭から日本軍は中部太平洋（ニミッツ海軍大将担当）と、南東太平洋（マッカーサー陸軍大将担当）の二正面において防勢作戦を強いられ、マリアナ～比島～沖縄へと追い詰められていくことになります。

Ⅲ　防勢期日本の軍事戦略

（1）太平洋正面の戦備強化と連合軍の反攻

南東太平洋正面（ソロモン群島、ニューギニア）の防備─選択と集中の失敗

ガ島撤退後の一九四三年初頭、連合軍の本格的な反攻が必死と判断した参謀本部は改めて状況判断を行い、南東太平洋方面の防衛ラインをソロモン～東部ニューギニアでの「現状維持」とするか「全面放棄」とするかに関しての検討を行いました。「全面放棄案」は現接触線から一挙に後退して、ニューギニア中

西部～トラック～マリアナ～小笠原列島を根拠とし、時間をかけて集中的に戦備を強化して持久する案で陸軍省軍事課がこれを強く主張しました。このラインは現代中国の第二列島線とほぼ同様のラインです。

しかし参謀本部は「一挙に後退するのは害が多く、南方資源確保のためにもこの際は少し間合いを切って北部ソロモン～ニューギニアとすべき」と主張したのです。海軍もまたトラック（東京南方三五〇〇キロ）を根拠地とし、中部太平洋（マーシャル・ギルバート群島）海面で米海軍との決戦を計画していることから「現状維持」を強く主張し、結論は海軍案に近い線に落ち着きました。当時の日本の国力から言えば「全面放棄」が最も妥当で戦史もこれを証明しましたが、米海軍撃破の主役が海軍とあっては、陸軍も海軍の意向に強力に逆らうことは困難であったのです。この選択と集中の失敗は次の敗戦を招きます。

果たして本正面の米豪連合軍は、優勢な海空戦力で時間の余裕を与えずに日本軍に襲いかかります。日本軍は防御準備も不充分のまま制空権も敵に奪われて苦しい作戦を強いられるのです。連合艦隊は全航空戦力をもって制空権の奪回を図りますが、米豪軍のニューギニアへの兵力増強を阻止できず、連合艦隊の山本長官機までもが撃墜され、圧倒的な物量作戦の前に日本軍には少しづつ打つ手が無くなっていきます。

中部太平洋正面（マーシャル、ギルバート群島）の防備―航空決戦戦略への転換

南東太平洋正面と同様、米軍のもう一つの反攻ルート中部太平洋正面の防備も不充分のままでした。第一次大戦でドイツから獲得したこの地域は主として海軍の担当でした。海軍は兼ねてからこのマーシャルやギルバートの海面で米海軍との一大決戦を考えていました。しかしミッドウェイの海戦で空母と航空戦力を喪失し、ガ島やソロモンの大消耗戦で戦力を消耗した海軍には中部太平洋正面の防備の強化に割く十分な余力はありませんでした。防備不充分のうえ、主要戦力を消耗した海軍は作戦戦略の大幅な修正

を余儀なくされ、一九四三年三月「新たな戦略方針」を明示しました。明治以来の艦隊決戦戦略や攻撃第一主義を放擲して、航空決戦戦略と攻勢防御戦略に大転換したのです。

つまり戦略要点となる諸島嶼に強力な複数の航空基地を建設し、この基地群で航空邀撃帯を形成して侵攻する敵空母機動部隊を基地航空戦力と空母航空戦力で打撃して撃破しようという戦略方針です。

この新しい戦略方針にもとづき海軍は、基地航空（約二三〇機）と守備隊をマーシャル、ギルバートの諸島に配置し、カロリンやマリアナにも島嶼守備隊を配置して米海軍や海兵隊の侵攻に備えます。

陸軍も海軍の要請に応じてギルバート（マキン、タラワ、クエゼリン）に島嶼守備隊を配置しました。そして一九四三年一一月の米中部太平洋軍（海軍と海兵隊）による強襲上陸作戦を待つことになります。

（2）絶対国防圏の設定―実体なき防御ラインの設定

米豪軍の反攻以来、日本軍は一大消耗戦を強いられ、とりわけ輸送用船舶の消耗は海軍の護衛能力の不備もあって予想を大きく上回り、開戦時（約六五〇万トン）以来の損耗は一九四三年九月で約五〇〇万トンに上り、このまま推移すれば戦争の遂行はもとより国力の基盤を破壊される恐れが出てきました。

その上現在の戦場は日本から約五〇〇〇キロと国力、軍事能力上の「進出限界」を遙かに超越しており、加えて制空権や制海権も確保出来ない離島防衛であってみれば、玉砕も時間の問題で、この際「戦線の後退を断行すべきである」という意見が再び陸軍部内に台頭してきたのです。

一九四三年七月、陸海軍は後退案の検討を開始しますが、相変わらず「現戦線での海上決戦」に固執する海軍と、「後退して戦備を固めた上での反撃」を主張する陸軍が対立します。八月、大本営は「現戦線で持久し、この間後方要線の戦備を固め、四四年春までに反撃戦を準備する」との妥協案を内定しました。ただこの「後方要線」については、第一次大戦でドイツから獲得して以来、営々と整備してきた海軍大根拠地のトラック（カロリン諸島）や米海軍との決戦を準備してきたマーシャルに固執する海軍と、一挙にマリアナ（サイパン・グアム）の線に後退することを主張する陸軍が再び対立しました。そして最終的には海軍案に落ち着き九月、「今後採るべき戦争指導の大綱」が決定されたのです。そこでは海軍案に付加して「帝国戦争遂行上絶対確保すべき地域としては、千島〜小笠原〜マリアナ〜中西部カロリン〜西ニューギニア〜インドネシア〜ビルマを含む圏域とす」と宣言し、これを「絶対国防圏」と定義して航空機四万機、艦艇一八〇万トンの生産を準備すると計画しました。まさに現代中国の第二列島線のラインですが、古来「絶対」の言葉に永久性などあった試しはありません。冷酷な現実はすぐに発生しました。

（3）絶対国防圏の「前哨地域」の失陥―マーシャル、ギルバート、東部ニューギニアの喪失

圧倒的な物量作戦とスピードを信条とする米軍は、日本軍の防御準備など待ってくれませんでした。とりわけ南東太平洋正面のマッカーサーが指揮する米西南太平洋軍は、すでに一九四三年六月、絶対国防圏の前哨地域の要衝ラバウル要塞を「カエル飛び」で素通りしてニューギニア東部に上陸していました。そしてこの強力な米豪連合軍は九月、いよいよフィリピンを目指して攻撃前進を開始したのです。

圧倒的な米豪軍の猛攻の前に日本軍はラエ、サラモアなど東部ニューギニアの要衝を失陥して十二月には北部ニューギニアに後退、翌四四年四月には絶対国防圏の一角である西部ニューギニアのホーランジアまで占領されて、遂に日本軍は島の西端部に押し込められてしまいました。

一方、中部太平洋正面の攻勢は一九四三年十一月、米中部太平洋軍・海兵師団によるギルバート群島マキン、タラワの両島に対する強襲上陸作戦から始まりました。数日間の猛烈かつ徹底的な爆撃と艦砲射撃で日本軍の水際陣地を殲滅した上での強襲上陸で、戦闘はわずか二日間で終わり、日本軍は凄まじい反撃の後に玉砕します。この強襲上陸方式に自信を得た米軍は翌四四年二月、「カエル飛び作戦」で前哨地域中核のクエゼリン環礁を一挙に攻撃し、日本海軍が準備した航空邀撃帯をものともせず環礁を占領してしまいました。加えて海軍の一大拠点であったトラックも大空襲で無力化し海軍は遂にトラック正面での対米決戦を諦めて西方約一〇〇〇キロ、フィリピン東方のパラオに拠点を移してしまったのです。

こうして一九四四年二月、日本軍は早くも絶対国防圏の前面に直接米軍を迎えることになりました。

（４）絶対国防圏（マリアナ）の失陥

サイパンとグアムの喪失─新兵器レーダーに大敗した日本

ニミッツが指揮するマリアナ正面の米中部太平洋軍は一九四四年二月以降、サイパンやグアムに執拗な空襲を繰り返していましたが、六月に入ると大規模な空襲を反復し、一五日には猛烈な艦砲射撃のもと海兵二コ師団をサイパンに強襲上陸させました。対する日本軍は一コ師団基幹の二万七〇〇〇名でしたが、そのサイパン到着は一カ月前、防御準備は一カ月に満たない状況でした。

しかし絶対国防圏の中核であるサイパンやグアムを敵手に委ねることは国軍の面子に賭けて許されません。海軍は超弩級戦艦「大和」や「武蔵」を含む主力艦二十一隻、空母九隻、艦載機四八〇機を含む総計約一四〇〇機という大兵力を動員して「あ号作戦」を計画して米空母機動部隊を相手に史上空前の海空戦を展開したのです。しかし、なぜか日本海軍はその行動を事前に察知され、各所で待ち受けや各個撃破を受け、わずか二日間で艦載機五〇〇機、空母三隻、基地航空機五〇〇機近くを喪失するという大惨敗を喫したのです。主たる理由は新兵器のレーダーでした。

日本軍には無いこの新兵器で戦闘艦や空母、飛行する戦闘機の位置までもが明瞭になったのです。日本軍も開発を急いでいましたが、このレーダーによる情報格差は日本海軍にとって致命的でした。

この惨敗の結果、日本海軍はもはや正常な海上戦力として再起することが困難となったのです。

一方、陸軍もまた防御準備不充分のまま、海空共に優勢な米軍の猛攻に耐えること実に二五日、勇戦敢闘の後に玉砕します。グアムもまた一カ月後に玉砕しました。こうして難攻不落の決意で防衛したマリアナ諸島は二カ月を経ずして陥落し、これ以降米軍は両島を基地に日本各地の戦略爆撃を開始するのです。

（5）フィリピンの失陥―レイテ決戦の敗北

一九四四年八月、中部太平洋正面のマリアナが陥落した後、米軍は攻手交代して今度はマッカーサー指揮する西南太平洋軍が十月、一カ月に渡る空襲の後フィリピンのレイテ島に上陸してきました。兵力は四コ師団です。対する日本は、「あ号作戦」で海軍の実質的な戦力を喪失したことから対米戦の主体は陸軍ということになり、陸軍は比島～台湾～沖縄～本土の線で米軍を迎えることに決しました。しかしこの頃日本の国力・生産力はすでに低下の一途を辿っており、軍としては比島において最後の一大決戦を指導し戦争終結に持ち込むことを迫られていたのです。比島担当の十四方面軍は、航空決戦に約一〇〇〇機、地上決戦に六コ師団を準備し、内四コ師団をルソン島に重点配置してルソン決戦を準備していました。

しかしこの国運を賭けた作戦において、またもや海軍の情報錯誤によって陸軍は大失敗をさせられてしまいます。十月、海軍は米機動部隊と台湾沖で交戦するチャンスに恵まれ「空母十一隻撃沈」という大戦果を発表し、陸軍や国民は狂喜しました。しかしこれが戦果分析上の大ミスだったのです。しかも海軍はこれを恥じて陸軍に事実を隠蔽しました。驚喜した陸軍作戦部は米航空機の活動は当分不可能と判断し、ルソン防衛の十四方面軍に急遽、レイテ決戦への変更を強制します。そしてこれが命取りになりました。

レイテには急遽、京都師団や東京師団など五コ師団が逐次投入されますが、いずれも準備不充分、圧倒的な米軍の海空戦力と絶対的な制空権のもと日本軍が「世界最強と誇る白兵戦」で勇戦敢闘します。しかし十二月、ついに力尽きて敗退してしまいました。かくして海軍に続いて陸軍も太平洋から駆逐され、いよいよ一九四五年四月に始まる本土（沖縄）決戦の土壇場、八月の降伏へと追い詰められていくのです。

（6）ビルマの失陥―インパール作戦の悲劇

絶対国防圏の西端ビルマにおける連合軍の反攻は一九四二年の後半から計画づくりが始まりました。反攻は北部ビルマの怒江（どこう）とフーコンから米支（中）連合軍が、東ビルマのインパールとアキャブから英印連合軍がそれぞれ進攻を計画したのです。一九四三年二月、まず英軍はアキャブ正面に空挺部隊を侵攻させゲリラ活動を開始します。北部ビルマでは五月、装備優秀な米支連合軍が攻撃を開始しました。

すでに大本営はビルマ方面軍を編成してビルマの防衛とインド東北部への進出を企図していました。太平洋正面の戦局が悪化するなか方面軍では、この際英印軍の根拠地であるインパールを攻略して英印軍を撃破し悪化した戦局の大転換を図ろうとインパール作戦の準備を開始します。しかし作戦地域は険峻な山岳地帯と雨期には荒れ狂う河川が錯綜しており当初から補給の困難が指摘されていました。

作戦は一九四四年三月から三コ師団九万人をもって開始されました。しかし当初の快進撃もつかの間、海空戦力で優勢な連合軍と険峻な地形に阻まれて食糧や弾薬の補給もほとんど不可能となり、そこに雨期が到来して各師団は孤立状態に陥って飢餓状態となり後退を余儀なくされるのです。「世界最強の陸兵」と称された日本陸軍も制空権なしの飢餓状態で勝てるはずがありません。軍は半数に近い兵員を戦病死で失い作戦は中止され、勢いに乗じた英印軍は日本軍を追撃して四五年五月には首都ラングーンに入城します。

ここにビルマ戦線も崩壊し日本は老獪で狡猾なスターリンを唯一の頼りに和平工作を開始するのです。

（7）日本軍の戦略思想—教条主義の失敗

太平洋戦争開戦時の陸軍中央部の思惑は、本戦争の大部分の作戦を作戦課長として指導した服部卓四郎大佐の回想によれば、

①欧州正面ではドイツが勝ってくれると思っていた。

②太平洋正面では海軍が米軍と対等に戦ってくれると思っていた。

③船舶の損耗があんなに激しいものになるとは思っていなかった。

というものでした。本戦争のほとんどの作戦を計画指導し、一〇〇〇万人に近い若者を動員し、二〇〇万人を越える戦死者を出したトップエリートの言としては、他人頼みの、まことに頂けない内容ですが、まさに陸軍の代表的な意見であり、本戦争の本質を衝いた表現です。

しかし、この戦争における陸軍最大の問題は、こうした政戦略上の問題以上に、やはり「近代戦に対する認識が欠如」していたことに尽きるのではないかということです。ノモンハン、ガダルカナル、インパール、レイテ、沖縄、いずれの作戦においても日本陸軍が勝利した作戦は一つもありませんでした。その理由は、戦闘のための装備が連合軍に比して著しく劣り、質量ともに著しく下まわっていたからです。

しかも当時の日本の秀才を選りすぐったといわれた陸軍中央部の選良達がついにこの最大のテーマを克服出来なかったのです。その最大の理由は陸軍の教条主義にありました。

「白兵主義や攻撃第一主義」、あるいは「必勝の信念」という精神主義を標榜し、しかもそれが天皇の勅令によって聖典化された「歩兵操典」や「作戦要務令」の存在、殲滅戦や短期決戦思想で凝り固まった「統帥綱領」の存在、こうした「聖典」の戦略思想は中国戦場において装備劣等な中国軍相手にはその実効性が実証されてきました。そして、その成功体験がそのまま装備優秀な連合軍に適用されたのです。

しかもその中国体験が日本陸軍独自の武士道精神と結合し、「必勝の信念」に反する言動は高級将校と雖も敗北主義者として中央部から排斥されるという驚くべき雰囲気がありました。そしてこの雰囲気が陸軍の戦略思想の転換を許さなかったのです。またこの教条主義は海軍にもありました。「海戦要務令」という勅令による聖典、原則書の存在です。この聖典による思想の代表が大艦巨砲主義や艦隊決戦思想です。海軍はこの思想から抜け出すまで長い時間と大きな犠牲とを支払いました。

「軍人は過去の戦いを基準に次の戦争を戦う」という格言は、既成の概念やドグマ（教条）、そして過去の成功体験から容易に抜け出せず「選択と集中」に踏み切れない人間の弱点を示す金言ですが、まさに日本の陸海軍の、少年期からお墨付きの学校秀才の選良達がこれであったのです。

6．八年戦争期の通商・経済戦略

戦時統制経済への転換―物、金、人（労働）、ビジネス、文化の統制

激動する欧州の動乱を受けて世界戦争の予感を感じた陸軍は一九三七年、軍事産業と基幹産業の生産力を拡充するため「重要産業五カ年計画要綱」を作成し近衛内閣に提出しました。

これを受けた内閣は基本経済政策として、生産力の拡充、物資の需給調整、国際収支の均衡を「財政経済の三原則」として決定しました。ただこの三原則は国際収支の均衡のもとでの生産力の拡大を目標としていることから、生産に占める輸入品（資源、原材料、機械設備、半製品）の割合が多い日本の場合、大幅な輸入超過は許されず、勢い軍事部門への輸入物資の優先配分すなわち「統制経済」は不可欠な経済政策となったのです。

そして一九三七年の七月に勃発した日中戦争が本格的な統制経済のスタートとなりました。果たして軍事費の急増による財政の膨張と戦略物資の輸入の急拡大によって貿易収支は急速に悪化し、インフレが昂進し始めました。政府は貿易収支の悪化を抑制するために貿易統制を強化し、軍需産業分野への物資と資金の優先配分を主眼に物資と資金の両面での経済統制を開始します。三七年九月には輸出入等臨時措置法と臨時資金調整法を成立させるとともに、統制機関として企画院を設置しました、さらに三八年四月には国家総動員法を制定して資源、物資、資金、労働の全面的な統制の網の目を張り巡らせます。

輸出入臨時措置法は、貿易に関する政府の統制権限を定めたもので、物資の輸出入から流通や消費に至る各分野の統制を目的とするものでした。資金調整法は、事業資金の貸し付け、株式や社債の発行、増資

など事業資金のほとんどを統制することを目的としていました。さらに国家総動員法は物資（モノ）、資金（カネ）、労働（ヒト）、事業（ビジネス）のみならずマスコミなど文化の統制に至るまで広範な分野の統制を含んでいたのです。しかし「統制」とは「強制」に通じるもの、強制に様々な副作用は付き物です。一九三八年も後半になると早速、軍需と民需のアンバランス、民需への供給力（生産力）の不足、生活物資（消費財）の不足、輸出の不振、外貨の減少、インフレの昂進など多くの副作用が顕著になって政府は、輸出の振興（外貨の獲得）やインフレ対策に追われるようになります。

統制経済の展開―統制経済の限界、資源の不足は解消出来なかった

一九三九年九月、欧州での大戦の勃発は重要資源、原材料、機械設備などの輸入を欧米やその植民地に依存する日本経済を直撃しました。併せて悪化する日米関係から四〇年には鉄鋼や屑鉄などの対日輸出禁止が発動され政府の「生産力拡充計画」は危機に晒されます。同時に軍需産業など重点産業への資本や物資の集中は民需産業の生産を圧迫し、輸出の縮小や輸入外貨の減少、消費財生産の縮小、生活物資の不足、そしてさらなるインフレの昂進をもたらし、遂に通商・経済政策の重点は、輸出の振興から戦略物資の獲得、とりわけ南方地域や満州そして華北など日本の植民地からの域内移入にシフトしていくのです。

また昂進するインフレ対策のため政府は強力な物価の統制の断行に迫られ、一九三九年十月、価格統制令を公布して国内物価を凍結（ストップ令）しました。さらに統制は流通分野にも拡大されて配給制度が実施され、砂糖、マッチ、米、小麦粉、味噌、塩や衣料品までもが統制の対象になったのです。さらに事業者に対しても統制の網の目が及び、資金統制令、配当統制令、経理統制令など利益率を低下させる各種の統制が発動され、このため事業意欲は低下し生産力のさらなる低下を招いたのです。

そして一九四一年七月の南部仏印進駐は日本経済に決定的な打撃を与えます。米英蘭の三国は在外日本資産を凍結し、アメリカは石油の輸出を全面的に禁止したのです。前年の鉄鋼や屑鉄、機械製品の禁輸に続く制裁です。経済制裁とりわけエネルギー制裁の効果は現在の北朝鮮でも実証済みですが、輸入に依存していた鉄鋼業や非鉄金属工業、機械工業などの打撃は大きく、軍需品生産を始め産業界は生産縮小を余儀なくされました。このことは日本が米英と対立する限り、日本には、円ブロック経済圏内で資源や原材料の自給自足態勢を構築するか、米英との武力衝突覚悟の上で南方地域に進出するか二つに一つの選択しかないことを示していました。しかし日本は日本なりに域内の産業開発に努力していました。

一九三七年には満州産業開発五カ年計画を作成し満州の重工業開発を狙いに鉄鋼や石炭の増産が図られ、鉱山、石炭、航空機製造、自動車製造、製鉄などの新会社も続々設立されました。しかし鉄鉱石や石炭などの資源開発は十分な成果を挙げることが出来ず、その後は中国の華北や華中の資源・経済開発に重点が移され一九四〇年には北支産業開発五カ年計画などが策定されます。しかしこうした努力も増大する軍需には十分応えることが出来ず、一九四一年九月、遂に政府は南方への進出と日米戦争を決断するのです。

統制経済の破綻と敗戦

太平洋戦争の開戦に伴い、日本の戦域は西はビルマから東はマーシャル、北はアリューシャンから南はニューギニアまでの広大なアジア・太平洋地域に拡大しました。陸軍は五〇コ師団一〇〇万人、海軍は二五〇万トンを越える大兵力を展開して軍事費は歳出の約七割、軍需生産の必要量も飛躍的に増大しました。

一九四一年、政府は生産拡充計画や南方経済対策要綱を制定して石油、ニッケル、ボーキサイトなど重要資源の獲得と、民需用生産財の生産の抑制、そして軍需生産財と軍需品の大増産を計画します。また

「財政金融基本方策要綱」を制定して大小銀行の整理統合を推進し、軍需会社指定金融機関方式、いわゆる「メインバンク制度」を史上初めて導入して重化学工業化の促進を図りました。

また一九四二年には「戦力増強企業整備要綱」を制定して、鉄鋼、石炭、軽金属、船舶、航空機を五大重点産業に指定し、民需用生産設備の軍需への転用や家庭の鍋や釜に至るまでの金属、屑鉄回収運動を展開して軍需生産の拡大に必死、懸命になりました。この結果四四年には重化学工業化率は八割近くに上昇し、航空機約二万四〇〇〇機、艦艇約五〇万トンと戦争期で最大の生産額をはじき出したのです。

しかし生産力の拡充もここまででした。敵の潜水艦や航空攻撃によって戦略物資を輸送する船舶の損耗は著しく、開戦時の六五〇万トンはその後の増産にもかかわらず一九四四年に二六〇万トンまで減少して物資の輸送もままならず、産業生産力は大幅に低下してしまいました。鉄鋼生産はすでに四三年の五六〇万トンをピークに低下を始めており、軍民ともに生産財の生産供給力が減少して、既存の資本ストック（工場設備など）を食いつぶして生産を続けるという縮小生産（シュリンク）のワナに陥ったのです。つまり経済破綻です。さらにサイパンが陥落した四四年の夏以降は、マリアナを航空基地に米軍の本土爆撃が開始され、全国の軍需工場や発電所などの基幹インフラ、零細家内工場地域までもがほとんど破壊されて、四五年に入ると戦時経済は遂に破綻状態に陥りました。とどめは八月の原爆とソ連の満州侵攻です。八月一五日、陸軍強硬派のクーデターを制して、昭和天皇は「終戦の詔勅」を発せられました、

軍事面と並行して経済面でも日本は米国に敗北したのです。ただ満州を除く中国大陸の日本陸軍数十万人のみは未だ健在で終戦に大反対しました。

第７章

戦後昭和期日本の国家戦略

大発展した戦後昭和期の日本

1．外交戦略

☆キーワードは、「吉田ドクトリン」、「日米安保改訂」、「福田ドクトリン」、「環太平洋構想」です。

(1) 敗戦と占領政策―アメリカによる占領は日本の復興にとって僥倖だった

終戦時一八八コ師団約五五〇万人を数えた陸軍と、同じく七四万トン約二四〇万人に減少した海軍はいずれも一九四五年末をもってその巨大な軍備を解体され日本は無軍備の状態になりました。日本が終戦の条件として受諾したポツダム宣言は日本から軍国主義を永遠に除去することを定めていましたから、日本占領の主体である米国も日本を非軍事化し民主化に導くことを占領政策の基本としました。

日本の非軍事化は急速に進行し、八月の終戦の後、陸海軍の解散は十月、陸海軍省の廃止も十二月には完了しました。同時に東条英機大将以下の戦犯の逮捕、極東軍事裁判の開廷、旧軍人の公職追放など軍国主義の総括が矢継ぎ早に進められたのです。さらにＧＨＱ（連合軍総司令部）の強力な指示のもと、財閥の解体、軍需産業の解体、農地改革、労働改革など経済産業体制の非軍事化、民主化も進行しました。政治や経済、文化や教育などあらゆる分野において民主化が強力に推進されました。

そして一九四六年十一月、明治憲法は廃止され、ＧＨＱの手によって日本国憲法が制定されたのです。戦争の放棄を謳い、国際紛争解決の手段としての軍備や交戦権を否認した第九条は、日本の外交や安保政策の原点となり、その後の長期にわたる国論分裂の原点ともなりました。

ただ幸いなことに日本の占領（軍政）が日本国政府を通しての間接統治の形態で行われ、第一次大戦後のドイツのような懲罰的な政策も抑制され、加えて当時の世界の政治や軍事そして経済で圧倒的な力を持つ民主国家米国の保護のもとで行われたことは日本の復興にとって最大の僥倖（ぎょうこう）（運が良いこと）でした。

（２）東西冷戦と朝鮮戦争—アメリカ、占領政策を大転換する

第二次大戦直後、ソ連は革命の輸出による共産圏の拡大を国家戦略とし、東欧、中国、北朝鮮そしてベトナムに次々と共産国家を誕生させ米国と激しく対立するようになりました。東西冷戦の始まりです。アジアにおいては一九四九年、中共軍が中国本土を統一して蒋介石の国民党軍を台湾に追い出し、朝鮮半島においては日本の降伏後、三十八度線を境界に米ソ両軍がそれぞれ南北朝鮮を占領し、一九四八年には大韓民国と北朝鮮人民共和国が成立しました。とりわけソ連軍の強力な指導と軍事援助を受けた北朝鮮は、南北武力統一を目指して着々と軍備を増強し半島には緊張状態が続いていたのです。

こうした世界レベルの冷戦激化の情勢を受けアジア政策の修正を迫られた米国は一九四八年一月、ロイヤル陸軍長官が対日政策を大きく変更して「日本を極東における反共の防壁に育てる」と宣言しました。日本の戦略的価値を再評価した米国による日本再軍備の始まり、第一歩です。これに続いてアチソン国務長官もアメリカの西太平洋の防衛ラインを、アリューシャン～日本～沖縄～フィリピンとすることを表明しました。ただ肝心の韓国がこのラインから外れていたのです。金日成はこれを見逃しませんでした。

一九五〇年六月、北鮮軍は突如三十八度線を越えて韓国に侵入、あっという間に釜山に到達しました。在日米軍四コ師団は直ちに全力で参戦し、日本は「空っぽ」の危険な大兵站基地に化したのです。大きな危機を感じた占領軍最高司令官マッカーサーは、吉田首相に国家警察予備隊七万五〇〇〇名の新設を直ちに指令し、十二月、予備隊は軽装備ながらその軍事編成を完了し任務を開始しました。

（3）対日講和と日米安保条約―吉田ドクトリン（国家戦略の原点）の誕生

中・ソ・北朝鮮に対する「反共の防壁」日本の戦略的価値を改めて再認識し再評価した米国は、日本と世界との講和と日本の独立、日本経済の早期復興、そして日本の再軍備を急ぎ始めます。こうした米国の大変化を受けた当時の首相吉田茂は一九五〇年、日本の外交と安保政策の検討を開始し、

①焦土と化した日本の復興にとって国力上から「過度の再軍備」は望ましくない。

②当面、日本の安全は「米国に頼ること」が最善であり、経済の復興と成長に全力を傾注する。

と判断していわゆる「軽装備、経済成長優先、日米安保基軸」の吉田ドクトリンを創案したのです。ほぼ二〇二〇年の今日に続く日本の「国家戦略の原点」の誕生でした。

吉田 茂

朝鮮戦争が長期化する一九五一年九月、日本はアメリカの後押しのもとサンフランシスコにおいて、中・ソや北朝鮮・韓国を除く四八カ国との講和条約に調印して独立国として再出発しました。同時に大いに片務的ではありましたが、日米安保条約にも調印して集団防衛により国の主権と独立を守ることとしました。しかし冷戦下の極東情勢が激変するなか軍事的に脆弱な日本が独立していくことを憂慮した米国は、相互安全保障法（ＭＳＡ）を日本に適用して武器援助と経済援助を強化し、加えて一九五二年、警察予備隊を一〇コ師団三〇万人に増強することを要求してきました。しかし吉田首相はこれに抵抗して一〇コ師団一八万人の案で妥協を図ろうとします。さらに五三年には警察予備隊に海上警備隊を加えて能力を強化し名称も保安隊に変更して日本領域の警備任務に当てることとして米国の要求に対応しました。

（４）鳩山・岸内閣と日米安保の改訂―外交三原則で東南アジア市場を再開拓

吉田の後を受けて一九五四年末、首相に就任した鳩山一郎と、彼に続く岸信介はともに「自主外交」と「改憲再軍備」を信条とする明治生まれで戦前型、日本ファーストのナショナリストでした。

この鳩山内閣最大の業績は日ソの国交回復と日米安保改訂の提案の二つに集約できます。対日講和条約に調印しなかったソ連との国交回復は、日本の国連加盟とも絡んで緊要な外交課題でした。交渉は領土問題を基軸に、漁業問題やシベリア抑留日本兵の早期帰還問題を中心に行われます。ソ連は「領土問題は存在しない」と現在も変わらない頑なな態度で望んできましたが、最終的には、一九五六年一〇月に日ソ共同宣言が調印され、平和条約の締結後には、歯舞（はぼまい）、色丹（しこたん）の二島を引き渡すことで合意を見たのです。また日本の国連加盟についても合意されました。

鳩山内閣の二つ目の業績は日米安保改訂の提案です。日本にとって片務的な条約を可能な限り対等に持ち込もうとの試みでしたが、米軍の日本駐留を嫌って十二年間に限定しようとし拒否され挫折しました。そしてこの安保改訂を見事に実現したのが岸内閣です。

旧安保条約は、米軍の基地使用を全面的に認める反面、日本の防衛義務が明確に規定されていない点や、米軍の軍事力行使に際して事前協議制がないこと、日本国内の治安事態に米軍の鎮圧権があることなど国際法からみても片務的な問題点が多くあり、戦前派の多い保守党内では大きな不満が昂揚していました。鳩山内閣時代の改訂提案や保守党内の不満昂揚の動きを受けて米国内にも改訂受け入れの気運が高まり、交渉巧者の岸の手腕も功を奏して一九六〇年六月、日本にとってほぼ対等な新安保条約が成立したのです。

そしてこの安保条約が二〇二〇年に続く日本の外交安保戦略の原点になり、安全保障は米国に頼って経済の復興と成長に専念し邁進する、という吉田ドクトリンの基盤が一層強化されました。

岸内閣の第二の業績は、日本による戦争被害国であった東南アジア各国との外交関係を修復し、通商経済関係を強化して日本の東アジアへの「経済発展の基盤を構築」したことです。一九五七年、岸内閣は日本外交の基本原則として次の三つの原則を打ち出しました。

①国連中心の外交、②自由主義諸国との連携、③アジアの一員としてのアジアとの連携

東西冷戦のもと、米国中心の西側の一員であると同時にアジアの一員でもあるという宣言です。宣言の狙いは、戦争責任を問われて閉塞状況にあった日本の外交と通商・貿易環境の打開です。政治巧者の岸は、サンフランシスコ講和条約で義務づけられたアジア諸国への戦後賠償を閉塞打破のテコに使いました。賠

償は相手国の要求にもとづいて日本政府が日本の企業から調達する物品やサービスの相手国への提供、日本企業による相手国のインフラ整備という形で提供されたのです。これによって日本企業は反日感情が強い東南アジア地域での通商貿易の強力な足がかりや信用をつかむことが出来ました。

東南アジア諸国に対する賠償を、これら諸国との外交や貿易関係を修復し、拡大させ、深化させる足がかりにしようという岸の目論みは見事に成功したのです。いわば戦後版南進政策です。敗戦で大陸市場を失った日本にとって東南アジアは戦前以上に大変重要な貿易相手・市場だったのです。

（5）池田・佐藤内閣と経済の大躍進―所得倍増と沖縄返還

吉田と岸の外交・経済路線を忠実に継承し拡大したのが吉田の弟子である池田勇人と佐藤栄作です。

この時期日本経済は、朝鮮戦争の特需を契機に世界に類をみない速度で高度成長を遂げました。一九五五年から七〇年の一五年間の名目成長率は年平均一五％、実質ＧＮＰは一二・八兆円から五六・四兆円と四・四倍の大成長を成し遂げたのです。この背景には米国主導によるＩＭＦやＧＡＴＴなどの国際金融体制の整備や多くの技術革新、大量消費社会の到来、戦後復興資金の供給による世界経済の高成長がありました。

一九六一年、池田内閣は所得倍増計画を打ち出し、アメリカの支援のもと各種の国際的な障害を克服してＩＭＦ八条国へ移行、六四年にはＯＥＣＤにも加盟して、一〇カ国蔵相会議のメンバーとして国際社会での地位を確立したのです。そして七二年には日本は戦後二七年で遂に世界第二の経済大国となり、米欧と並んで世界経済を牽引する三極の一つとなりました。「トランジスタの商人」とドゴールに揶揄されながらも、この間の池田の国際経済外交の努力は忘れてはならない大きな業績であったと言えます。

池田の後の佐藤栄作内閣の業績は、一九六〇年の日韓基本条約の締結と七二年の沖縄返還です。韓国とは戦後賠償の代わりに五億ドルの資金供与を実施して請求権問題の解決としました。沖縄返還は佐藤内閣発足の六五年に始まり実に六年の歳月を賭けた努力によって実現し、佐藤内閣最大の成果となりました。核兵器を「作らず、持たず、持ち込ませず」の非核三原則も佐藤の手によるものです。

（6）田中・福田内閣のアジア外交―福田ドクトリンと日中国交回復

佐藤の後の首相田中角栄は、低学歴で新潟の農村から総理大臣まで上り詰めた立志伝中の人物でした。この当時、世界のリーダーとして戦後復興に巨額の資金援助をし続けた基軸通貨国の米国は、一九六〇年以降のベトナム戦争で疲弊し、一九七二年突如「金ドル交換の停止」を発表し世界経済に大衝撃を与えました。同時に、敵対していた中国と国交を回復し、ベトナム戦争にも終止符を打ったのです。いわゆる「ニクソンのダブルショック」、為替のフロート制への移行と東西デタント（緊張緩和）の始まりです。

「自主外交」を標榜し、機略縦横、この機を捉えた田中は素早く行動して一九七二年、日中共同声明に調印し、台湾との関係を清算して「一つの中国」を国是とする中国との国交正常化を成し遂げました。さらに田中は、日ソ関係の修復や東南アジア外交の推進、そして第一次オイルショックを解決するため中東外交にも力を傾注しますが一九七四年、ロッキード汚職など金権疑惑が高まって総理の座を去りました。

田中の後の三木内閣はデタントを背景に、平和時の防衛力の再定義を行い、戦後初めて「防衛計画の大綱」を制定して防衛費をＧＮＰの一％枠以内に抑制し、また軍事戦略文書である「日米ガイドライン」の作成に初めて着手し戦後三〇年、混迷を続けた日本の安全保障にようやく具体的な方向性を与えました。

三木の後を受けたのが元大蔵官僚の福田赳夫です。福田にとっての外交課題は、日中友好条約の締結、日ソの修復、東南アジア外交の刷新の三つでした。日中間には、ソ連に対する反覇権条項を条約で明記するかの問題や、急浮上してきた尖閣列島の領有問題がありましたが、いずれも玉虫色の解決が図られました。しかし中国と対立するソ連はこの覇権条項に猛反発して日ソ関係は悪化していきます。

一方戦後三〇年、日本の経済大国化とアジアへの急激な経済進出に「戦前の悪夢」を思い出した東南アジア諸国は、各地で暴動やデモなどを繰り返すようになりました。こうした対日感情を改善するため福田は一九七七年、「福田ドクトリン」と評価された東南アジア外交の三大原則を発表しました。

①日本は決して過去のような「軍事大国」にならない。

②日本は、東南アジア諸国と「心と心の触れあう」相互の信頼関係を築く。

③対等な協力者の立場で東南アジア全域の「平和と繁栄の構築」に寄与する。

このドクトリンは各国で大きな反響を巻き起こし、対日感情と外交関係は大きく好転していきます。

（7）環太平洋構想と莫大な海外経済支援―日本が東アジアの経済発展を先導し成功させた

福田ドクトリンをさらにグローバルに拡大したのが福田の大蔵省の後輩、大平正芳内閣です。大平は、「環太平洋構想」を発表して、環太平洋地域において関税障壁を低くし、貿易、為替、援助などの経済協力を強力に進め一つの経済圏を作ろうという共同体構想を提案しました。対象は日・米・加・豪そしてＡＳＥＡＮや中・韓・台などです。こうした地域主義の構想は一九六〇年代に芽生えたものですが、その後一九八九年のＡＰＥＣ（環太平洋経済連携）やＡＳＥＡＮ＋３そしてＴＰＰ（環太平洋経済連携協定）の成立を振り返れば、この大平構想が大変先見的であったことが分かります。

一方国際情勢は、アメリカがベトナムから後退し、力の空白が生じた一九七〇年代後半からソ連によるアフガン侵攻など世界各地でソ連の覇権攻勢が始まり、アメリカの日本に対する防衛力強化の要求が高まります。また日本経済の大躍進と膨大な貿易黒字に伴う米国との貿易摩擦の激化がこの要求をさらに増幅しました。しかし憲法九条の存在、そして防衛費の一％枠や国民世論に制約を受けた大平は、ＯＤＡなど海外経済支援の飛躍的な拡大によって米国の海外援助の肩代わりを狙いに「総合安全保障政策」を考案します。この構想は国の安全を軍事力のみならず外交努力、経済協力、食糧や石油の確保、災害対策など多角的かつ総合的に確保しようとする構想で、これも現代に通じる画期的な構想でした。とりわけ日本の海外経済援助は、ＯＤＡを基軸に巨額となりました。

ＯＤＡは一九八〇年代から年間四〇億ドル（約一兆円）台となり、八五年以降は八〇億ドル、九〇年以降は百億ドル台となって二一世紀初めまで続きます。ＡＳＥＡＮや韓・中・台など東アジアの諸国は日本の大発展を成功モデルとして日本の巨額の長期援助や技術移転をバネにして大成長を遂げたのです。

満点とは言えませんが、東アジアの諸国の経済発展に対する日本の貢献は巨大と誇ってよいでしょう。

（８）国際巨大経済国家日本と日米経済摩擦―プラザ合意、前川レポートからバブル崩壊へ

大平急逝の後を受けたのが戦中派ナショナリスト、元内務官僚の中曽根康弘です。中曽根内閣の外交課題は、レーガン米大統領の激しい対日要求に伴う日米安保の強化と日米経済摩擦の解消でした。

中曽根はレーガンとの親密な関係を構築しつつ、防衛費一％枠の撤廃、米国の戦略（ミサイル）防衛構想（ＳＤＩ）の研究への参加、次期戦闘機の共同開発など米国の要求を国内世論の反対を押し切って断行します。そして問題は、鉄鋼、自動車、牛肉、オレンジ、ＶＴＲ、半導体をめぐる貿易摩擦でした。巨額の貿易赤字と対外債務を抱え出だしたアメリカは、貿易赤字の三割を占める日本に、輸出規制、市場開放、円の切り上げ、内需の拡大による貿易黒字の削減を激しく要求して来ました。日本は一九八五年のＧ５（蔵相会議）で円の切り上げに合意（プラザ合意）し、八六年には「前川レポート」を発表して、内需の拡大、内需型経済への構造転換、市場開放、金融の自由化、公共事業の拡大、減税、円売り、過剰な低金利、そして各種の財政出動など積極的な経済・財政・金融政策で米国の激しい要求に応えました。

しかしこれがバブル発生の引き金になり、平成日本衰退の導火線になったのです。

とりわけ過剰な低金利政策が命取りになりました。積極的な財政金融政策で多量に発生した過剰流動性は株式や不動産に流れて空前の資産バブルを産み出し、日本の企業や銀行は過剰な低金利をテコに過剰融資による財テクに走り出したのです。そして結末は過剰債務と過剰資産によるお決まりの経済破綻でした。そして平成の衰退と日本の課題先進国病が徐々に進行し悪化し始めました。

しかもこの時期、復権を狙うアメリカは「ＩＴ・デジタル革命」に大きくカジを切り出します。

２．安保戦略

☆キーワードは、「五月雨的な防衛力整備」、「基盤的防衛力」、「軍事戦略としてのガイドライン」です。

（１）自衛隊の発足と国防の基本方針―長期・具体的な防衛計画や有事法制は作られなかった

一九四六年に始まる東西冷戦の激化と朝鮮戦争は、米国による日本再軍備要求を加速させました。一九五三年九月、当時の二大政党であった自由党の吉田茂、改進党の重光葵の二党首が会談し、①保安隊を自衛隊に切り替えること、②直接侵略にも対抗しうるように増強すること、③長期の防衛計画を確立することで合意しました。

翌五四年六月には自衛隊法と防衛庁設置法が成立して防衛任務が初めて明確にされ防衛出動も法制化されました。しかし有事の作戦行動を自由に保障し、必要物資や施設、サービスの動員を保障する「有事法制」や「長期の防衛計画」についてはついに合意が得られず、その後二〇年間放置されることになりました。世界でも希有（けう）な例です。そして保守合同が実現した五六年に国防会議が発足し、ようやく「国防の基本方針」が決定したのです。その内容は次のとおりです。

①国際連合の活動を支持し、国際間の協調を図り、世界平和の実現を期する。
②民政を安定して愛国心を高揚し、国家の安全を保障するに必要な基盤を確立する。
③国力国情に応じ、自衛のため必要な限度において防衛力を整備する。
④国連が有効な機能を果たし得るまでは、日米安保を基軸として侵略に対処する。

いわゆる、「国連中心主義」、「民政の安定」、「必要最小限の自衛力の保有」、「日米安保依存」の四つで、吉田ドクトリンそのものですが、この基本方針はその後二〇一三年の「国家安全保障戦略」策定まで実に六七年間維持されました。しかし問題は、当時の激しい再軍備反対の世論を反映して具体的な国家安全保障の方針や防衛戦略などが示されなかったことです。国会対策上、危険な政治テーマの先送りです。

つまり、国防方針の内容として不可欠な情勢判断や脅威の実体、国家目標や防衛目標、期待する防衛力の役割、あるいは侵略の抑止や対処の戦略（ドクトリン）などの防衛戦略の基本が示されず、さらには航空機や護衛艦の数、部隊や艦隊の数など体系的な防衛力の量的整備目標についての防衛政策の基本、つまりは総合的で中・長期的な防衛政策や戦略の基本が明示されなかったのです。

この総合的な政策や戦略は、国防の基本方針策定後二〇年、実に戦後三一年を経た一九七六年になって「防衛計画の大綱」として初めて明示されるのです。そしてこの空白の二〇年間は四次に渡る「防衛力整備計画」が策定され、個々の整備計画のなかで五月雨的に逐次「防衛計画の大綱」の体裁や内容が整えられていきます。戦後憲法のもと国論が分裂し激しく対立していた日本において、防衛大綱のような内容を成立させることは国会対策上至難のワザであったのです。以下五月雨的な計画についてお話しします。

（2）防衛計画の大綱以前の防衛計画（一九五八年〜六〇年）

・第一次防衛力整備計画……骨幹防衛力の整備

第一次防衛力整備計画は一九五七年に閣議決定されましたが、すでに在日米軍は急速に撤退し約七万人にまで減少していました。危機を感じた政府は、我が国の防衛態勢の整備を急務と考え、まず陸上防衛力を重点に整備するとともに海空の防衛力についても、ともかく「一応の態勢」をつくり挙げること、すなわち撤退する米軍の空白を補完する骨幹防衛力の整備を主眼に三カ年計画を策定したのです。

・第二次防衛力整備計画（一九六二年〜六六年）――局地戦以下の侵略対処の戦略

一次防に続く二次防の計画は激しい六〇年安保闘争の影響で決定が二年遅れ、この間政府は防衛二法の改正のみによって陸上自衛隊は一三コ師団体制を、航空自衛隊については三コ方面体制を実現させました。

そして一九六一年には遅れていた第二次防衛力整備五カ年計画が決定されました。本計画では初めて防衛力整備の方針が示されて「在来型兵器による局地戦以下の侵略に対処しうる体制」と定め、保有兵力を陸上一八万人、海上一四万トン、航空一〇〇〇機としました。この二次防最大の特色は、核抑止は米軍に依存し、自衛隊は米軍と協同して局地戦以下の侵略に対処するという防衛の方針を初めて明示したことにあります。同時に、この局地戦対処のため、装備の近代化や機動力の増強、そして一カ月分の弾薬の備蓄を重点に初めて陸海空の総合戦闘力の向上が謳われました。

・第三次防衛力整備計画（一九六七年～七一年）―三海峡封鎖とシーレーン防衛の強化

計画は一九六六年十一月に決定されました。防衛力整備の方針は二次防と同様とされ、三自衛隊の強化と装備の国産化を基本方針としました。この二次防最大の特色は六六年当時、ベトナム戦争が激化の一途を辿りベトナムを援助するソ連海軍の増強が著しかったため、防衛の重点がソ連海軍の通過ポイントである対馬、宗谷、津軽の三海峡の防備やシーレーンの防衛能力の強化に置かれたことです。とりわけ海上自衛隊については艦対空ミサイルや対潜ヘリ搭載護衛艦一四隻の整備を始め、潜水艦五隻の建造、対潜航空機や対潜ヘリなど九三機の整備など対潜能力やシーレーン防衛の能力は一段と強化されました。

・第四次防衛力整備計画（一九七二年～七六年）―小規模侵略対処の戦略

四次防は一九七一年四月に先ず原案が発表されました。総経費は約五兆二〇〇〇億円と三次防の二倍に膨張しました。しかし米軍のベトナムからの撤退、米中の和解によるデタント（緊張緩和）の発生、ニクソンショックやオイルショックによる経済の大混乱などの影響を受けてこの計画には国民の批判が集中し計画は大幅に縮小されます。さらに整備計画は単なる「買い物計画リスト」との批判も高まったことから、政府は計画の中に初めて「情勢判断」と「防衛の構想」を加えました。防衛費の抑制を求める世論は、計画に長期的な視点や、より理論的で納得できる防衛構想の立案を要求するようになったのです。

このように四次防にして未だ未作成の「防衛計画の大綱」の体裁が整えられる結果となりました。

さて四次防の「情勢判断」においては、デタントに向かう情勢のなか大規模な戦争の公算は低いものの、朝鮮半島や台湾問題から限定された武力紛争の可能性は否定できないと判断しました。また「防衛の構想」においては日米安保を堅持しつつ、核の脅威に対しては米国に依存し、万一侵略が発生した場合、小規模の侵略事態に対しては「日本独力で対処」しそれ以上の規模の侵略事態に対しては「米国の協力を得てこれを排除する」としました。そして四次防も末期になると、ソ連が覇権主義外交に大きく転換したことから、アメリカの対日防衛要求や日米安保での責任分担、役割分担などの要求が益々高まっていきます。

こうした情勢を背景に一九七六年、政府は遂に「防衛計画大綱の初度制定」に踏み切るのでず。

さてこの大綱のお話をする前に、先に大綱が存在しなかった時代の防衛戦略のお話しをします。

(3) 防衛計画の大綱以前の防衛・軍事戦略―専守防衛の軍事ドクトリン

戦後日本の防衛・軍事の戦略には、憲法九条の「戦争の放棄」「戦力の不保持」、「交戦権の否認」の三原則と野党の激しい国会追求によって多くの制限や制約が課されました。これらの制約は「政府解釈」と呼ばれて世界の軍事界にも類例を見ない厳しい制限となっています。以下その一例です。

①個別的自衛権は存在するが(一九五四年)、発動の三要件を守らなければならない(一九六九年)。

(急迫不正の侵害があること、他に適当な手段が無いこと、最小限の実力行使であること)

②交戦権は自衛権の限度内でのみ許される。相手国領土の占領は許されない（一九五四年）。
③戦闘においても先制攻撃は許されない（一九七二年）、海外派兵は禁止される（一九五四年）。
④敵の領土を攻撃する戦略的攻撃兵器（ＩＣＢＭ・戦略爆撃機）は保持出来ない（一九五五年）。
⑤集団的自衛権は許されない（一九七三年）、非核三原則は守らなければならない（一九七六年）。
⑥但し、敵基地の攻撃は法理論的には可能である。座して死を待つ必要はない（一九五九年）。
そして日本の防衛・軍事戦略の基本として「専守防衛」のドクトリンが宣言されました。

一九七二年、当時の首相田中角栄は衆議院の本会議において「専守防衛」を我が国防衛の基本方針であり、「この方針を変えるということはございません」と明言しました。つまり全般的な防衛態勢のなかで
①相手から武力攻撃を受けた後に初めて防衛力を行使すること。（先制攻撃の否定、待ち受け）
②防衛力の行使は必要最小限度に止め、専ら我が国土とその周辺に止めること。
③侵攻してくる敵をその都度撃破すること。（待ち受けの防衛）（敵国領土への攻撃の禁止）
という受動的な防衛戦略をもって我が国防衛の基本的な戦略方針としたのです。

ただこの専守防衛には軍事戦略上致命的な欠陥がありました。敵基地攻撃や先制攻撃の禁止規定です。現代戦は先ず自国領土や海上艦船などから相手の領土に接近することなく、しかも大量の長距離ミサイルで先制かつ集中的、奇襲的に攻撃することから始まります。とりわけ大陸に近接し、しかも横長に伸びる日本の地形は敵のミサイルや戦略爆撃機の格好の目標であり、これに対応する時間的余裕が極めて乏しいことから禁止規定は致命的と指摘されていました。ミサイル防衛が高度化した現在でもこの問題は変わりません。さてこうした制約のもと七〇年代以降の防衛計画がどう変化していくかを見てみましょう。

（4）防衛計画大綱の初度制定―基盤的防衛力構想が出現した

増大する防衛費に対して国民が納得できる防衛構想の立案を迫られた三木内閣は一九七六年十一月、戦後三〇年にして初めて「防衛計画の大綱」（七六大綱＝五一大綱ともいう）を閣議決定しました。

大綱は、Ⅰ目的、Ⅱ国際情勢、Ⅲ防衛の構想、Ⅳ防衛の態勢、Ⅴ三自衛隊の体制、Ⅵ防衛力整備上の方針からなり、その文書構成については旧帝国国防方針や海外の国防文書と比べても遜色はありません。

①防衛構想については、侵略の「抑止と対処」の二つの構想に分け、抑止については「いかなる態様の侵略にも対応できる体制」で抑止し、核脅威に対しては米国に頼るとしました。

②侵略対処の構想は、「限定かつ小規模な侵略」については、独力での早期排除を原則とし、「それ以上の規模の侵略」については米国の来援を待って共同して排除するとしました。

③防衛の態勢（兵力の準備）については、警戒の態勢、直接侵略対処の態勢、間接侵略対処の態勢、指揮通信と後方支援の態勢、そして新たに「災害救援の態勢」が加えられました。

そしてこれらの態勢は、いずれも自衛隊が侵略に対して作戦行動を遂行する際に必要な基盤的な機能・態勢であり、こうした機能・態勢は平時から基盤的なもののみを着実に建設し、有事新たな必要が生じた場合には速やかに拡大できれば十分であるとしました。つまり平時の防衛力は「基盤的な規模のものに抑制する」と規定されたのです。これがいわゆる「基盤的防衛力」で、五一大綱最大の特色です。

なお「専守防衛」、「軍事大国にならない」、「非核三原則の遵守」、「文民統制」といった防衛政策の基本四原則も本大綱に初めて登場して内外に明示されました。そしてこの大綱制定の二年後、一九七八年に日本の軍事戦略「日米ガイドライン」がこれも戦後三十三年にして初めて制定されるのです。

（５）日米ガイドラインの初度制定―日本の軍事戦略が公表された

一九七五年、フォード米大統領は「ベトナム戦争は終わった。我々は日本との安保政策がアジア太平洋地域のキーストーンと考える」と述べ、アジア政策の立て直しを宣言しました。これを受けて七八年一月、三木内閣は「日米防衛協力の指針」いわゆる「ガイドライン」を制定しました。ガイドラインは三部構成です。

Ⅰ、侵略を未然に防止（抑止）するための態勢

Ⅱ、日本に対する武力攻撃への対処行動（安保条約第五条事態での対応行動）

Ⅲ、極東有事の事態（朝鮮・台湾など）での日米協力（安保条約第六条事態での協力）

第Ⅰ部の侵略の抑止については「兵力による抑止」と「態勢による抑止」の二本柱によるとしました。兵力による抑止とは、日本の自衛兵力と米軍の核抑止力そして有事来援する米即応部隊による抑止です。態勢による抑止とは、作戦、情報、後方支援の三分野における日米のきめ細かい協力による抑止態勢です。

第Ⅱ部の日本に対する侵略への対処については、自衛隊は日本の領域とその周辺の海空域において防勢作戦を行うことをドクトリンとし、米軍はこの作戦を支援するとされました。具体的には、日本の領域内外での攻勢作戦（敵基地攻撃を含む）を行うことが米軍のミッションと定められたのです。そしてこのⅠ部とⅡ部は、まさに日本の軍事戦略そのものであり、作戦戦略の基本でもありました。

第Ⅲ部の極東有事とは「周辺事態」とも呼ばれ、朝鮮有事や台湾有事など日本の安全に重大な影響を及ぼす事態を言います。この周辺有事への対米協力の取り決めについては、日本国内に依然根強い反戦・反安保・反自衛隊の世論を考慮して次期ガイドライン（一九九六年）まで先送りとなりました。

3．経済・通商戦略

☆キーワードは、「財閥解体」、「朝鮮特需」、「高度成長」、「バブルの崩壊」です。

（1）占領軍の日本経済改革―東西冷戦と朝鮮戦争が神風となった

占領軍の経済改革の目的は、経済の非軍事化と経済システムの民主化でした。このため占領軍は概ね三つの非軍事化計画、民主化計画を準備しました。

第一の計画は、軍工廠と軍需工業の解体と、銃や大砲などの兵器の製造禁止、戦闘機や軍艦の生産に結びつく恐れが強い民間航空機そして大型船舶の製造禁止です。これらはほぼ実行されました。

第二の計画は、鉄鋼、工作機械、造船、、石油精製、軽金属、化学工業などの生産設備や火力発電所について基準値を設けて撤去し賠償などに当てるという計画です。しかも撤去の基準値の中には五〇％を越えるものもあり、これが実行されれば復興には致命的な打撃になることが明白でした。しかしここに「神風」が吹いたのです。戦後すぐに始まった東西冷戦の激化です。一九四八年一〇月、アメリカは対日政策を「日本経済の早期復興」に大転換しました。日本は運のよい国でした。そして神風はまだ吹きます。

第三の非軍事化計画は、財閥の解体、農地改革、そして労働システムの民主化の三つです。お隣のサムスンではありませんが、日本の産業を牛耳っていた財閥の解体と民主化は画期的でした。財閥の解体は、カルテルやトラストを禁止する独禁法の新設、そして複合企業を細分化して子会社をスピンアウトさせる集中排除法の制定と絡めて行われました。解体に当っては、財閥の最高支配機構である持ち株本社から財閥家族や同族を排除し、その持ち株を強制的に放出させ、役職からの追放、公職からの追放が厳しく行われました。とりわけ集中排除法では三〇〇社を越える企業が解体指定を受けました。しかし企業の過剰な細分化は農地改革と同様に企業の国際競争力を喪失させるとして、実際は三菱重工など二〇社程度に抑制されたのです。この方針変更も東西冷戦の勃発による「神風」によるものでした。

（2）焦土日本の経済復興―ハイパーインフレの克服と生産力の増強

戦後復興最大の命題と戦略は、「生産力の増強」と「インフレの克服」でした。

戦争による生産設備の大被害で、鉱工業生産は戦前の三〇％近くにまで大きく落ち込み、ＧＮＰも七〇％以下に低下していました。大きな戦後需要に対して供給力の大幅な低下は当然「悪性インフレ」をもたらします。戦後五年間で小売り物価は実に約八〇倍、卸売り物価も約六〇倍に上昇したのです。

戦時から続くインフレへの対策は、デノミ、預金封鎖、財産税、物価統制などでしたが、最善の対策はやはり生産の増強です。政府は先ず「鉄は国家なり」と石炭増産による鉄鋼の増産を最重点に資本や資材を集中投入する傾斜生産を開始します。同時に復興金融公庫（復金）を設立して、鉄鋼、石炭、電力、海運など基幹戦略産業に資金を重点投入する傾斜金融も併せ行い、五〇年頃にはＧＮＰや個人消費支出、鉱工業生産が戦前レベルに近づいて行きます。しかしインフレは収まらず経済は安定しません。

（3）ドッジ不況と朝鮮特需―戦後第二の神風が吹いた

ここに登場したのがＧＨＱ経済顧問のドッジです。ドッジは日本経済の安定化と自立化を目指して、総需要の抑制、金利の引き締め、超均衡予算、為替レートの固定化（一ドル三六〇円）などの緊縮政策を次々と展開しました。この結果インフレは収束していきましたが、この厳しい緊縮政策はデフレを引きおこし、日本経済は深刻な不況に陥ってしまったのです。焦土日本の復興に暗雲が漂います。

しかしここでまたもや日本に「神風」が吹きました。一九五〇年六月に始まり五三年末に停戦した朝鮮戦争です。日本は連合軍の直近にして最大の兵站補給基地に変身し、朝鮮特需が発生しました。この特需ブームによって日本のＧＮＰは年三％のレベルまで押し上げられ五一年のＧＮＰや個人消費支出は戦前レベルにまで回復したのです。そして一九五二年にＩＭＦ（国際通貨基金）、五五年にはＧＡＴＴ（関税貿易協定）への加盟を認められ、敗戦後七年、ついに国際経済社会への復帰を果たしました。

（4）史上初めて空前絶後の高度成長―高度成長の要因とは何であったか？

特需ブームを契機にして日本は、一九五五年から七〇年にかけ経済史上空前の高度成長を成し遂げました。名目ＧＮＰはこの十五年間で九倍、実質ＧＮＰも四・四倍、十五年間の実質成長率は年平均で一〇・四％と驚異的な数値をはじき出したのです。この結果、一九七二年にはドイツを抜いて世界第二位の経済大国に躍進し、八五年には対外純資産でイギリスを抜いて世界第一位の債権国（金持ち国）に躍り出ました。

ただ日本には多くのハンディが与えられていました。日本企業は一九六一年までは関税、為替、外資規制など政府の保護政策で守られ、貿易や資本が完全に自由化されたのは六〇年代、金融が自由化されたのは八〇年代前半でした。しかしこのハンディを考慮にいれても日本の高度成長は驚異的だったのです。

さてこの高度成長の要因は一体何であったのでしょうか。衰退する平成日本から躍進する令和日本になるためにもこの成長の要因を改めて眺めて見ることにしましょう。

高度成長第一の要因は、貿易と国際金融の他国間協調システム、すなわちブレトンウッズ体制が大戦後米国によって確立されたことです。ＩＭＦやＧＡＴＴ体制のもと、西側世界では自由貿易や通貨の国際的安定が保障され、各国は自国の国内経済の成長にのみ専念できる好環境が創造されていました。

第二の要因は、大戦による戦争被害からの復興のための巨大な需要が発生し、この復興需要を資金支援するアメリカのマーシャルプラン（欧州復興資金）など巨額の援助投資によって世界経済が長期持続的な成長軌道を辿ったことです。こうした成長軌道のなかで日本においても大戦時の老朽設備の更新や急速な技術革新に対応するため、主として重化学工業分野での設備投資が急増し、「投資が投資を呼ぶ」という循環投資の好状況が現出し、先ず設備投資が主軸となって高度成長を牽引しました。

第三の要因は、日本特有の高い貯蓄率による郵貯資金を原資として巨額の財政投融資が民需を重点にした設備投資や公共事業に投入されたことです、特に中小企業に対する設備資金支援や交通、運輸、通信など産業インフラの整備が促進され資金面で高度成長を支えました。

第四の要因は、経済成長に伴って個人消費支出が一九五五年以降の十五年間で三倍に拡大し、折からの大量消費時代を迎えていた日本人に最先端のテレビ、冷蔵庫、洗濯機など耐久消費財や一般消費財の大量消費をもたらし需要面で成長を支えました。消費の拡大は設備投資の拡大を促進し、ここに循環的な拡大成長という経済の好循環、効率的でワクワクするような好回転サイクルが産み出されたのです。

第五の要因は、技術革新です。戦前から存在していた鉄鋼や造船、機械そして家電や自動車産業分野で最新技術を導入し、戦後アメリカで発展した石油化学やエレクトロニクスの分野で新技術が導入されたことです。一五年戦争以降、重工業の分野で高い生産技術や有能な多能工を数多く抱えていた日本はこれらの新技術を素早く事業化しました。とりわけ家電やエレクトロニクス分野の発展は目覚ましく、松下、東芝、ソニーなどの製品が一九六〇年代の世界を席巻し、造船は五六年いち早く世界一を達成し、遅れて鉄鋼も世界一となりました。

第六の要因は、貿易、資本、金融の保護政策です。これは「ハンディ」と称して冒頭でお話ししたとおりです。外為法や外資法、銀行諸法令が自由化の方向に改正されたのは六〇年代以降でした。

第七の要因は、通産省や運輸省による政策支援と資金支援です。鉄鋼や造船、機械や半導体など戦略産業に対する技術開発、技術保護、補助金、税制優遇、外資との調整、日本開発銀行や輸出入銀行による資金支援などのきめ細かい政策・資金支援は、諸産業の生産性を高め、国際競争力を強化した点で「日本株式会社」と揶揄されながらも高度成長初期の諸産業を支えました。現代中国の国家資本主義に似ています。

こうした要因によって日本の経済は一九五五年以降大躍進を遂げ、とりわけ重化学工業は一九七〇年に工業化率で欧米を追い越し、幕末以来百十年、遂にその悲願を達成したのです。ちなみに七〇年の輸出の四六％は機械、二〇％は金属、六％の化学製品を併せると実に七二％が重化学工業製品でした。

（5）高度成長の終焉―巨大経済大国からバブル崩壊へ

しかし一九七三年、ここに大きなショックが発生します。第四次中東戦争に起因する第一次オイルショックです。これを契機に日本は三〜四％台の中成長時代に入ります。それでも日本の成長率は世界一のレベルでした。オイルショックも世界に先駆ける省エネ技術で克服し、一九八〇年代、日本は世界のＧＮＰの十五％を占める巨大経済国家にまで発展します。とりわけ輸出の恒常的な増加による貿易黒字が定着し大きく拡大し始めました。しかしこの輸出と貿易黒字の拡大は欧米との激しい貿易摩擦を引きおこし、とりわけベトナム戦争以降、巨額の貿易赤字と対外債務を抱えだしたアメリカが日本に対して貿易黒字の削減を激しく要求し、一九八五年のプラザ合意、前川レポート、八〇年代末のバブル崩壊のプロセスに至ったことはすでにお話ししたとおりです。

この一九七三年から八五年の十二年間、日本が世界一になり得た要因は、日本製造業の製品品質の向上と生産性向上に対する企業努力が素晴らしかったことにありました。例を挙げれば、製造工程におけるカンバン方式、ジャストインタイム生産方式、品質管理におけるＱＣ運動、ＴＱＣシステム、現場教育におけるＯＪＴ方式、多能工システムなど、現在も健在で世界から称賛される数多くの世界最先端の技法やシステムを誇っていました。

しかしこの時期、復権を狙うアメリカはＩＴ・デジタル革命に大きくカジを切り出し、日本は先端技術とりわけＩＣＴ・ＡＩ・デジタル技術・暗号化などの分野やその事業化でアメリカのみならず中・韓や北欧諸国などからも徐々に周回遅れとなって平成経済の局面は大きく変わっていきます。

さて次章では、こうした高度成長時代の成功体験やバブル崩壊の失敗体験などを参考に平成の時代を眺め、令和の時代の日本の在り方を考えていくことにしましょう。

第８章

平成日本の国家戦略

衰退する平成期の日本

次の表は、平成の「始め」と「終わり」の世界の企業の株式時価総額の順位の比較です。

順位	一九八九年（平成元年）		順位	二〇一九年（平成三一年二月）	
1位	NTT	日	1位	マイクロソフト	米
2位	エクソン	米	2位	アップル	米
3位	GE	米	3位	アマゾン	米
4位	東京電力	日	4位	グーグル	米
5位	IBM	米	5位	ハザウエイ	米
6位	トヨタ	日	6位	アリババ	中

出典：リフィニティブ
1位から6位までを抜粋

二〇一九年における日本企業の順位は、トヨタが日本代表としてやっと四〇位に入っています。そしてこの表は、世界の産業構造がＩＣＴに激変し、平成日本がその波に乗り遅れた失敗を明確に示しています。

1. 国際環境

冷戦の終結と紛争・テロの多発時代

一九八九年（平成元年）、冷戦が終了し、米ソ両陣営はデタント（緊張緩和）となりました。しかし冷戦のタガが外れた世界では、地域紛争、内戦、テロが続発し始めます。一九九一年の湾岸戦争、九四年の北朝鮮と米国の戦争危機、九五年の中台戦争危機、東欧ユーゴの内戦、チェチェン紛争、ルワンダやコンゴの内戦、二一世紀に入ると、アフガン戦争、イラク戦争、リビア・シリア・スーダン・イエメンの内戦、ＩＳの出現、ロシアのクリミア併合、ウクライナの内戦など紛争やテロはますます増大していくトレンドです。世界では六〇〇〇万人を越える難民が発生し、これがＥＵ分裂の大きな要因になっています。

そして北朝鮮の核ミサイル開発や中国の軍事大国化も大きな安保上のリスクとなりました。

「多国間協調」と「自国ファースト」のせめぎ合い

その一方で、経済のグローバル化に伴い多国間の地域協調システムの形成が進展しました。一九八九年のＡＰＥＣ、ＥＵ、ＡＳＥＡＮ、ＮＡＦＴＡ、メルスコール、ＴＰＰなど多くの経済の地域協力システムが形成されこのトレンドは今後も次々と続きます。反面、米国のトランプ、ロシアのプーチン、トルコのエルドアン、習近平の覇権主義、北朝鮮の金正恩、フィリピンのドゥテルテに代表される「自国ファースト」のトレンドも進行し、世界は二つの大きな振り子に揺さぶられ続け、世界の各地で安保、経済上の多くのトラブルや紛争が引き起こされました。まさに幕末以来、「疾風怒濤（しっぷうどとう）」の時代の再来です。

2．外交戦略

（1）湾岸戦争での失敗と橋本内閣の外交―米軍の有事後方支援が可能になった

さて冷戦直後の世界で多国間協力初の事例となった湾岸戦争において、日本は侵略排除の戦争協力に躊躇して金銭支援のみで片付け、世界の大国として無責任であると国際社会から厳しい非難を浴びました。

こうした国際非難や北朝鮮の核開発、中国の覇権国化、とりわけ一九九五年の台湾海峡危機を受けて、一九九六年橋本（龍太郎）内閣は、米国との間で「日米安保条約の見直し」を行い、防衛計画の大綱と日米安保ガイドラインの改正を行います。大綱の改訂では国際平和協力業務が自衛隊の新たな任務として付加され、ガイドラインの改訂では、米国長年の悲願であった朝鮮半島や台湾での周辺有事（日米安保六条事態）において日本が米軍を後方支援することが安保成立後四五年にして初めて明確化され、アメリカを納得させせました。

また北朝鮮の核ミサイル開発や特殊部隊の強化に対処するため、ミサイル防衛（ＢＭＤ）やゲリラ対処の必要性が初めて強調されたのも本ガイドラインです。

（2）日米関係の強化と小泉内閣の外交―世界における日米の戦略目標が設定された

二〇〇一年政権に就いた小泉首相はもともと外交経験の少ない政治家でしたが、変人と言われる個性と独自の政治感覚で米大統領ブッシュと緊密な関係を築きました。ブッシュのアジア外交重視姿勢や「北朝鮮＝悪の枢軸」論を支えた知日派の元海軍軍人アーミテージ国務副長官の存在も日米関係を深化させました。二〇〇一年の９・11テロやアフガン戦争に際しても、小泉は素早く行動してテロ対策特別措置法を成立させ海自補給艦をインド洋に派遣、戦後初めての海外補給支援活動を強行しました。さらに二〇〇三年三月のイラク戦争に際しても、その戦争目的に国際的批判があるのを承知のうえでイラク復興支援特措法を成立させ、復興支援に陸自と空自の部隊を派遣して大きな評価を獲得しました。小泉は日米関係を益々強化していきます。

一方、ブッシュの「北朝鮮＝悪の枢軸」指定に大きな大きな脅威を感じた金正日の対日姿勢の変化を目敏く読みとり、二〇〇二年に訪朝して拉致家族五人を帰還させたことも世界を驚かせました。さらに二〇〇五年の日米外務・防衛の２＋２閣僚会議において史上初めて、「日米共通の戦略目標」に合意し、

①日本の安全と「アジア太平洋地域」の平和と安定の強化（日米安保をアジアに拡大する）

②朝鮮半島と台湾問題の平和的な解決（北鮮や中国による戦争は許さない、台湾を擁護する）

③人権、民主主義、法の支配という価値をアジア太平洋で推進する

など二〇を越える目標を設定して、日米安保体制大変革の一五年のきっかけをつくりました。

（3）安倍内閣の戦略外交―集団自衛権が限定的に容認された

小泉の後を受け二〇〇六年と二〇一二年の二度に渡って内閣を組織したのが、新保守主義者といわれた安倍晋三です。安倍は「自立する日本」「美しい日本」を目標に「戦後レジーム（吉田ドクトリン）からの

脱却」を目指して外交を推進します。しかし二〇〇九年に米大統領に就任したオバマは「アメリカはもはや世界の警察官ではない」と宣言して北朝鮮の核開発や中国の南シナ海諸島での埋め立てを見過ごし、二〇一七年に現れたトランプ大統領は「自国の防衛は自分でやれ」と同盟離れ、アジア離れの発言を繰り返しました。

巨竜中国の覇権化や北朝鮮の急速な核ミサイル開発に直面し、日本単独での防衛など思いも寄らない安倍内閣にとって、米国を日米安保と東アジアに引き留めることは当面・将来最大の外交課題になったのです。そして一九八〇年代から激しくなったアメリカの「日本安保タダ乗り批判」をかわす最大のポイントは日本側の集団自衛権の容認による平等性の確保にありました。安倍はこの方向にカジを切ります。

安倍内閣は二〇一三年六月の日米２＋２会議において、「米国のアジア重視とアジアへの関与」、「日米韓豪の緊密な防衛協力」などの合意を引き出し、十二月には戦後初めて「国家安全保障戦略」を策定して、日米同盟の強化、多国間の外交安保協力、国際社会への平和協力などを戦略目標に掲げました。

そして二〇一五年九月に安保関連法案を大改正して、我が国の存立が脅かされる場合に限定して同盟国に対する武力攻撃に共同対処することができるという「限定的な集団自衛権」の行使を容認したのです。

さらに二〇一七年には「インド・太平洋戦略」をトランプ米大統領に提案して、すでに日本の二倍規模に巨大化した巨竜中国を念頭に、「世界規模の多国間経済・安保協力構想」という一大世界戦略を打ち出しました。対米追随に明け暮れた戦後の外交史のなかで遂に新しい挑戦のページが始まったのです。

3．安保戦略

日本の安保防衛戦略は、二つの国際事件によって大きく変貌しました。一九九一年の湾岸戦争と二〇〇一年の9・11同時多発テロ事件です。この二つの事件において日本は多国籍軍や国連平和活動への参加を国際社会から厳しく求められ、いわば外圧によって防衛鎖国から国防開国へと大きな転換を始めました。湾岸戦争では戦後初めて掃海艇の海外派遣が行われ（ＰＫＯ協力法制定）、一九九七年には、日米防衛ガイドラインが改訂されて東アジアで活動する米軍に対する後方支援が可能になりました。また9・11テロ事件以降は、アフガニスタンやイラクにおけるＰＫＯ活動や人道支援・復興活動など外国領域や周辺海域への海外派遣法（対テロ特措法）などが矢継ぎ早に制定されました。これらに加えて二〇〇〇年前後から顕在化し始めた北朝鮮の核ミサイル開発や中国の軍事的台頭によって、日米同盟や日本の防衛政策も大きな変化の時代を迎えることになります。

日本の安保大変革の一五年を振り返る

二〇〇〇年に入り、まず二〇〇三年には武力攻撃事態法が制定され、自衛隊創設以来の懸案であった切迫事態における平時の防衛施設・陣地構築や行政機関、地方公共団体などによる防衛協力、米軍に対する後方支援などが法制化されました。戦後六〇年、政府・防衛省の懸案であった有事法制が遂に制定されたのです。また二〇〇四年には、「防衛計画の大綱」が八年振りに改訂され、脱冷戦型、多様な事態対応型、抑止より対処重視型、国際安全保障重視型という二一世紀型の防衛大綱が戦後初めて登場しました。

二〇〇四大綱では、「安全保障の基本方針」というフレーズが初めて登場し、昭和三二年に策定された

「国防の基本方針」に加え、安全保障について二つの目標と三つのアプローチが新たに示されました。二つの目標とは、「抑止と対処」という伝統的な防衛目標＝自衛隊本来の任務以外に「国際安全保障環境の改善」が新たな防衛目標として設定されたのです。また三つのアプローチとは、①日本の努力、②米国との協力、③グローバルな協力、この三つで、ここでもグローバルな協力という表現が初めて登場しました。つまり自衛隊の行う国際平和協力活動を日本防衛の大きな目標としたのです。

さらに旧九六大綱でうたわれた弾道ミサイル防衛（ＢＭＤ）やゲリラ・特殊部隊への対応のほか「島嶼部に対する侵略への対応」が初めて登場するとともに、サイバー攻撃に対応できるＣ４ＩＳＲシステム構築や統合運用態勢の強化、冷戦型装備の削減など画期的な内容が続々と策定され、まさに〇四大綱は日本の防衛政策の大転換点となる大綱となりました。一方、日米安保体制も大変革の時代を迎えます。

日米同盟が大変革した

二〇〇二年一二月の外務・防衛閣僚による日米安保協議（２＋２）において日米四閣僚は、二一世紀の新たな安全保障環境への対応について日米が協議し、日米同盟を段階的に整理していく協議を強化することに合意しました。ここから日米同盟の変質、拡大、深化のプロセス、すなわち日本の防衛について「変革の一五年」が始まります。

日本の安全保障や防衛は日米同盟が基軸ですから、多くの場合日米外交・防衛閣僚会議（２＋２）や米側の主張の背景にあるＱＤＲ（四年ごとの国防計画の見直し）などが先行指標となり、事実上これらの内容を踏襲する形で日本の安保戦略や防衛政策が策定されていきます。このため先ずは日米同盟の変質、拡大、深化のプロセスを辿りながら日本の安全保障や防衛政策、そして軍事戦略を振り返りたいと思います。

大きく拡大・深化した日米同盟の歴史とは

日米安保の深化・拡大・変質の淵源を探ってみると同盟の変質は、実はベトナム戦争が終わった一九七六年、第一次日米防衛協力ガイドラインの協議に始まったのです。七六年以前の日米安保条約の目的は、①日本本土の防衛（5条）、②極東の平和と安全のための米軍活動への基地提供（6条）の二つでした。

しかし一九七三年、ベトナム戦で史上初めての大敗北を喫した米国は、アジア太平洋戦略の建て直しの基軸を日米安保に求め、米軍への基地提供を越えて極東有事における日本の協力を明文化することを基本方針としました。

しかし、一九七六年当時の激しい日本の反戦平和運動と憲法九条の存在から容易に実現せず、一九九一年の湾岸戦争での掃海艇の派遣やカンボジアPKOへの初参加、ユーゴなど世界各地での紛争の多発、北朝鮮の核ミサイル開発などの諸事件で国民が国際環境の変化にようやく覚醒した一九九七年、ガイドラインは改正され、ようやく「周辺事態での支援」が明文化されて具体的な内容への踏み込みが可能になったのです。ただし周辺事態とは、朝鮮半島有事や台湾有事など地理的に限定された事態とされ、依然厳しい制約が改正当時は設けられていました。

以下、日米同盟の先行指標であるQDR（国防計画の見直し）や2＋2の歴史的変遷を中心に日米同盟の大変革の一五年を振り返ってみます。

（1）二〇〇一年のQDRと2＋2合意―東アジア太平洋有事における日米両軍の一体化

9・11同時テロは米国に大きな襲撃を与えました。米国は、二〇〇一年のQDRでテロや大量破壊兵器の拡散への対応、不安定の孤（中東から東アジアに到る不安定地域）へのアクセス・対応、中国のＡ２／ＡＤ（接近と進入の拒否）戦略への対応などを狙いにした米軍再編（トランス・フォーメーション）政策を打ち出し、これに日本の防衛力を一体化させ、従来の周辺事態での後方支援を拡大して、東アジア太平洋地域での米軍の活動に自衛隊を協力させることに日米同盟の重点を移しました。

まず二〇〇五年五月の日米協議において、アーミテージ国務副長官は「共通の戦略目標」を日本に提案し、東アジア太平洋地域での日米協力が合意され、また同年一〇月の２＋２（日米同盟未来についての変革と再編）においては、横田と座間に空陸の日米両軍司令部の同居が合意され、日本有事と東アジア太平洋有事における日米両軍の一体化という画期的な同盟政策が推進されたのです。

また二〇〇三年以降の日米協議を受けて、〇四年一二月には防衛計画の大綱が改正され、日米共通の戦略目標の追求や中東～東アジアに到る「不安定の孤」の安定化、二国間、多国間協力などによって脅威を減らすことを目的に国際的な安保環境の改善が安保政策の基本方針、安保・防衛の目標として新たに設定されました。つまり抑止と対処という従来の防衛目標に、安全保障環境の改善という新たな防衛目標が付加されたのです。繰り返しになりますがこの大綱（〇四大綱・一六大綱ともいう）では、ＢＭＤ（ミサイル防衛）や島嶼防衛などのミッションも初めて登場しました。脱冷戦型、多様な事態対応型、抑止より対処重視型、国際安全保障重視型という二一世紀型の革新的な防衛大綱が初めて登場したのです。

（２）二〇〇六年のＱＤＲと２＋２合意―同盟やパートナーとの多国間・多層的な安保協力

長期化するアフガン戦争やイラク戦争への反省から大統領二期目のブッシュ政権は、単独主義から対外協調主義に外交を大転換し、二〇〇六年のQDRにおいては同盟強化＋安保協力強化＋前方配置＋アジアへのリバランス（再均衡配置）＋アジア重視などの安保新政策を打ち出し、いわゆる重層的・多層的な防衛が強調されました。

さらに二〇〇七年の２＋２合意・「日本の安全保障と防衛協力の進展」では、日米共通の戦略目標の見直しが行われ、中国を念頭に日米韓の三国同盟の強化、日米豪の防衛協力、インドとの連携、ASEANの支援、APECの強化、アフガンとイラク支援、NATOとの連携などグローバルな多国間安保・防衛協力の枠組みつくりが新しい共通の戦略目標として設定され日米同盟はいよいよ進化し拡大していきます。

二〇〇七年の２＋２を受けて二〇一〇年、日本では防衛計画の大綱（〇四）が一〇大綱（二二大綱ともいう）に改訂され、２＋２合意の更なる推進が強調されて、日米韓の三国同盟の強化、日米豪の防衛協力、インドとの連携、ASEAN支援、ARFやADMMプラスのルールづくりなど東アジア太平洋地域やグローバルな日米両軍の国際安全保障協力の政策が数多く打ち出されました。

また抑止より対処を目的とする「動的防衛力」（素早く振り回しの効く戦略機動戦力）という戦略的な運用概念が登場し、国内での急速展開能力、特殊作戦能力を持つ専門部隊の保有が強調されました。

国家安全保障の目標が二つから三つに増え、「人間の安全保障への貢献」が登場したのも本大綱です。

（３）二〇一〇年のQDRと２＋２合意―地域やグローバルな日米の国際安全保障協力

二〇一〇年のQDRは、中国の台頭や紛争のハイブリッド化（正規・非正規戦の混在）、多様化（テロ、兵器の拡散、サイバー戦）などを受けて、中国によるA２／AD戦略への対応のためのグアムのハブ化や日韓への拡大抑止（核の傘）の提供、前方配置の強化、多岐で多様な緊急事態へ対応などが強調されています。

また米軍の前方展開に関しても、柔軟なローテーションの態勢や米本土内外からの兵力の随時投入が強調され、重点地域として、アジア太平洋・欧州・中東・アフリカ・中央アジア・南アジアなどの地域が明示されました。そしてこのＱＤＲの注目点は、核ミサイルに変わるグローバル兵器としてＣＳＭ（通常戦争型攻撃ミサイル・射程１万㎞）の開発を計画したことで、その超高速の滑空弾頭威力から革命的な非核戦略兵器として拡大抑止の効果が期待され、その後中露両国も開発に躍起となっています。

二〇一一年七月の２＋２合意「より深化し拡大する日米同盟」では、共通の戦略目標の見直しが再度行われ、二〇〇七年の２＋２「日本の安全保障と防衛協力の進展」に示された戦略目標（日米韓の三国同盟の強化、日米豪の防衛協力、インドとの連携、ＡＳＥＡＮの支援）のほか、新規に海洋航行の自由や航行の安全など海洋交通の維持、宇宙・サイバー空間の保護、さらに中東・アフリカの民主化・安定化支援など「東アジアで多国間安保防衛協力の枠組みつくり」に中東・アフリカ支援が追加されました。

また三つの重点として次の事項が合意されました。
①多国間・多層的な安保協力、
②作戦分野での同盟の強化（共同作戦計画の緻密化、緊急対応能力の強化）
③地域とグローバル分野での日米協力（安保防衛や海洋安保での多国間協力）
このように、二〇一一年の２＋２においては、中国包囲網の構築と対中国軍事力の強化が明確に示されたということができましょう。

（４）二〇一二年、米国の新軍事戦略と２＋２合意―オフショア戦略と第三オフセット戦略へ

二〇一二年米国は、二〇一四年のQDRの策定を待たずに「新軍事戦略」を発表しました。この戦略は、ポスト対テロ戦争の軍事戦略を示したものとされ主たる狙いは「中国」です。このため、重視する戦闘力として次の四つを挙げています。

①地上軍より空海軍主体の「遠距離精密打撃力」を重視する。

②情報・偵察・監視（ＩＳＲ）能力を強化し「情報優越」を重視する。

③サイバー戦能力と宇宙戦能力を強化する。

④さらに重視する戦力・能力として、電子戦能力、弾道・巡航ミサイル能力、高性能防空、機雷戦

言いかえれば、

①空海軍特にミサイルや航空機（空母打撃群を含む）を駆使した長距離攻撃力で中国の空・海・陸・ロケット軍の中核となる戦力を打撃し、陸上兵力をほとんど投入せずに戦争目的を達成する。

②情報戦で圧倒的な能力を発揮し、サイバー戦や宇宙戦、加えて電子戦と一体化して、中国のＣ４ＩＳＲ（指揮・通信・統制・コンピューター・ＩＳＲ）システムを破壊し作戦目的を達成する。

このコンセプトは、戦略的には中国の沿岸から離れ、遠距離からの攻撃を重視する点で「オフショア戦略」と呼ばれ、作戦的には二〇〇九年に構築された「ジョイント・エア・シーバトル・コンセプト」と呼ばれる戦い方です。当然中国は、これらの攻撃に耐えて被害を局限化する方策を探り、生き残った戦力で同様の方法で反撃し攻撃します。

この中国の反撃能力は二〇〇〇年以降めざましい進歩を遂げ、既に米海軍が誇る空母打撃群が第一列島線内に入域することすら危険な形勢が産まれつつあります。

「米国に追いつき追い越せ」という中国軍の急速な近代化に対して米軍では、

①情報戦能力の強化による「情報優越」の確立、ならびに、

②軍事技術能力の強化による「技術優位」の確立

という二つの分野で中国を圧倒することに勝ち目を見出す「第三オフセット戦略」に移行しています。

さて、二〇一二年の国防戦略を背景に、二〇一三年には２＋２で「より力強い同盟と大きな責任の共有に向けて」が策定され、ガイドラインの改訂や、安保協力の拡大、集団的自衛権の検討などに取り組むことで合意しました。

ガイドラインの改訂では

①武力攻撃対処能力の向上、日米相互の能力の強化

②グローバルな課題への協力範囲の拡大

③地域のパートナーとの緊密な安保協力の拡大

などが基本方針として合意され、日米二国間協力では、宇宙、サイバー、ＢＭＤ（ミサイル防衛）、そしてクロスドメイン（領域横断）での協力を重点に、ＩＳＲ、施設の相互使用、共同作戦計画、装備技術、拡大抑止、情報保全、共同の訓練演習、接受国支援などでの協力や協議が合意されました。

また地域及びグローバルな協力においては、能力構築支援、海洋安保、人道支援、三カ国協力、多国間協力などが合意されています。

二〇一〇年のＱＤＲ、二〇一一年の２＋２合意、二〇一二年の「新軍事戦略」、二〇一三年の２＋２合意を受けて、二〇一三年一二月には戦後初めて「国家安全保障戦略」が策定され、併せて「防衛計画の大綱」が一三大綱（二五大綱ともいう）に改正されました。さらに二〇一五年には、日本の存立危機事態に

限定された集団自衛権が容認されました。まさに日本の国防史上革命的な変革でした。

4．通商・経済戦略

平成大不況と新興国の大成長―日本の衰退が始まった

一九九一年初めにバブルが破裂して、史上稀にみる好景気が終焉しました。平成のバブルショックです。ピーク時三万八〇〇〇円の株価は、3月に三万円、一〇月には二万円を割り込み、九二年初めには一万三〇〇〇円にまで続落し、地価も急速に下落して九五年には四〇％にまで暴落しました。バブル時代に財テクに走った企業の多くは保有資産に多額の含み損を抱えて財務が急速に悪化し、とりわけ金融機関の不良債権負担は深刻で、九三年から二〇〇〇年の間に表面化しただけでも八〇兆円の巨額に達しました。

政府は一〇兆円にのぼる公的資金を投入しますが、住専、山一、長銀、拓銀、三井、千代田、日産、第百など多くの著名銀行や証券・生保・損保の企業が続々と破綻しました。生き残った銀行も融資を縮小し、融資の回収や引き剥がしを急ぎます。財務が悪化した企業は設備投資や消費を縮小し、一九九〇年代後半の日本は文字どおり「平成大不況」の時代を迎えたのです。逆にこの九〇年代は、中国や韓国、ＮＩＥｓやＡＳＥＡＮの新興国が高度成長の時代に入り、アメリカのＩＴ・デジタル革命も進行していきます。停滞を始めた日本は中韓のキャッチアップを許し、アメリカには情報革命で大きく水を開けられました。

政府はデフレを克服するため四〇兆円に及ぶ大規模な財政出動を行いますが、一九八〇年代後半以降の軽薄短小産業への構造変化は公共工事主体の景気対策の乗数効果を低下させ、デフレの克服はできません。

二〇〇〇年に入り、日銀はゼロ金利や量的拡大の金融政策を採用し、マネーサプライを倍増して八〇兆円を供給します。しかしこの金融政策も物価の上昇や景気の回復には繋がりませんでした。

小泉内閣の構造改革―リーマンショックが日本を追い打ち

年率一・四％という低成長と持続的な物価の下落に苦しむ平成デフレに果敢に挑戦したのが小泉内閣です。小泉は「構造改革無くして成長なし」と宣言し、三つの目標を掲げました。

①不良債権の最終処理（金融再生と産業の再生）

②構造改革（自由競争・市場原理にもとづく競争経済のシステムづくり）

③財政の健全化（歳出削減、社会保障費や公共事業の削減）

①の金融の再生は再生プログラムと工程表に従って、りそな銀行への資金注入に始まり中小企業金融の円滑化に至るまで徹底して行われ、二〇〇六年おおむね処理を完了しました。産業再生も産業再生機構を設立して企業を支援し、大手スーパーダイエーなど多くの企業が再生目的を達成しています。

②の構造改革は大胆でした。改革の主対象は国や地方の公営事業体で改革や規制緩和が推進されました。郵政事業、国立の大学や病院、道路公団、ＪＲ、石油公団、ジェトロ、大中小の特殊法人が、民営化、独立行政法人化、廃止、改組が強行されました。

構造改革の一環として行われた規制改革では、民間の陸運や電力、電気通信や派遣労働の分野で、参入規制の緩和や料金の自由化、派遣労働の拡大が断行され、企業間の自由競争が促進され、サービスや生産性、企業の競争力は向上しました。反面、コストプッシュによるリストラ、賃金の伸び悩み、労働強化、非正規労働者の急増、そして「所得格差の増大」などの深刻な副作用が目立ち始めました。

こうした改革によってGNPは年一・八%の成長、景気も徐々に上向き、海外生産とりわけ輸出は年九%を超える伸び率を示し、日本の在外資産は二五一兆円と世界一に躍進しました。しかし中韓など新興国の高い成長によって世界の資源価格は高騰を始め、そこに二〇〇八年のリーマンショックが世界を襲います。たちまち日本も輸出の大幅な急減でマイナス成長に陥り、一万四〇〇〇円台の株価は七〇〇〇円まで暴落して、再び平成デフレに舞い戻ってしまいした。失った一〇年が二〇年に長引いてデジタル化が益々遅れていきます。

アベノミクスの登場─非伝統的政策（異次元緩和）で経済は好転

二〇一一年末に発足した第二次安倍内閣は、このデフレ打破に総力戦で挑みます。内閣はデフレ脱却を戦略目的とし、物価二%アップのインフレターゲットを旗印として「三本の矢」と称する三つの戦略目標を掲げました。

①大胆な金融政策（量的・質的緩和、長短期金利操作付き量的・質的緩和）
②積極的な財政政策（景気浮揚、公共工事、内需拡大などの財政出動）
③民間投資を喚起する成長戦略（新産業育成、技術革新、IT、雇用制度改革など）

①の金融政策については二〇一三年、黒田日銀総裁が量的緩和を採用し、一四年にはこれに質的緩和を加え、一六年には長短期金利操作付きの量的・質的緩和の政策と、異次元の深みに進んでいきます。

この異次元緩和は二%の物価目標を達成するまでは日銀による量的緩和（通貨の供給）を続け、政策の重点をマネタリーベース（貨幣の数量）の拡大において、長期国債やETF（上場投信）を大量かつ持続的に買い続けるという金融政策史上の一大決断でした。この結果マネタリーベースは、一四年の約二〇〇兆円が一九年には四九四兆円に拡大し、その内訳は通貨一一二兆円、日銀当座預金三八二兆円と、マネーの大部分は日銀に塩漬けにされて「眠れるインフレマネー」と化しています。そして短期金利はマイナス〇・一％、長期金利も〇％プラス・マイナス〇・二％の小幅に設定され、この長期にわたる超低金利政策は金融機関や預金者を大いに悩ませました。

②の財政政策については、景気浮揚対策や国土強靭化の公共事業、内需拡大のための財政出動を繰り返しました。このため政府予算は、小泉時代の八〇兆円規模から一九年には一〇〇兆円規模にまで拡大し、プライマリーバランスの黒字化も二〇二五年まで先延ばしとなりました。財政再建はますます遠のいて、財政破綻のリスクが少しずつ増大していきます。

③の成長戦略については、産業の新陳代謝、人材力の強化、雇用制度の改革、立地競争力の強化、クリーンエネルギーの需給の実現、健康長寿社会、農業の国際競争力の強化、イノベーション・ＩＴの強化を軸とし、地方創成特区の導入、法人実効税率の引き下げ、ＴＰＰの推進、一億総活躍社会、女性活躍社会そして数値目標として、ＧＤＰ六〇〇兆円、出生率一・八人、介護離職ゼロなどが設定されました。

この結果、当初一万円を大きく割り込んでいた株価は、二〇一三年三月には早くもリーマンショック前の水準に戻り、一五年には二万円、一七年には二万三〇〇〇円にまで上昇したのです。経常収支の黒字も一七年には九年ぶりに二〇兆円を超え、日本企業は総額で二〇〇兆円以上の内部留保を抱え込みました。

しかし実質賃金と勤労者所帯の支出は低迷を続け、当然物価目標二％は二〇一九年に至るまで未達のままです。労働法制は改善されたものの非正規労働者の賃金格差もなかなか埋まりません。少子高齢化、人口減少、貧困率の上昇、社会保障の行き詰まり、中韓など新興国経済の追い上げ、イノベーションの停滞、デジタル技術での深刻な周回遅れ（情報ＧＤＰで日本は十一位、韓国は五位）、財政赤字の拡大、財政危機や異次元緩和によるハイパーインフレのリスク、国外では中国の覇権化や南北朝鮮の執拗な反日行動、近未来には核を保有した統一朝鮮誕生の可能性、米国の内向き志向など「令和日本」の抱える問題は深刻です。

最終章では「令和日本」の方向性について考えてみたいと思います。

終章

日本未来の国家戦略

1．二〇五〇年の世界のトレンド

イスラム世界の貧困と紛争は世界の長期的リスク

二〇五〇年以降の世界で、ほぼ正確に予測出きる分野の一つは人口です。

人口とりわけ生産適齢人口（一五歳〜六〇歳）の伸びはイノベーションと同様に経済成長そのものを左右しますからＧＤＰの推移を予測する上でも重要です。国連などの予測によれば、二〇五〇年の世界の人口は、二〇〇九年の六八億人から二四億人増えて一・五倍の九二億人に増大します。総人口の筆頭国はインドで一五億人、二位の中国は一四億人で、中・印の二国併せて世界人口の三分の一を占め、アジア全体では世界の半分を占めることになりまさにアジアの時代の到来です。

三位はナイジェリアの四億人、次いで米国、インドネシア、タンザニア、パキスタンが三億人台で中印に続きます。とりわけアフリカは一〇億人増えて二〇億人を超え、アジアと共に「アフリカの時代」が到来します。一方、ＥＵやロシアそして日本では人口が停滞もしくは減少し、その結果、現先進国の世界に占める人口比率は一五％から一〇％程度まで下落し、一方の新興国の人口比率は五〇％に接近します。

とりわけイスラム人口は中東や中央アジア、南アジア、東南アジアなどを中心に二〇億人を突破して、イスラム経済が好転しない限りイスラム原理主義運動や宗派対立を激化、拡大させ、国際テロ運動や中東・アフリカでの地域紛争、内戦や難民問題の解決をますます難しくしていくことになるでしょう。

中国、米国、インドなど超大国の覇権化は制限される

人口に次いで長期の未来予測がほぼ可能なのがＧＤＰ成長率です。

国連や世界の研究機関による二〇五〇年までの成長率の予測によれば、名目成長率は世界全体では三％前後で推移し、中国は現在の七％前後から二〇三〇年代の五％台を経て、二〇四〇年から五〇年にかけては二％台に低下、インドは中国の一〇年遅れの成長プロセスをたどりながら七％以上の高成長率で経済を拡大し、米国は二％前後、日本は一％前後の成長を維持する、これが標準シナリオとされています。

この結果、中国やインドの経済規模は二〇一五年と較べると、中国で四〜五倍の四〇兆ドル〜五〇兆ドルレベル、インドで一〇倍前後の三〇兆ドルレベルまで拡大します。一方の米国や日本など先進国の拡大は二倍〜三倍程度にとどまり、米国は四〇兆ドルレベルで中国と拮抗するか少し下回る経済規模になるでしょう。

当然ながら軍事支出も経済成長と同様の拡大を辿ると予測され、とりわけ中国の軍事支出は日本の五倍以上と圧倒的な格差が産まれてしまうことになります。中国のハイテク化やイノベーションの高度化は軍事のみならず産業分野や基礎研究の分野でも凄まじく共産中国の覇権国化は深刻な全地球的課題です。

このように二〇五〇年の世界の超大国は、中国と米国、次いでインドの三国となり、二〇三〇年代以降、早ければ二〇年代後半から世界の安全保障や経済の国際秩序は、まず米国と中国、少し遅れてインドの三国が主導していくという三極的な構図になりそうです。ただ、二〇世紀の世界とはと大きく異なる点が二つあります。第一には、国際経済が比較にならないほど緊密化し金融危機や環境、国際テロ、宗派対立リスクなど地域や世界の諸国家の協調なしに解決出来ないリスクと難問が常に発生するという問題です。、第二に、世界は、統合＋国際協調主義と反統合＋自己（国）至上主義という二つトレンドのうねりで大きく振幅する「百家争鳴の時代」を迎えることです。時には激しく対立するこの二つのトレンドを巧妙かつタイムリーに調停し調整しなければ超大国の権威と地位が低下してしまう信用リスクなど超大国の指導力の前には常に大きな障害や限界が立ち　はだかり、超大国はそのジレンマに悩まされ続ける世界になるでしょう。超大国の覇権化は制限されます。また中小国は力を合わせて制限しなければなりません。これが「Gゼロの世界」です。

資源と環境は世界の紛争リスク

二一世紀に入り急拡大している新興国の経済と人口は地域紛争のリスクを産み出す可能性があります。世界の環境リスクや食糧、水資源を含む資源リスクは今後ますます深刻化していきます。

中国やインドを始め、世界の元気な新興国群が高率の成長を続け、その他の諸国も二％～三％の成長を持続すると仮定すれば、世界の資源やエネルギー、水や食糧の消費は経済規模と人口の拡大に並行して増加し、二〇五〇年時点で一五年の二・五倍～三倍、今世紀半ばには七倍以上になると予測されています。エネルギーや水資源は不足し食料を始めその他の資源も逼迫していきます。食料や資源を巡る新興国間の角逐が激化し地域の軍事紛争にエスカレートする危険性も十分視野に入れておかなければなりません。

地球環境についても温暖化対策に徹底を欠けば、大規模災害を始めとする環境リスクはますます増大していきます。凡人の常ですが、環境問題と並んで二十一世紀世界の深刻なリスクである金融危機や財政再建問題（財政危機）への対応なども同様に「行き着く所まで行ってから」では遅いのです。

2．ICTとAIの技術が産業と社会の構造を変える

ロボット・AIの開発と実用化が飛躍的に進展する

二〇二〇年代後半には、ロボットの頭脳が人間の知能に近い水準になり人間の感情をも理解できるようになるとともに、一家に一台の家事ロボットの時代が到来し、家庭用生活支援ロボットや快適介護支援ロボットの市場は一〇兆円規模に成長するともいわれています。地震災害などの救助にも探索・救助ロボットが活躍し、二〇三〇年代にはロボットの知能が人間並みになって患者の診察診断、会計経理事務、警備員、運転手などを代行し、二〇四〇年代には工場の組み立て作業が全てロボットの作業になってしまいます。新たに深刻な雇用問題も発生しますが、まさにロボット全盛時代の到来です。一九九〇年代のロボットコンピューター・ネット革命の出現に次いでIOT技術とともに第四の産業革命の到来といえましょう。

ICT（情報通信）技術の分野は引き続き全産業を牽引する

とりわけIOTや5Gの通信技術、そしてブロックチェーンやビッグデータの活用技術はAIの高度化

とコラボしてあらゆる産業のスマート化（低コスト・高品質・高速化）、スクリーン化（全ての事象の画像化）、トータルネット化（ヒトとモノの全てをネットに組み込む）を促進します。製造業の分野においても低コストで高品質の耐久消費財の生産を可能にするでしょう。自動車の価格は大幅に低下します。ＩＣＴが生物学やナノ技術と結合して新しい発見や製品化も期待できます。ビッグデータの活用は新しいビジネスの創出と社会生活の利便性を著しく向上させるでしょう。ブロックチェーンは世界の金融界に一大革命を起こします。日本はこうしたデジタル化のトレンドに決して後れを取ってはなりません。

さらにこれら先端技術の他に、すでに世界の先頭を走る日本のロボット、自動運転、電子部品、産業機械、先端材料、化学素材、再生医療、バイオ、ナノなどの先端技術のさらなるイノベーションによって全要素生産性と潜在成長力を高め、加えて規制緩和の推進、貧富や教育格差の是正、少子化対策、労働改革、社会保障の制度改革、財政改革、教育改革、地方の再生などを大胆に推進して日本の経済国力を蓄積し拡大して、世界の大競争（メガコンペティション）時代のなかで力強く生き抜いて行くことが重要です。

経済成長は国力の源泉です。とりわけ経済国力は国際政治における力（政治的パワー）の源泉、自己実現の根本手段であることを決して忘れてはなりません。

無人兵器技術の高速の進化は倫理上の大問題

軍事の分野では、宇宙・サイバー・無人化の軍事技術の重要度が増し、サイバー・デジタル・無人兵器が急速に進歩します。兵器プラットホームの無人化、ロボット化、スマート化そしてステルス化も益々加速されて行きます。超高速のミサイル弾頭を迎撃するレーザー兵器も実現するでしょう。マッハ10の超高速の滑空弾で全地球を即時攻撃できる非核の革命的なＣＳＭ（ミサイル）も出現中です。宇宙から地球を攻撃する攻撃衛星や対衛生攻撃技術も高度化して宇宙の支配が戦争勝利の決め手となっていきます。とりわけＡＩとコラボしたサイボーグ兵器や昆虫型兵器、攻撃型ドローン兵器などは現在の核兵器や化学・生物兵器と同様に人倫・人道・道徳上からも残酷で深刻な被害をもたらす問題兵器になります。

さてこうした近未来の諸問題を背景に日本の外交・安全保障はどうあるべきかを考えて見ましょう。

3．日本の外交　安保戦略の方向性は？

まずは集団防衛から始め、最終目標は地域的集団安全保障
―中国、北鮮、ロシアを取り込み、組み入れ、拘束せよ

外交・安保戦略の方向性について結論を先にいいますと、当面は日米安保の二国間同盟方式を堅持し、並行して多国間の集団防衛や防衛協力の国際ネットワーク方式、そして協調的・共通的な安全保障方式を推進します。この三方式を多層構造の踏み台（ステップ）として、最終目標は中国や米国、ロシアそして北朝鮮などを組み入れた地域レベル（東アジアと西太平洋）の安全保障協力機構や集団安全保障機構、できれば経済協力（共同）機構を併設した安保共同体の実現です。

これが二〇年〜三〇年スパンの長期的目標になります。

近未来の日本の財政事情、中国の強度の非妥協性や拡張主義、憲法九条の存在や非核三原則などを考えれば当面はやや片務的な日米安保同盟で行くべきでしょう。しかしこの片務性は常に米国側に不満を内在させ、米国の内向き志向、孤立主義など政策変化によっては有事の「見捨てられリスク」の可能性を潜在

させています。同時に日米同盟だけでは中国の巨大化に将来追随出来なくなる危険性もあります。短・中期的にはより抑止と対処が有効で、最終目標である中国を組み入れた地域的な安保共同体や集団安全保障方式への足がかりになる多国間の集団防衛や防衛協力の国際ネットワーク方式、加えて協調的・共通的な安全保障方式の選択と強化が望ましいと思われます。

これに参加する国家も日・米・韓・豪のみならず東アジア一五カ国中一〇カ国を占めるＡＳＥＡＮ諸国やインド、可能ならばアジアに属領を持つフランスをはじめＮＡＴＯ諸国なども必要です。このため集団防衛や防衛協力ネットの形態は「開放型」にしておくことが是非必要です。さらに参加国が増加する段階で中国やロシア、でき得れば北朝鮮を組み入れた地域レベルの安保協力機構や安保共同体、集団安全保障方式への準備活動を開始し時間を掛けたレジームの構築を始めるのです。

この準備活動の一つが呼び水としての、協調的あるいは共通の安全保障システムの構築です。これにはＡＳＥＡＮ地域フォーラム（ＡＲＦ）の活用が有効になります。大変な難作業ですから覚悟が必要です。

ＡＳＥＡＮは二〇〇三年、経済協同体（ＡＥＣ）の他に安全保障協力や社会文化協力を加え、安全保障共同体（後に政治・安全保障共同体・ＡＰＳＣ）と社会文化共同体（ＡＳＣＣ）の三本柱を基幹とするＡＳＥＡＮ共同体の創設を唐突に決定し、二〇〇四年には共同体行動プログラム（ＶＡＰ）まで採択しています。同時に米中を始め世界の主要国は競って成長著しいＡＳＥＡＮと各種の地域機構を数多く構築して、今や日本の安全保障のみならず、東アジアの安全保障にとってＡＳＥＡＮとの連携は自明の選択になりました。同米・中・露・北朝鮮と同様にＡＳＥＡＮを抜きにして日本と東アジアの安全は語れなくなっています。同時にこうした地域機構の増加は単にアセアンだけの現象ではありません。

一九八九年の冷戦終結以降共産主義国家や新興国の資本主義化は、経済のグローバル化による生産〜販売の国際ネットワーク（サプライチェーンやグローバルバリューチェーン）や通商貿易・投資関係の深化、そして数多くの地域経済機構を産み出しました。

アジアではＡＳＥＡＮ、北米では北米自由貿易協定（ＮＡＦＴＡ）、南米では南米南部共同市場（メルスコール）、南アジアではインドが中心の南アジア自由貿易圏（ＳＡＦＴＡ）、アフリカでは中・南部アフリカ市場共同体などが代表格です。これ以外にも通商経済レジームが存在し、かつて米国とＥＵは世界最大の環大西洋貿易投資協定（ＴＴＩＰ）を構想し、東アジアではＴＰＰ（環太平洋経済連携協定）やＦＴＡＡＰ（アジア太平洋自由貿易圏）、そしてＲＣＥＰ（東アジア地域包括的経済連携）、ＡＥＣ（ＡＳＥＡＮ経済共同体）など多様で多層的なレジームや構想が存在します。このなかには通商貿易や投資・金融の経済連携から始まり、近未来には安全保障をも加え、地域的な統合を目的にした機構も多く存在します。

こうした国際政治や国際経済の構造変化のなかで集団防衛の概念も変化しつつあり集団防衛の性格は、単なる軍事的連携から安保と経済の地域共同体的性格へと少しずつ変化しています。まさに深い統合（ディープ・インテグレーション）へのトレンドが始動していると言えましょう。

なにしろ国際貿易が無くなれば最富裕層の購買力は二八％減り、所得が下位一〇％の貧困層に到っては六三％も減少するという世界四〇カ国を対象にした調査結果があります、経済連携は国家とりわけ中小国家の生き残りの最低条件なのです。孤立主義や経済保護主義は中期的には国家にとって大きな経済的な災厄をもたらします。

こうした情勢から、日本が追求すべき国家安全保障上の方向性は次のようになります。

①先ずは、日米同盟を基軸に、「多国間の集団防衛や防衛協力の国際ネットワーク」および、地域内とその周辺諸国との間で「共通の安全保障」を実現する。（中・短期目標）

②次に、「協調的安全保障」への拡大を目指す。（中期目標）
③最終的には、東アジアや西太平洋の「地域レベルの集団安全保障」を目指す。（長期目標）
次いで、日本が追求すべき東アジアの地域安全保障（統合）上の方向性は、
①まずは、「ＡＳＥＡＮ政治・安保共同体」構築に協力する。（短期目標）
②次いで、「東アジアや西太平洋の安全保障協力機構」への拡大を目指す。（中期目標）
③最終的に、「東アジアの安保共同体〜地域的集団安全保障体制」の構築を目指す。（長期目標）
最後に、日本が追求すべき東アジアの外交戦略の方向性としては、
①まずは「ＡＳＥＡＮ共同体、特に経済共同体」構築に協力する。（短期目標）
②次いで「東アジアや西太平洋の経済共同機構や社会文化共同機構への拡大を目指す。（中期目標）
③最終的に「東アジア経済・文化共同体〜地域的集団安全保障体制」の構築を目指す。（長期目標）
さてこの三分野の目標は、並行的に追求することが重要です。とりわけ経済共同機構の深化や拡大は安保共同体の構築を誘発する効果を併せ持ちますから重要です。ちなみに「緊密な経済協力が安保協力を誘発する」というフレーズは「新機能主義論」という統合理論が主張する政策原理の一つです。

さてこうした多くの安保や外交上の目標を確実に実現するには、段階的、漸進的に活動を推進しなければなりません。なぜなら追求すべき活動の段階については、当然各国の思惑に違いがあり、これを調整する必要があるからです。詳しくは拙著『誰でもわかる防衛論』（二〇一七年）をお読みください。

勿論日米同盟やＡＳＥＡＮ地域フォーラムから一挙に地域レベル安保共同体や集団安全保障機構の形成にまでジャンプは出来ません。まずは出きるだけ多くの国の参加を求め、開放型で規模の大きい多国間集団防衛や防衛協力の国際ネットワークシステムを段階的に創出し、協調的な安全保障システムを併設して

地域の安全保障協力機構へのロードマップを示し中国や北鮮やロシアなどの参加意欲を誘発するのです。力の集積圧力が参加のモチベーション（動機）を刺激することは経済機構の設立や軍事機構の設立でも同様です。

人間のみならず国家も、力強くて規模が大きく、信頼性や利益性が高い集団に巻かれる傾向があり、対話や説得と潜在的圧力の併用は外交交渉や国際機構設立の原則でもあるのです。ただこの際、中・ロなどの反発や対抗同盟を誘発しない十分な配慮が必要です。日米安保方式の運用や多国間集団防衛、防衛協力方式の形成に当たっては常にこの長期的視点が不可欠なのです。阿倍政権が打ち出した経済・外交のグローバルな連携を目指す「インド・太平洋戦略」の推進に際してもこの視点が必要です。

戦争や紛争そして対立をいかに抑制するかという古くて新しい命題には、グローバル化が進展する二一世紀の今こそ国を挙げ、世界を挙げてグローバルに挑戦しなければなりません。

ただ二〇一五年前後から欧米先進国の中に反グローバル化の動きが顕在化し国際政治が混乱しつつあります。しかし人類史上類を見ないＩＣＴ・ＩＯＴやＡＩ（人口知能）、そして通信やロジスティックの大革命（情報革命と兵站革命）によってグローバル化の波を長期的に妨げることなど最早不可能です。ポピュリズム（大衆迎合）を悪用した国家利己主義や独善的な保護貿易主義など一時的に国民の支持を得ても長続きはしません。反グローバルの波はいずれ収束します。

しかも今後グローバル化の主役はアジアに移ります。東アジア包括的経済連携協定（ＲＣＥＰ）や中国が推進する「新シルクロード経済圏構想」などがグローバル化を牽引し欧米はその後塵を拝することになりましょう。日本は引き続き新たな世界標準として極めて優れたＴＰＰ（環太平洋経済連携協定）の推進や東アジアの経済連携（統合）に全力を傾注すべきです。

保護貿易主義が蔓延すれば世界経済は縮小均衡に陥り経済への打撃は巨大になります。管理貿易は貿易の流れを妨げ、サプライチェーン（国際分業）やバリューチェーン（価値と利益の連鎖）を寸断しコストを押し上げて輸出を減らし企業活動を萎縮させて通商貿易と世界経済の成長を低下させます。例えば米国のTPPからの離脱や中国との関税戦争は、米国のサービス産業や製造業のアジア展開とサプライチェーンの活動を妨げることになり、牛肉や乳製品の輸出を制限し米国の農業界は大きな打撃を受けることになりました。管理貿易によって輸入価格は高騰し、米国得意のオープンイノベーションも困難になって技術革新も遅れてしまいます。さらに過度の保護貿易主義は貿易（関税）戦争のみならず国家間戦争を誘発するリスクすら発生させます。まさに第二次大戦前夜の再来です。

反面、合理的な保護貿易主義は雇用や給与を守り貿易を促進する効果を産み出し、過度の自由貿易主義は資本移動の自由化によって国内産業の空洞化と雇用の破壊や国内経済の停滞をもたらすという側面があることも忘れてはなりません。何事も程度の問題です。

グローバル経済を繁栄させるためには、国内経済を繁栄させ貧富の格差や雇用や賃金の停滞を招かないことがポイントです。一握りの経済エリートが国富や利益の大部分を占有している状態を打破し、全ての人が利益を享受できるようにしなければ庶民の不満と激しい怒りが国家を分断し、極めて危険なポピュリストの政治リーダーが出現して一国のみならず世界の経済と安全保障を破壊する可能性すらあります。

正義や公正そして平等を体現する民主主義を再度活性化させ、庶民の不満を正しく受け止め、経済利益の公正な分配を保障する新しい資本主義のありかたを実現する政党政治の育成が急務です。新しい民主主義と新しい資本主義の構築、そして新しい戦争や脅威への対応のための新しい外交安保政策が必要な時代の到来です。加えて国際協調と国際貢献、そして経済国力の蓄積で存在感を高め力強く生き残る戦略、この三つが令和の日本生き残りの国家戦略でしょう。

最後に令和日本が目指す国家像や社会像を皆さんに提案して本書の締めくくりとします。

○あらしめたい国家像（方向性・ビジョン）とは

①オープンでイノベーティブな「知価創造・文化創造国家」になること

②国力・民力（知的競争力・生産性）の高い「知的国家」になること

③独立と安全が多層・多重に確保された「平和国家」になること

④国際協調と国際貢献で共存共栄を主導する「国際貢献国家」になること

・狙いは、「経済国力の蓄積で存在感を高め力強く生き残ること」です。

○あらしめたい社会像（方向性・ビジョン）とは

①健全で安定し安全で健康な「国内経済・国民社会システム」をつくること

②人間力・知力の高い国際的な人材育成の「全社会的教育システム」をつくること

③生涯労働が保障された持続的な「全国民的労働システム」をつくること

④官業と民業の質が高く活性化した「地域社会システム」をつくること

・狙いは健全で安定し安全な社会、人間力や知力の高い国民社会をつくることです。

おわりに

国家の運命は偶然の所産ではありません。国家の運命はその国家体制と、体制から発する多くの「人為」のうえに決していくのです。

明治以降太平洋戦争に至る八〇年の日本の政戦略を振り返る時、問題の本質は、明治以来の国家システムとりわけ明治憲法の問題に帰着してしまうのです。なかでも憲法第一条の統治大権に始まり、第十一条の統帥大権に至る「天皇大権」は、その後の日本の運命を大きく左右しました。とりわけ統帥大権と呼ばれるプロシャ憲法流の第十一条は旧日本の運命を決定づけました。「天皇は陸海軍を統帥す」というわずか一〇文字からなる第十一条は「統帥権の独立」と「陸海軍の並立」という二つの大きな政治体制上の弊害を日本にもたらしたのです。

統帥権の独立規定は、政治から軍事を独立させて政戦略の不一致と文民統制機能の欠落をもたらし、陸海軍の並列規定は、陸海統合戦略の不一致と陸海軍の対立をもたすという、近代国家の軍事政策や戦争指導に致命的な悪影響を与えたのです。加えて天皇親政という統帥大権の「神聖化された権威」を背景に軍部を支配した強度の特権意識と権威主義は、その教育体制の偏向や欠陥と相俟って、教条主義による思考の硬直化、合理性の欠如、情勢判断の楽観性、情報や兵站の軽視、戦略的洞察力の欠如など多くの欠陥を産み出しました。戦後バブル絶頂期の企業人にもこの遺伝子が垣間見えたのは思い過ごしでしょうか。

およそ国家に限らず、あらゆる組織において、その基盤をなす体制の性格がその組織の運命を決定づけます。体制は、それを支える多くの法体系と行政システムの性格を決定しシステムに属する人間の思考や行動までをも方向づけます。特に昭和陸軍はこの仮説を見事に立証しました。

翻って戦後の新憲法にもとづく体制もまた戦後システムとでも言うべき新たな国家的性格を造りあげました。しかしシステムは年月とともに疲労し、時として陳腐化していき、変革の遅滞は国家の運命を大きく変える危険があります。ただ人間は歴史の教訓を「すぐに忘れる不勉強な動物」であり、現在の快適さを捨ててまで改革に挑むことをためらう「不精な怠け者」でもあります。しかし「行き着く先まで行き着いて」初めて覚醒する「後の祭り人間」に陥った昭和日本の政治・経済・安保政策上の愚行は子孫のためにも繰り返してはなりません。

「疾風怒濤」の二十一世紀、多くの内外経済や外交安保上の難問を抱える令和の日本は大丈夫でしょうか？

【参照文献】

「日本外交文書」外務省（昭和三十六年〜四七年）
「日本外交年表並主要文書（上・下）」原書房　昭和四〇年
防衛研究所戦史室「戦史叢書」朝雲新聞社　昭和四一年
防衛庁戦史室編纂『日本防衛の歩み』朝雲新聞社　昭和六三年〜平成三年
防衛白書
大山梓編『山縣有朋意見書』原書房　昭和四一年
「原敬日記」乾元社　昭和二六年
『石原完爾資料　国防論策集』原書房　昭和五九年
『蒋介石秘録』サンケイ出版　昭和六〇年

＊

井上寿一編『日本の外交』岩波書店　二〇一七年
池井優『日本外交史概説』慶応通信、昭和四八年
井上寿一『日本外交史講義』岩波書店　二〇一四年
『日本外交史』毎日新聞社　昭和四九年
鹿島守之助『日本外交政策の史的考察』鹿島研究所　昭和三三年
細谷千博編『日米関係通史』東京大学出版会　平成七年
有賀貞『アメリカ外交史』有斐閣　昭和五三年
五百旗真編『戦後日本外交史』有斐閣　二〇一〇年
藤村禅「日清戦争と大陸政策」『軍事史学』四巻四号　昭和四四年
角田順『満州問題と国防方針』原書房　昭和五三年

島貫武次「日露戦争以降の国防方針の変遷」『軍事史学』第八巻第四号　昭和四八年
北岡伸一『日本陸軍と大陸政策』東京大学出版会　昭和四八年
麻田貞雄『日本海軍と軍縮』東京大学出版会　昭和五三年
黒野耐『帝国国防方針の研究』総和社　平成十二年
秦郁彦著『日中戦争』原書房　昭和四一年
『再軍備の軌跡』読売新聞社　昭和五六年
『岡義武著作集』第一巻・第二巻　岩波書店　一九九二年
洸相圭『韓国の歴史』東振　一九八三年
杉山伸也『日本経済史』岩波書店　二〇一二年
三和良一『概説日本経済史』東京大学出版会　二〇一二年
谷本雅之『日本経済史』有斐閣　二〇一六年
『二〇三〇年世界はこう変わる』米国家情報局　講談社　二〇一三年
『二〇五〇年の世界』英エコノミスト編集部　文藝春秋　二〇一三年
経済同友会『危機感なき茹でガエル日本』中央公論新社　二〇一九年

著　者
黒川雄三（くろかわ　ゆうぞう）
1945年京都生まれ（滋賀県立膳所高校卒）。防衛大学校卒、指揮幕僚課程・防衛研修所（現防衛研究所）一般課程（安全保障）修了。防衛大学校指導教官、防衛庁陸上幕僚監部防衛部員、調査部員、調査部班長、自衛隊地方協力本部長、陸戦学会理事、陸上自衛隊幹部学校主任開発研究官などを歴任。元陸将補。
著書に『誰でもわかる防衛論』（2017年）、『近代日本の軍事戦略概史』（2003年）、『戦略思想家事典』（共著、2003年）、『21世紀マネジメント戦略』（2006年）、論文に「孫子の軍事理論」（2005年）、「日中戦争初期の戦略問題」（1999年）、「日中戦争中期の戦略問題」（1999年）などがある。
滋賀県守山市浮気町在住

国家戦略で読み解く日本近現代史
——令和の時代の日本人への教訓——

2019年 9月13日　第1刷発行

著　者
黒川 雄三（くろかわ ゆうぞう）

発行所
㈱芙蓉書房出版
（代表 平澤公裕）
〒113-0033東京都文京区本郷3-3-13
TEL 03-3813-4466　FAX 03-3813-4615
http://www.fuyoshobo.co.jp

印刷・製本／モリモト印刷

ISBN978-4-8295-0770-4